MW01678751

La collection
DOCUMENTS
est dirigée par
Gaëtan Lévesque

Dans la même collection

Angenot, Marc, *Les idéologies du ressentiment.*

Robert Baillie, *Le Survenant. Lecture d'une passion.*

Brulotte, Gaëtan, *Les cahiers de Limentinus. Lectures fin de siècle.*

Duchet, Claude et Stéphane Vachon (dir.), *La recherche littéraire. Objets et méthodes.*

Pelletier, Jacques, *Au delà du ressentiment. Réplique à Marc Angenot.*

Roy, Bruno, *Les mots conjoints.*

Roy, Max, *La littérature québécoise au collège (1990-1996).*

Saint-Denis, Michel, *L'amour, l'argent, la guerre... Anthologie des meilleures citations sur la condition humaine.*

Thério, Adrien, *Un siècle de collusion entre le clergé et le gouvernement britannique. Mandements et lettres pastorales des évêques de Québec et de Montréal. Anthologie 1760-1867.*

Le voleur de parcours

Ouvrages du même auteur

Le voleur de parcours. Identité et cosmopolitisme dans la littérature québécoise contemporaine, préface de René Major, Longueuil, Le Préambule, coll. « L'univers du discours », 1989.

Vies et morts d'Artaud. Le séjour à Rodez, Longueuil, Le Préambule, coll. « L'univers du discours », 1990.

L'étranger dans tous ses états. Enjeux culturels et littéraires (sous la direction de), Montréal, XYZ éditeur, coll. « Théorie et littérature », 1992.

L'écriture réparatrice. Le défaut autobiographique (Leiris, Crevel, Artaud), Montréal, XYZ éditeur, coll. « Théorie et littérature », 1994.

Antonin Artaud. Figures et portraits vertigineux (sous la direction de), Montréal, XYZ éditeur, coll. « Théorie et littérature », 1995.

Le récit de soi, Montréal, XYZ éditeur, coll. « Théorie et littérature », 1997.

Résonances. Dialogues avec la psychanalyse (sous la direction de), Montréal, Liber, 1998.

SIMON HAREL

LE VOLEUR DE PARCOURS

IDENTITÉ ET COSMOPOLITISME DANS LA LITTÉRATURE QUÉBÉCOISE CONTEMPORAINE

essai

COLLECTION DOCUMENTS

XYZ éditeur

La publication de cet ouvrage a été rendue possible grâce à l'aide financière du ministère du Patrimoine canadien par l'entremise du Programme d'aide au développement de l'industrie à l'édition (PADIÉ), du Conseil des Arts du Canada, du ministère de la Culture et des Communications du Québec et de la Société de développement des entreprises culturelles.

1781, rue Saint-Hubert
Montréal (Québec)
H2L 3Z1
Téléphone : 514.525.21.70
Télécopieur : 514.525.75.37
Courriel : xyzed@mlink.net

Dépôt légal : 4e trimestre 1999
Bibliothèque nationale du Canada
Bibliothèque nationale du Québec
ISBN 2-89261-272-1

Distribution en librairie :
Dimedia inc.
539, boulevard Lebeau
Ville Saint-Laurent (Québec)
H4N 1S2
Téléphone : 514.336.39.41
Télécopieur : 514.331.39.16
Courriel : general@dimedia.qc.ca

Édition originale : Simon Harel, *Le voleur de parcours. Identité et cosmopolitisme dans la littérature québécoise contemporaine*, préface de René Major, Longueuil, Le Préambule, coll. « L'univers du discours », 1989.

Conception typographique et montage : Édiscript enr.
Maquette de la couverture : Zirval Design
Illustration de la couverture : Alain Médam, *Le passeur*, huile sur toile, 1999

Table

Chapitre VI : L'espace des mots

À Martine

Préface

L'épreuve de l'autre

Il me revient presque chaque jour une petite phrase toute simple qui, très tôt dans la vie, s'est imposée à moi. Sans que je m'en aperçoive, cette phrase se glisse dans ma pensée, dans mes gestes, dans ma façon de parler, au moment où je m'y attends le moins. Cette petite phrase, en apparence toute simple, qui m'habite comme un corps étranger, m'est devenue étrangement familière. Pourtant, chaque fois qu'elle surgit, toujours inopinément, j'éprouve une gêne indescriptible. « C'est encore elle », me dis-je, surpris par une présence inconnue dont l'étrangeté me poursuit comme un signe de reconnaissance. « Que me veut-elle ? » Si elle se présente lorsque je m'habille le matin, je me demande si j'ai mis la bonne cravate ou si je n'ai pas glissé les pieds dans des chaussettes de couleurs différentes. Si elle m'interrompt quand je parle à un interlocuteur, je me demande si je n'ai pas utilisé un mot impropre ou fait une phrase incorrecte. Si elle s'insinue à mon oreille lorsque j'écoute quelqu'un, je m'interroge sur le mot qui est venu se loger dans ma tête à la place de celui que j'aurais dû entendre. La situation la plus embarrassante se produit lorsque je suis avec des amis et qu'elle vient m'importuner au point que je me sente totalement étranger à ceux qui m'entourent.

Cette petite phrase toute simple — faite d'un sujet, d'un verbe et d'un complément — n'est pas du genre de celles qu'on entend habituellement et qui s'adressent à vous comme la voix de la conscience en vous tutoyant. Celles-là, on les connaît. Elles comportent toujours, pour peu qu'on cherche, un jugement que nous n'avons pas de mal à trouver justifié. Si ce n'est dans le présent, du moins dans le passé. C'est toujours quelqu'un d'autre qui la profère en s'adressant à vous. Il y a aussi celles que nous nous entendons prononcer intérieurement pour juger les autres et qui commencent toujours par « Il » ou « Elle ». Il est comme ceci. Elle est comme cela.

Il y a bien un « il » — et sous-entendu un « elle » — qui se cache dans la phrase qui s'est introduite depuis toujours dans ma pensée, mais, le sujet du verbe étant la première personne du singulier, il m'est difficile de penser qu'il soit autre que moi ou autre que moi dans un autre, sans que je sache toutefois qui, singulier ou pluriel, hante ce Je auquel il serait préférable de substituer un pronom indéfini.

Cette petite phrase que j'entends, prononcée d'une voix venue d'ailleurs mais d'un ailleurs qui m'est intimement connu comme ma propre voix, intimement étrangère, je dois l'écrire ici pour la première fois. Non sans crainte de la perdre en l'écrivant et de ne savoir ce que je garde en la livrant. Ni ce que je donne en m'en dessaisissant, ni ce que je m'approprie en m'en départissant. Je la risque donc à l'oreille des lecteurs, celui que je fus jalousement jusqu'à présent et celui que je ne serai jamais plus en l'expropriant, dédoublant l'entente pour la voir d'un œil étranger. Elle pourrait s'écrire ainsi : JE M'EXILE.

Si irréfléchi que soit le geste — et la pensée qui le commande — d'écrire une telle phrase, on remarquera qu'elle s'impose en empruntant la voix réfléchie du verbe. Non seulement le narrateur se voit, en l'écrivant, exilé de la phrase qui affirme son exil, mais cette phrase elle-même réfléchit son irréflexion. Elle n'exhibe pas, en miroir, son irréflexion. Elle inscrit réflexivement l'irréflexion dans la réflexion.

La phrase affirme et produit l'exil du sujet qui la prononce sans que l'on puisse savoir si cet exil s'effectue au sens figuré ou au sens propre ni s'il s'agit, dans cette seconde hypothèse, d'une décision, contrainte ou librement assentie, du sujet qui l'accomplit. Le pronom réfléchi qui désigne l'objet de l'action du verbe dit aussi que le sujet aurait le même référent que l'objet et que ce référent serait à la fois actif et passif dans l'acte d'exil. Pour que l'exil s'accomplisse, il faut que le sujet soit étranger à lui-même ou qu'il le devienne. L'exil de la langue procède de l'exil dans la langue.

Ce double exil se redoublait pour moi jadis du sentiment, dans l'exil, de parler une autre langue dans la même langue. Non pas d'être exilé de ma langue maternelle mais d'être exilé dans ma langue maternelle. J'étais confronté à l'étrange sentiment que ma langue maternelle m'était étrangère. Je devenais étranger dans ma langue, éprouvant l'étrangéité de ma langue maternelle. Parlant apparemment la même langue que celle du pays d'adoption, j'avais non seulement le sentiment d'être étranger à l'oreille de mon interlocuteur mais aussi, puisque nous parlions la même langue, d'être étranger à cet étranger que je semblais être. Sans doute retrouvais-je l'étrange impression, dont je ne gardais nul souvenir, d'un passé plus lointain où, naissant au langage, le sujet du verbe se désigne à la troisième personne. Il s'exile comme agent du verbe pour se désigner en tant qu'autre. On entre dans la langue en se déclarant étranger, quitte à trouver en elle un lieu d'asile.

Il y a une distance infinie entre la phrase qui m'est attribuée, « Je m'exile », et celle qui s'impose indéfiniment à tant d'autres dans la contrainte ou le choix inéluctable : « Je suis exilé ». Exilé, sans retour possible, dans le bannissement et la dépropriation. Une distance infinie sépare ces deux exils mais une infinie proximité les rapproche. Ils ne se séparent qu'en se rencontrant. Celui qui trouve asile dans une langue étrangère retrouve l'exil qui est propre à la langue maternelle dans l'exil de sa langue. Il parle la langue de l'exil dans une autre langue et la langue maternelle devient la langue étrangement intime, celle de l'asile intérieur, celle de la nostalgie d'un futur antérieur.

On dit qu'ils n'habitent plus leur pensée ceux qu'on enferme dans un asile. Ils se sont exilés de la langue dans laquelle ils se sentaient enfermés pour s'interner dans une utilisation singulière de la langue. La singularité les voue à l'exil car l'idiome ne tolère pas l'idiolecte. Les particularités de la langue requièrent le partage et ne souffrent ni la partition ni le retrait dans les replis secrets de la langue.

*Qui donc exilé-je en m'exilant ? Un hors-*Je *ou un ex-*Je *déjà exilé de cet* Il *? Ou cet* Il *qui m'est devenu étranger ? Cet ex-Il ? Je voudrais tant que rien de moi ne me soit plus étranger ou que tout ce qui en moi me demeure étranger soit à jamais banni, refoulé hors les frontières à l'intérieur desquelles je me reconnais le même et je reconnais tout autre comme le même. Non pas le double de moi qui est l'étranger en moi qui m'est si étranger et si semblable que j'aimerais ne le reconnaître que dans son inexistence, dans la seule existence de cette inexistence, dans sa désistence. Non pas le double mais le même dans sa mêmeté-même, que rien ne différencie de moi, la reproduction de ma reproduction. Je l'entends cette voix qui ainsi parle depuis toujours en moi, bannissant tout ce qui me semble si étrange en ce for interne et promettant à l'exil tout ce qui m'est étranger et qui n'est toujours que moi, ou des parties de moi, dont je ne cesse de m'exiler. J'entends la promesse de ces mots « Je m'exile » qui en renouvelle chaque fois l'accomplissement.*

— Celui qui vient vers nous est un étranger.
— À quoi le reconnais-tu ?
— À ses yeux, à son sourire, à sa démarche.
— Je ne vois rien en lui qui ne soit l'apanage de nous tous.
— Observe-le. Tu comprendras.

> *— À l'infini, il doit son regard de myope ; au passé, enfoui dans sa mémoire, son sourire blessé — le sourire d'une très ancienne blessure ; à la crainte, à la méfiance sans doute, la lenteur de sa démarche. Il sait que la fuite est illusoire*[1].

Moi, donc, l'exilé — ou tenu pour tel —, doublement étranger sans jamais l'être réellement, je devrais ici vous présenter un authentique autochtone parlant de l'étranger dans la littérature la plus authentiquement québécoise. Mais l'auteur de ce livre se passe de présentation qui est plus proche que je ne le suis de ses lecteurs — Québécois de souche ou « néo-Québécois », comme on dit pour marquer l'écart qui devrait rassurer les premiers contre la menace de perdre leur intégrité et indiquer la trace qui doit garantir les seconds de la promesse de leur intégration — et je devrais m'être effacé déjà devant lui si cette préface n'était, entre autres, le lieu de me voir moi-même présenté, ou représenté, dans la figure que Simon Harel désigne sous le nom de « passeur ». Faut-il ici un passeur étranger, ou un étranger de passage sur sa terre natale, pour introduire à la pensée de « l'étranger comme passeur », de l'étranger comme désignant la place de celui qui n'est pas à « sa » place ou retraçant le déplacement qui rend étranger à soi-même et à l'autre ou fait de l'autre l'étrange objet de la peur et de la fascination ?

Il y a une fiction de l'autochtone, du propre et du pur comme il y a une fiction de l'étranger, de l'impropre, de l'impur. Ni l'origine commune ni la communauté de langue ne suffisent à produire une ethnicité. Il est toujours possible de s'approprier une ou plusieurs langues, voire de devenir celui par qui la langue elle-même se transforme et imprime sa marque à la culture. L'immigrant de la deuxième génération s'exprime dans la langue nationale aussi spontanément qu'un fils du sol natal. Il est vrai que la communauté élargie, métissant l'extranéité et l'intranéité, peut enrichir une identité culturelle qui, comme telle, nourrit l'idéal d'une partition transnationale. L'ethnicisation ne saurait se faire aujourd'hui dans l'exclusivisme ou le repli sur des caractères qui auraient, dans leur particularisme, une visée universaliste. On sait qu'un nouveau mode de colonialisme trouve aujourd'hui l'expression de ses ambitions impériales ou messianiques aussi bien dans des habitudes alimentaires que dans des formes d'expression musicale. Le rock *et le* fast-food *franchissent toutes les barrières linguistiques ou nationales. Leur nom même, tel le nom propre, ne se traduit pas (sauf au Québec peut-être). Ce faisant, ce néocolonialisme prend la figure d'une domination linguistique. La construction de l'Europe de demain, et la suppression des frontières qu'elle implique, produira une nouvelle ethnicité fictive qui devrait entraîner une modification importante, sinon décisive, au sein de la pluralité des langues parlées. La question reste ouverte de savoir si une langue imposera sa domination — fût-ce une langue ayant connu d'importantes transformations — ou si le polyglottisme, favorisé par des appareils à traduire, deviendra de rigueur. D'autres facteurs, comme une forte immigration asiatique, laissent l'avenir soumis à de nombreuses inconnues. Ne voit-on pas, aux États-Unis, l'immigration latino-américaine constituer une menace pour la langue anglaise que certains mouvements voudraient officialiser comme langue nationale. Et pourtant, les moments culturels les plus féconds — à Vienne au début du siècle, aux États-Unis dans les années cinquante — ont été favorisés par un certain cosmopolitisme et une ouverture à la pensée, à la langue étrangères.*

*Cette attitude attentive et réceptive à l'*étranger *est contrecarrée en chacun par une violence fondamentale qui, mise au service du désir d'être unique, ne peut accepter l'autre, qu'il soit semblable ou différent, que dans la mesure où il ne présente que la réplique du même. Cette* *violence, dans les cas extrêmes, ne connaît d'autre nom que l'inexistence même de l'autre.*

Pour l'enfant, le père — comme père réel — est d'abord un étranger. Il est étranger à l'unité duelle que l'enfant forme avec la mère et ce n'est qu'à travers le désir de la mère pour cet « étranger » qu'un rapport de l'enfant s'instaure avec l'ordre symbolique sur lequel se fonde toute société. La figure de l'étranger — comme autre, comme semblable ou comme double — fait très tôt son apparition dans la vie et soumet à dure épreuve toute représentation de cette figure.

La légende des Danaïdes, étrangères à la Grèce, sinon par leur origine du moins par l'errance à travers l'Asie et l'Égypte à laquelle fut condamnée leur ancêtre Io, fait de ces femmes les premières étrangères à l'orée de notre civilisation. Filles de Danaos, elles sont contraintes à fuir dans l'exil leurs cousins, fils d'Égyptos, lorsque ceux-ci veulent les épouser de force pour obtenir les droits royaux. Elles fuiront donc et la terre natale et le commerce sexuel, demeurant étrangères aussi bien à la communauté d'Argos qu'à la communauté de base de la société, la famille : forme de fidélité à une identité, celle qui les lie au pouvoir symbolique exclusif de leur père. Selon une version de la légende, elles auraient égorgé leur mari pendant la nuit de noces. Faut-il considérer cet acte comme un refus d'exogamie (relative) ou comme le privilège d'un statut d'exception ? C'est sans doute l'un et l'autre puisqu'elles devront, en guise de sanction, épouser les vainqueurs d'une course, c'est dire : des étrangers à la famille.

Les Argolides, selon Eschyle, réagiront avec une certaine xénophobie à la présence des Danaïdes, à leur accoutrement et à leurs parures — à toutes ces « particularités » au nom desquelles se nourrit une certaine animosité en face de l'étranger. Elles se feront suppliantes et éplorées, jusqu'à ce qu'un proxène (pro-xenos) *— ancêtre* *du* passeur *s'il n'était autochtone — les prennent sous sa protection. Ce sera le roi lui-même mais il devra, tout en honorant ses hôtes, veiller aux intérêts de son propre peuple. Même condamnées à remplir sans fin leur tonneau, les Danaïdes seront relativement bien intégrées à la Cité en ayant un double statut d'étrangères et de citoyennes. Toutefois la gynécocratie qu'elles forment représente un antique exemple d'une discrimination sexiste. Quel qu'il soit, le racisme use toujours des métaphores de la différence des sexes pour définir les caractères physiques ou psychologiques sur lesquels il prétend fonder sa légitimité. Dans ses formes extrêmes, il pense le rapport sexuel comme une contamination, une souillure du sang, allant jusqu'à confondre, selon le double sens du* Blutschande *(signifiant porteur de l'idéologie national-socialiste), l'impureté de la race et l'horreur de l'inceste.*

Par parenthèse, il faut souligner les ambiguïtés que le racisme théorique entretient avec le signifiant de la différence des sexes, avec la moralité, l'esthétisme et avec les idéologies humanistes. Il prétend contribuer à l'amélioration de l'espèce humaine en la délivrant des marques de l'animalité. Et même lorsqu'il est plus culturel que biologique, il s'appuie sur des notions d'enracinement, de descendance ou d'héritage. Il valorise, à sa manière, l'héroïsme et l'ascétisme, les représentations viriles de domination et celles de la passivité féminine. Il esthétise les rapports sociaux et idéalise les valeurs technocratiques[2]*. Paradoxalement, l'intégrité pour la nation ou la race ne se referme pas sur un univers clos. Il leur faut ramener à elles tout ce qui à l'extérieur participe d'un même idéal de pureté : couleur de la peau, religion, culture ou langue. C'est pourquoi elles doivent construire leur « propre » fiction d'une identité sur des traits définissables d'origines, de croyances ou de modes de vie. C'est d'ailleurs moins en fonction de traits repérables de cette identité que* *s'opère la reconnaissance qu'en regard des signes qui l'en distinguent. Ce sont les traits de l'altérité qui sont dénigrés. Les frontières d'une humanité idéale sont transnationales. Le racisme se fonde donc aussi bien sur un discours universaliste que sur un discours humaniste.*

*Un mot du racisme d'État qui, sous le nom d'*apartheid, *survit encore aujourd'hui en dehors de toute vraisemblance, si ce n'est qu'un certain calcul de l'Europe de l'Ouest en fait l'enjeu — politique, économique et stratégique — de sa propre survie. Le régime de Pretoria n'est pas sérieusement mis en difficulté par les pays siégeant aux Nations-Unies qui ont pourtant déclaré l'*apartheid *depuis 1973 « crime contre l'humanité ». C'est néanmoins au nom d'un certain humanisme qu'est maintenu cette monstruosité. La* Charte de l'Institut pour l'Éducation Nationale Chrétienne *prescrit une éducation « à la lumière des paroles de Dieu » [...] et cette tutelle de la doctrine et de la philosophie chrétiennes « impose à l'Afrikaner le devoir de veiller à ce que les peuples de couleur soient éduqués en accord avec les principes chrétiens-nationaux [...] Nous croyons que le bien-être et le bonheur de l'homme de couleur résident dans le fait qu'il reconnaisse son appartenance à un groupe racial séparé. » Par une curieuse interprétation de l'Histoire, on soutient dans les discours officiels que l'étranger n'est pas l'homme blanc venu d'Europe mais le Noir (autochtone) d'une migration plus récente. Toute la pensée des droits de l'homme concentre aujourd'hui sa limite effective en ce lieu du continent noir qu'on appelle « Afrique du Sud », limite qui invite à repenser de manière urgente tout le discours en usage sur l'humanisme. Comme l'affirme Amnesty, « tant que l'*apartheid *subsistera, il ne saurait y avoir de structure conforme aux normes généralement reconnues des droits de l'homme et pouvant en garantir l'application ». Un autre Droit se trouve inconditionnellement requis.*

L'étranger est celui qui n'a pas l'air de famille, reconnaissable à travers le monde. Le surnationalisme et le racisme sont hantés par l'imaginaire de la parenté, par le projection du fantasme (ou du délire) endogamique sur une communauté élargie. Ils rationalisent l'inceste en le socialisant.

La question de l'autochtonie et de la race revient de manière lancinante dans la version du mythe d'Œdipe transmise par la tragédie de Sophocle. Mais cette question se double constamment du doute persistant pour Œdipe au sujet de ses origines : « Pour moi, ce que je voudrai toujours, c'est voir ma race, pour basse qu'elle soit. Elle, peut-être orgueilleuse comme une femme, elle a honte de la vile naissance qui m'appartient[3]. » Elle, c'est sa mère, Jocaste, qui a enivré Laïos pour en avoir un fils et consenti à ce qu'il fût arraché par son père aux bras de sa nourrice pour l'abandonner sur le mont Cithéron d'où il fut amené à la cour de Corinthe et adopté par le roi Polybe. Exclu du royaume de Thèbes, il devient l'objet d'élection de Mérope et Polybe, le prince héritier. Étranger à Corinthe, il devient le plus envié des Corinthiens, mais c'est aussi en tant qu'autochtone méconnu, donc comme étranger, qu'il revient à Thèbes où, partageant à son insu la couche de sa mère, il règne sur le plus puissant royaume : aussi longtemps qu'il demeure étranger à lui-même, qu'il ignore être à la fois « l'impur et la race de Laïos ». Il était l'étranger de Corinthe alors qu'il se croyait autochtone. Il est autochtone sur le sol thébain alors qu'il se pense étranger. Œdipe se pense tout aussi étranger au meurtre dont il porte la souillure et au désir qui aliène (rend autre*) sa place de fils, le fait devenir, au sens propre, fils de sa femme et frère de ses enfants.*

La constitution d'Athènes prévoira de ne pas laisser jouir des droits politiques quiconque ne pourrait justifier d'une double ascendance athénienne, paternelle et maternelle. Sans bénéficier des droits du citoyen, les étrangers dont le travail est reconnu utile à la Cité, prendront le nom de « métèque » (de meta-oikos, *« qui change de résidence »). Participant surtout à la vie économique et payant une redevance, les métèques ne s'intègrent pas réellement. Leur statut fragile les soumet aux aléas du pragmatisme politique (n'en est-il pas encore de même aujourd'hui ?) qui, selon les conjonctures, les fera participer à la vie cosmopolite ou devenir objets de xénophobie[4]. Le cosmopolitisme intellectuel, s'il ne s'engage pas dans les conflits politiques, sera toujours de meilleure mise. Pour Socrate, « on appelle Grecs plutôt les gens qui participent de notre culture que ceux qui ont la même origine que nous » et pour Platon « c'est une chose naturelle que, de pays à pays, il se passe en tous genres un mélange de mœurs : étrangers qui, chez d'autres étrangers, introduisent des nouveautés [...] Ce serait, aux yeux du reste des hommes, un procédé sauvage et rude, le procédé des gens qui, en usant de ce terme intolérable de* bannissement des étrangers, *témoignerait d'une disposition à se complaire en eux-mêmes et à être intolérants à l'égard des autres ».*

La Révolution française est d'abord ouverte au cosmopolitisme et manifeste un libéralisme sans précédent vis-à-vis des étrangers. Non seulement elle adopte un projet de naturalisation de tous les étrangers mais elle reconnaît français *de nombreux écrivains étrangers considérés comme des bienfaiteurs de l'humanité, ceux qui, à ses yeux, avaient déjà aboli « les fondements de la tyrannie et préparé les voies de la liberté ». Il s'agit donc d'étrangers qui adhèrent aux idéaux de la Révolution. Mais ce bel esprit cosmopolitiste devait s'avérer d'un internationalisme tout nationaliste et la guerre, comme la Terreur, devaient conduire à la suspicion de tous les étrangers et les conduire, sinon toujours à l'échafaud, au bannissement hors la République. Le mot d'« étranger » qui avait d'abord été chassé du vocabulaire reprenait tout son sens.*

L'idée d'un droit cosmopolitique, issue de Montesquieu et de Rousseau, sera reprise par Kant dans l'esprit internationaliste des Lumières, mais de l'« insociable sociabilité » de l'homme qui s'étend jusqu'au comportement des nations, seules une règle et une force supranationales pourraient en assurer l'équilibre. La correspondance entre Einstein et Freud, avant la dernière guerre mondiale, fera état d'idées voisines mais moins optimistes sur la possibilité de les voir appliquer. Le cosmopolitisme, sous la bannière de la culture allemande, deviendra le motif d'une prétention hégémonique qui, refusant dès lors ses dettes à l'égard d'autres langues, croira pouvoir trouver dans la langue nationale la raison de son autolégitimation.

S'il est vrai que la langue nationale originelle permet au mieux l'expression de la pensée et dè l'inconscient d'un peuple, il est proprement délirant de penser qu'une langue puisse devenir l'étalon de la traductibilité, celle qui traduit toutes les autres en résistant elle-même à toute traduction.

Il faut traduire. Inlassablement. Traduire l'intraduisible. Tout traducteur se pose, en traduisant, la question de ce qui demeure étranger à la traduction (au texte traduit), ce qui ne se laisse pas arraisonner dans une autre langue, l'intraduisible dont il doit faire l'épreuve et qu'il n'a de cesse de transférer dans une transcription. Il faut inlassablement traduire ce qu'il y a de plus intime entre des langues étrangères et ce qui demeure, dans l'idiome, le plus étranger à lui-même. Traduire d'abord dans sa propre langue, traduire sa propre langue comme l'épreuve à laquelle la soumet toutes les autres.

Après cette brève incursion ou ce parcours volé, survolé, dans l'histoire — légendaire, mythique ou réelle — de l'« étranger » dans la Cité, au sein de la nation, du peuple ou en moi-même, il est temps que le simple lecteur que je suis de la littérature québécoise — « français » au Québec et « québécois » en France ou « québécois » au Québec et « français » en France — passe la main à celui qui se passe de passeur mais non de la main (car la pensée est le plus difficile travail de la main), à celui qui sait lire l'anticipation de ces questions dans la littérature contemporaine (car l'écriture est l'expression même de l'extranéité), à l'heure où, au Québec et ailleurs, la tension est forte entre l'identité et le cosmopolitisme, où l'épreuve de l'autre — *mise à l'épreuve de l'identité de l'autre et mise à l'épreuve par l'autre de sa « propre » identité — comporte des enjeux décisifs pour l'avenir.*

René Major

1. *Edmond Jabès,* Un étranger avec, sous le bras, un livre de petit format, *Gallimard, 1989.*

2. *Voir l'essai d'Étienne Balibar, « Racisme et nationalisme »,* Race, nation, classe, *Paris, Éditions de la Découverte, 1988. Pour une émission de France-Culture sur « les extrémismes », réalisée par Cécile Hansy et diffusée le 21 avril 1989, j'ai analysé longuement le texte — véritable profession de foi — produit par le Front national à l'occasion de la dernière élection présidentielle en France.*

3. *Sophocle,* Œdipe-roi, *traduction de Jean et Mayotte Bollack, Paris, Minuit, 1985.*

4. *Marie-Françoise Baslez,* L'étranger dans la Grèce antique, *Paris, Les Belles Lettres, 1984.*

Introduction

Solitude du voyageur

Le boulevard Saint-Laurent fut tout d'abord pour moi un lieu imaginaire. Adolescent de la banlieue montréalaise, il représentait l'espace quelque peu mythique de rencontre du dissemblable ou du différent: le Saint-Léonard de mon enfance se composant d'autant de territoires où nous étions tous de nouveaux venus en quête d'un enracinement difficile. Que nos parents aient été originaires de l'Est montréalais ou du Sud de l'Italie ne changeait rien à cet état de fait. La banlieue était un espace vierge à conquérir, les frontières inexistantes. Nous habitions une ville incertaine où chacun était, avant d'être considéré comme l'étranger, l'indifférent de l'autre. Il n'y avait pas sur ces avancées lointaines de l'urbanisation montréalaise de territoire commun où nous affronter, faire jouer les résonances d'un code différemment investi. Les francophones allaient à l'école Dante, les anglophones, eux, se rendaient tous les matins à l'école Lambert-Closse. Une clôture en fer forgé séparait les deux cours de récréation et en cette époque de jongleries linguistiques — il y avait eu l'occupation de l'école Aimé-Renaud au moment de l'adoption du Bill 63 — nous nous insultions allégrement, convaincus d'être les ethniques de l'autre, trahis par une onomastique déréelle: pourquoi Dante ou Lambert-Closse sinon afin de rendre compte, involontairement sans doute, de cette inversion parodique où le contresens et l'antiphrase constituaient notre mode d'appréhension du social.

Le boulevard Saint-Laurent, c'était alors le nord de la ville et un peu, par déplacement métonymique, la rue Jean-Talon. En somme, la différence y devenait peu à peu visible et nous n'échappions que difficilement à cette emprise du spéculaire lorsqu'il s'agissait de quantifier ou de circonscrire l'étendue de cette différence : ainsi en est-il des minorités « visibles ». Le boulevard Saint-Laurent, c'était bien cela. Des Italiens, des commerces « typiques », des langues « exotiques », des attitudes et expressions « étranges et originales » — cette étrangeté du stéréotype sous-entendant en retour la présence du Maudit Italien — en fait l'équivalent d'un ghetto symbolique où nous enfermions les immigrants aux prises avec leur référentiel dont nous ne percevions que l'illusoire et brillante surface. C'est probablement ce qui me permettait de dire « nous » — désigner autorisant le recentrement de l'identité — alors que je me promenais seul boulevard Saint-Laurent, accompagné de la foule imaginaire des semblables qui, eux, n'étaient pas dans mon esprit des nouveaux venus.

J'en viens au propos principal. Le boulevard Saint-Laurent ne représente-t-il pas dans l'imaginaire montréalais le désir sans cesse rejoué d'une mise en scène de la différence ? Volonté de ségrégation comme s'il était possible de confiner en un lieu précis l'hétérogène. La spécificité montréalaise provenant du fait que le boulevard Saint-Laurent est à la fois un lieu de démarcation entre l'est et l'ouest, ce qui suppose la mise en scène d'un centre dont il opérerait la partition, en même temps qu'il agit comme un lieu de franchissement. Paradoxe apparent de cette rue dans l'économie symbolique montréalaise. À la fois point de repère à partir duquel est instituée la cartographie de la ville, le boulevard Saint-Laurent est un lieu de déambulation, un territoire aux contours plus ou moins bien dessinés. Complexité de la trame de ce boulevard : frontière qui prendrait plaisir à dévoiler l'envers du territoire interdit. D'être en somme simultanément « carte » et « parcours [1] ».

Quittant la banlieue pour « arriver en ville », le boulevard Saint-Laurent m'offrait tout d'abord cette possibilité d'un doux délire ambulatoire. Parcours sans doute différent d'autres lieux d'exploration (le square Saint-Louis, le Vieux-Montréal de ces années) puisque pour nous, jeunes Québécois francophones qui nous percevions comme des citoyens en autochtonie, le boulevard Saint-Laurent agissait comme un révélateur de potentialités urbaines jusqu'alors inexplorées. Il est sans doute vrai que le boulevard Saint-Laurent possède toujours cette fonction de pointer l'hétérogénéité culturelle, différences qui se trouvent ailleurs tapies, discrètes, silencieuses, peut-être craintives devant la rumeur du peuple « légitime » montréalais qui s'inquiète de ne plus trouver matière à ressemblance.

Mais on peut aussi penser que le boulevard Saint-Laurent correspond au symptôme socialisé d'un refoulé propre à l'imaginaire montréalais, trouvant à s'actualiser dans la structure de la cartographie métropolitaine. Ce qui revient à demander quel bénéfice de plaisir — ou quelle crainte d'insatisfaction — le boulevard Saint-Laurent permet de symboliser dans l'économie urbaine. Révélateur d'une hétérogénéité culturelle, le boulevard Saint-Laurent tient lieu de vitrine, d'où le danger d'une « mise en marché » de cette interculture : authenticité ethnique des valeurs ainsi proposées, et symptôme douloureux d'une déprise. C'est que le boulevard Saint-Laurent sépare la ville. Il détermine une césure qui constitue un mode de symbolisation de la trame montréalaise. Comme s'il fallait créer la partition en faisant appel à la continuité. Le boulevard Saint-Laurent traverse Montréal du sud au nord. Il est un lieu d'expression privilégié de l'urbanité car c'est l'un des endroits à Montréal où l'on peut lire la généalogie de l'immigration dans la composition de ses différents dispositifs.

La *Main* offre aussi l'occasion inespérée d'une dispersion car quitter la rue Saint-Laurent, c'est s'affranchir. Paradoxe de cette rue-boulevard qui délimite une centralité n'acquérant signification que grâce à l'éclatement.

Lieu d'une origine impossible, en constante migration. Ce qui ferait la complexité de la trame montréalaise relevant d'ailleurs d'un perpétuel arrachement, tâche prométhéenne où le boulevard Saint-Laurent incarne un centre dont il faut paradoxalement s'éloigner. De Mordecaï Richler à Michel Tremblay, la *Main* est un lieu de passage : point de convergence provisoire des mondes immigrants où les nouveaux venus rêvent de défaire enfin leurs valises, puis de partir vers la banlieue montréalaise afin de se confondre avec le semblable ; ou encore dédale du *red light*, là où la ville trouve son aboutissement dans ce terminus criard des déchéances et des perditions.

Il y a une dimension tragique au boulevard Saint-Laurent comme si la transfiguration de la misère observée en compassion pour la misère éprouvée pouvait offrir l'occasion d'un dépassement. Mais la fuite est toujours vaine. La déchéance ou l'affranchissement se vivent à partir d'une centralité illusoire. Parce que ce qui devrait tenir lieu d'espace séparateur (le boulevard Saint-Laurent) renvoie à une fondation première dérisoire. La *Main* c'est encore une fois l'ambiguïté onomastique — éponyme d'un centre en perpétuelle dispersion — mais aussi un nom propre à l'ancrage référentiel éclaté. Un nom propre, on le sait, est ce qu'il désigne, n'échappant pas en cela à la logique implacable de l'autoréférence. Ainsi l'observe René Major : « Ironie du nom “propre” qui désigne quelqu'un tout en n'étant propre à personne et pour lequel imaginer qu'il ne puisse désigner qu'une seule fois signifie l'abolition de toute antécédence et de toute subséquence. Folie du nom qui n'aurait lieu qu'une fois, qui serait le commencement et la fin ; tout lui ressemblerait et rien ne lui serait étranger[2] ».

Dans une ville hantée par tant de noms de saints, la toponymie s'apparente à ce que René Major définit, dans un contexte psychanalytique, comme un délire d'élection.

Nommer des rues Sainte-Catherine, Saint-Urbain n'est pas un geste gratuit lorsqu'il s'agit de certifier l'autochtonie de ses habitants en se référant à une nomination divine. Face à cette problématique, la *Main* introduit de l'anonymat, une quête de l'ordinaire, un refus d'appropriation territoriale. La *Main* serait donc ce centre effrité. Les maisons y sont vieilles, les devantures sont les bazars d'autant de populations voyageuses, d'un exil infiniment reconduit dans l'espoir de l'affranchissement, la crainte de la perdition. La *Main* est le refus du nom propre ou l'attribution d'un éponyme dérisoire parce qu'offert, dans sa neutralité apparente de centre, à la multiplicité des migrations.

D'où ma stupeur lorsque Jean-Guy Dubuc, au nom de la réconciliation « nationale » montréalaise, proposa dans *La Presse* que l'on renomme la *Main* boulevard René-Lévesque. On ne change pas de nom impunément car cette opération ne se réfère pas uniquement à une identification, mais à une coalescence narcissique faisant du sujet un être nommé bien qu'il se voie attribuer un signifiant partagé. Car la *Main* à Montréal est l'expression d'un patrimoine dispersé et l'ambivalence onomastique (cette rue a deux noms dont on ne sait plus très bien s'ils s'opposent ou se complètent) est une façon de signifier l'attachement porté à une certaine neutralité.

Trêve de combats de mots ou de territoires (ce fut finalement le boulevard Dorchester qui a été renommé boulevard René-Lévesque), la *Main* permet peut-être la réunification harmonieuse d'un anonymat communément partagé. Lieu paradoxal qui n'offre pas de conclusion à l'embarras montréalais : des « deux solitudes » aux réflexions actuelles sur l'interculturel, c'est encore la même hésitation qui prévaut. Comment amalgamer — selon quelles modalités sociopolitiques — langues vernaculaires et langue véhiculaire, le français se cherchant ici un statut unificateur. Le boulevard Saint-Laurent signifie tout autre chose. Plusieurs images me viennent à l'esprit. Un sas, un *no man's land*: l'espace vacant entre deux frontières, une zone d'occupation d'autant plus dérisoire que les divers assiégeants savent leur séjour provisoire. En somme, une centralité illusoire pour une ville qui s'est constituée, on l'a souvent répété, comme une mosaïque permettant autant d'ancrages territoriaux localisés. Le centre est illusoire mais il permet, semble-t-il, dans le cadre de l'économie symbolique montréalaise, la rencontre de l'étranger. Celui qui « arrive en ville », qu'il soit migrant de l'intérieur (leitmotiv semblable au *Demain matin Montréal m'attend* de Michel Tremblay), ou en provenance des arrière-mondes immigrants, peut trouver ici, s'il le veut, l'occasion d'un premier attachement. La *Main* a toujours permis ce recommencement de l'arrivée en ville, malgré toutes les tentations d'enfermement ou de ghettoïsation, semblable peut-être à un exil intérieur jusqu'au moment où la cité se dénoue et permet la rencontre du grand large montréalais.

Là réside l'ambivalence de cette rue sans nom propre. Est-elle un port d'attache ou un simple lieu de transit? L'anonymat de la *Main* (cette conjonction du « proche » et du « lointain » qui selon Simmel[3] permet de définir la posture singulière de l'étranger en milieu urbain) condamne-t-il les passants à une déambulation sans fin, cantonnés aux marges de la ville? Le boulevard Saint-Laurent serait-il différent de ce que Jean Basile dans *Le piano-trompette* nomme le « météquat »: lieu où l'errance serait le seul mode de rencontre? Est-ce parce que ce météquat inquiète malgré tout que l'on veut re-nommer la *Main*, ou que l'on assiste aujourd'hui, à la faveur de la *gentrification* d'un segment du boulevard, à une resymbolisation sécurisante des signes de l'ethnicité: du Cookie's Main Lunch au Bagel Etc, le simulacre et la banalisation tiennent lieu d'histoire? La *Main* devient une vitrine où il fait bon consommer ce qui apparaît comme un patrimoine culturel commun. Le boulevard Saint-Laurent permet après coup aux citoyens en autochtonie de se créer des racines allogènes. Pendant que le Plateau-Mont-Royal ou la banlieue investissent le centre illusoire, à la recherche d'un peu de dépaysement, et que la *Main*, colonne vertébrale sans corps constituant, a charge aujourd'hui de re-symboliser l'assurance anxieuse des périphéries anglophones et francophones, d'autres ports d'attache se constituent.

En somme, la *Main* pose la question du devenir montréalais à la faveur d'un premier attachement. Arriver en ville, c'est faire l'expérience de l'achèvement des voyages antérieurs. Défaire ses valises. Espérer autre chose que le transit. Mais la dissemblance est partie intégrante de la ville, elle constitue le caractère multiforme, éclaté de l'univers urbain. Statut particulier de cette rue-frontière, au bornage indécis, centre illusoire qui se réfère toujours à une périphérie. Contiguïté du proche et du lointain sur ce boulevard aux maisons basses. Où habiter sur la *Main*, c'est toujours se situer en retrait des anciens mondes pour les retrouver, à peines modifiés (de la Gaspésie au Sri Lanka) en *terra incognita*. Le boulevard Saint-Laurent évoquerait puissamment cette éventuelle rencontre interculturelle que Montréal cherche anxieusement. À la fois centre et périphérie, il serait un défi posé, par son atmosphère de bazar, d'échange hétéroclite des biens et des signes culturels, à toutes les tentatives violentes de réappropriation. Car ici la reconnaissance n'opère plus et l'arrivée en ville prend véritablement l'aspect d'un voyage en terre inconnue.

C'est sous cet angle que j'aborde l'étude du cosmopolitisme et de la représentation de l'étranger dans le roman québécois [4]. Quelques précisions préliminaires sont nécessaires. On cherchera vainement à la lecture de cet essai des éléments d'interprétation pouvant être appliqués automatiquement à la sociologie des relations interculturelles dans le contexte québécois. J'essaierai plutôt de débusquer quelques lignes de conduite imaginaires, néanmoins pertinentes pour ce qui est de notre saisie empirique des relations interculturelles au Québec : motifs qui font retour de façon symptomatique dans certains textes de la fiction romanesque. D'où peut-être pour certains le sentiment, agréable ou déplaisant, du caractère fortement utopique des propositions avancées. En somme, que le Québec « réel » (mais qu'est-ce au juste ?) serait bien loin de ces réflexions sur le cosmopolitisme, l'imaginaire de la langue, ou l'interrogation interculturelle.

Ce faisant, on me semble négliger une des caractéristiques de l'imaginaire social, sa capacité à fabuler, à (se) raconter des histoires. Les mythes fondateurs de l'identité que toute société préserve jalousement sont des fabulations, tout comme ces rêves éveillés qui peuvent le cas échéant, dans des situations sociopolitiques très tendues, devenir autant de cauchemars d'agression. Ainsi, la fiction, cette capacité à fabuler, est un révélateur des idées reçues. La certitude, par exemple, qu'être Québécois, c'est *être* quelque chose d'unique sans que l'on puisse statuer sur la dynamique de cette différence. Sauf que le discours romanesque étale des contradictions au moment de l'élaboration de cette identité, permettant à cette fabulation de s'exercer, et par là autorisant une réflexion sur ce que l'étranger peut représenter de menaçant.

J'ai donc choisi quelques romans qui posent de façon particulièrement aiguë, à différents moments de l'histoire littéraire du Québec depuis 1960, cette problématique d'une identité remise en question par le caractère dramatique d'un éclatement, d'une confusion des signes et des univers culturels. Ces romans, je les ai choisis. Ainsi, je ne prétends pas être exhaustif, ni présenter une explication totalisante des multiples facettes du cosmopolitisme sociolittéraire dans le contexte québécois. Puisque le choix m'en est donné, je préfère placer cette étude sous le signe — psychanalytique — de la construction. L'analyste, c'est bien connu, fait ce qu'il peut avec les moyens du bord. Les matériaux qui lui sont amenés par son patient permettent l'exercice d'une anamnèse, remémoration des souvenirs refoulés qui cependant sont tordus, modifiés de telle façon qu'il est parfois illusoire de prétendre accéder directement au refoulé. Dans la mesure où les souvenirs sont latents, que les modes d'élaboration par l'analysé demeurent lacunaires, une construction est nécessaire afin de reconstruire l'historicité du sujet. Le psychanalyste qui travaille avec les diverses traces mnésiques proposées par le patient fait donc à sa façon acte de fabulation. Celle-ci est un mode d'interprétation, de lecture, considéré satisfaisant lorsqu'il respecte la logique interne de l'histoire du patient, l'analogie du puzzle étant invoquée par Freud car: « Il appartient au psychothérapeute de reconstituer l'organisation présumée [des matériaux pathogènes]. Toute personne friande de comparaisons ne manquera pas de penser ici à quelque jeu de patience[5]. »

Il en est de même à mon sens pour l'analyste des textes littéraires qui, s'il ne travaille pas à partir des mêmes matériaux, recherche les diverses sédimentations qui lui permettraient de reconstituer la logique interne du récit. Ainsi, tous les romans qui seront abordés ici ont en commun la problématique de l'identité, sa constitution difficile eu égard à un acteur étranger qui incarne une extériorité à la fois angoissante et fascinante. En somme, le refoulé du discours romanesque serait ce qui remet en question l'unité de cette identité. D'où le rôle singulier de l'étranger dans ces romans qui permet à l'imaginaire social de déterminer des frontières séparant le propre de l'impur, le connu de l'inconnu: partition qui évite le retour angoissant de l'étrangeté, de l'indifférenciation. Cet imaginaire social, représentant l'étranger comme un acteur périphérique, il faut en effet le comprendre comme un lieu d'expérimentation de la différence. C'est en effet grâce à l'imaginaire que l'identification à l'étranger prévaut, que l'idéalisation d'un personnage aux attributs exceptionnels peut opérer selon des modalités fortement ambivalentes : personnage qui donne sens, de l'extérieur, à la communauté, mais qu'il faut du même coup éloigner. L'imaginaire social est à rapprocher ici de la définition lacanienne : parole « vide » qui autorise le leurre, dont l'énonciation met en jeu la problématique de l'identification et les nombreux — mais labiles — points de butée de la constitution narcissique. Ainsi, l'étranger ne justifie pas seulement la fondation de l'identité sociale parce qu'il faut rejeter à l'extérieur ce qui est entrevu comme aliénant, mais bien parce que cette identité relève de l'imaginaire. Ce qui cautionne l'apparition d'un ensemble de processus d'identification qui n'évitent pas toujours, il va sans dire, la fascination pour les figures du double, le miroitement de l'étrangeté, ce passage du semblable au différent.

C'est cette latence de l'identité sociale, quant au rôle dévolu à l'étranger, que je privilégierai au moment de l'étude de divers romans. La plupart de ces textes peuvent être placés sous le signe de l'urbanité montréalaise. Il me semble que le roman montréalais est le mieux placé pour rendre compte de cet éclatement cosmopolite, de sa constitution ambivalente quant au futur de l'identité québécoise. On y verra encore probablement l'effet d'un parti pris. Comme si le Québec se réduisant à Montréal, la problématique interculturelle devenait nécessairement une des façons de rompre le soliloque hébété qui caractérise à mon sens l'interrogation sur « notre » identité sociale. *What does Quebec want ?* Sommes-nous des Canadiens français, sauvegardant notre particularisme ethnique afin d'en faire un patrimoine auquel il serait possible de se référer à chaque fois que l'unité de l'identité semble remise en question ? Ou encore des Québécois avec ce que cela laisse entendre d'ambiguïté : occupants d'un territoire, mais peut-être surtout porteurs d'une identité sociale potentielle, générique. De ce point de vue, la représentation de l'étranger dans ces divers romans, à la faveur du contexte montréalais, est riche de sens par les refoulés, sédiments qui font de l'identité québécoise un fait complexe. « L'arrivée en ville » est par conséquent un motif déterminant pour la quasi-totalité de ces romans. Deux textes échappent cependant à cette catégorisation. Il s'agit d'*Une histoire américaine* de Jacques Godbout et de *Volkswagen blues* de Jacques Poulin. Dans ces romans, l'étranger n'est pas retrouvé en ville, parmi la foule où chacun fait l'expérience de la solitude du voyageur anonyme. Au contraire, c'est la thématique de l'extraterritorialité qui s'avère dominante. Quitter le Québec pour la Californie permet une réflexion sur la constitution de l'identité sociale à la faveur d'un salutaire dépaysement. La rencontre de l'étranger suppose de fait la perception d'une étrangeté : indétermination suscitée par la confusion des lieux, émiettement des identifications, ce que Pascal Bruckner a pu appeler à propos de l'écriture du romancier Naipaul un « cosmopolitisme du débris ».

Une dernière remarque. Cet essai, je voudrais qu'on l'envisage comme une « construction » du devenir de l'identité québécoise permise par l'étude de quelques romans qui m'apparaissent comme autant de révélateurs. On aura noté que je traiterai ici de la « représentation » de l'étranger. Sans doute cette représentation correspond-elle à une hésitation particulièrement manifeste dans la fiction québécoise. Tout se passe comme si la volonté de légitimer la fondation d'une littérature autochtone laissait place aujourd'hui à des désirs d'ouverture interculturelle. Le succès des romans de Dany Laferrière, du théâtre de

Marco Micone, témoignent, au sein de la fiction québécoise, de cette « prise de parole » récente. Encore faut-il se méfier des phénomènes de folklorisation, de ghettoïsation qui feraient de ces textes l'exemple d'une littérature immigrante, ethnique, *made in Québec*. Dans cette perspective, la représentation de l'étranger serait toujours actuelle, sauf qu'elle prendrait la forme d'une intégration périphérique au corpus littéraire québécois.

Ces interrogations sont d'une brûlante actualité. Elles démontrent à mon sens que l'imaginaire social québécois accepte peu à peu de se départir d'une illusion d'omnipotence quant à la dimension fondatrice, exceptionnelle de son identité. L'hétérogénéité, l'ambivalence, la constitution malaisée, expressions qui reviendront fréquemment au cours de cet essai, ont en commun de souligner le déplacement de ce délire d'élection — affirmation d'une autochtonie — qui a caractérisé si fortement la fiction québécoise. Au delà de ces phénomènes de folklorisation qui font de l'interculturel une nouvelle mode à suivre, affirmation tardive de la culpabilité des Québécois de souche qui n'évitent pas toujours un intérêt complaisant pour les « ethniques », des écritures authentiques comme celles de Marilù Mallet, Antonio D'Alfonso, Marco Micone, Gérard Étienne, Régine Robin... prennent le relais. Je pourrais ici multiplier les noms. Ces écritures posent un défi à la fiction québécoise : elles lui demandent d'abandonner cette carapace protectrice que constitue la « représentation » de l'étranger. Elles suscitent des interrogations quant à une littérature québécoise qui ne s'accrocherait plus au désir de préserver un sens premier, ce qui permettrait en retour d'abandonner la saisie spéculative de l'étranger au profit de l'écriture d'une étrangeté dans la langue.

Il faut pourtant se méfier d'un autre discours qui ferait de l'étranger un porte-parole privilégié pouvant résoudre à lui seul la problématique de l'identité québécoise. Dans une telle perspective, la littérature québécoise se refuserait obstinément à l'émancipation, elle resterait un ensemble régionaliste, ne connaissant ni le métissage ni le cosmopolitisme. Comme si cette littérature devait être coupable de s'être trouvé un nom et de prétendre, du lieu où elle se trouve, à l'universalité. Ainsi les écrits de Ducharme, Brossard, Aquin... font tous jouer cette perception, euphorique ou douloureuse, d'une étrangeté dans la langue. L'exemple d'un Gauvreau pouvant d'ailleurs être convoqué avec pertinence. Opposer les nouveaux venus aux natifs de la langue ne serait pas seulement fratricide, mais désastreux pour la littérature québécoise. Ce qui reviendrait à postuler que cette littérature ne pourrait d'aucune façon être un lieu d'expérimentation, incapable d'intégrer si cela revient à qualifier un accueil dans la langue. On voit ainsi le danger qui consisterait à faire de la littérature québécoise un ensemble rigide dont la rédemption (l'ouverture à l'universel) ne pourrait que provenir de cet étranger. Que l'on pense au Chamberland du mouvement Parti pris, à la recherche d'une identité propre, en même temps que violemment internationaliste. À Hubert Aquin qui, au début des années soixante, faisait état de la pathologie psychosociale du Canadien français. À la querelle du joual qui loin de caractériser uniquement le fantasme d'une langue archétypale faisait entrer dans la littérature un espace de jeu, de modification. En somme, le nouveau venu peut trouver ici une littérature qui accepte l'exil intérieur, la condition de minoritaire, littérature qui fait de l'irrésolution un fait d'énonciation.

Si j'ai néanmoins préféré restreindre mon propos à la « représentation » de l'étranger, c'est qu'elle me semble rendre compte des latences actuelles de l'identité sociale québécoise. Pour cette raison, j'ai limité l'étude à l'analyse de romans écrits par des écrivains pour la plupart natifs du Québec. On aura compris que cette distinction n'a de valeur qu'à montrer comment le sujet *dit* Québécois se pose les questions de l'altérité et de la différence. La problématique de la représentation de l'étranger dans la fiction québécoise étant condamnée, idéalement, à devenir inactuelle, sous l'effet des profondes mutations sociales que nous connaissons. Ce qui ne signifie pas pour autant la disparition d'un discours de l'altérité. La littérature n'existe qu'en énonçant la différence. À ce titre, il y aura toujours des étrangers. Mais peut-être en arrivons-nous à une époque où l'énonciation de cette altérité peut devenir parole commune, accepter le principe d'une identité québécoise qui serait acquisition, création.

Ainsi, cette « construction », à laquelle je faisais référence en rappelant la proposition freudienne, il faut l'entrevoir dans sa dimension imaginaire, en ce sens que l'historicité de l'identité québécoise est ici l'objet d'une interprétation, qu'elle ne prétend pas à la vérité de fait. Si de nombreuses études ont été consacrées à l'historiographie de la littérature québécoise, à sa constitution chronologique, ce qui a permis entre autres sa légitimation institutionnelle, il me semble d'actualité de rompre le caractère forcé, trop volontaire, de cette prétention à l'historiographie. Au corpus québécois, je préfère substituer un démembrement de ce corps constituant, le choix délibéré de la partition comme motif organisant l'étude de ces divers romans. À la place de la linéarité chronologique, et de la certitude qui nous fait nous référer à l'identité québécoise comme à une évidence, je substitue le pouvoir singulier de l'étrangeté, ce que Antoine Berman nomme à propos de l'opération de traduction « l'épreuve de l'étranger[6] ». Ce qui signifie, en dernière instance, pour le théoricien, la possibilité de fabuler, de reconstruire, en somme d'interpréter les latences de l'identité sociale, sans pour autant prétendre à la recherche d'un sens premier.

1. Voir à ce sujet les remarques de Michel de Certeau dans *L'invention du quotidien. Arts de faire/1*, Paris, UGE, coll. « 10/18 », 1980, p. 210-225.

2. René Major, *De l'élection : Freud face aux idéologies américaine, allemande et soviétique*, Paris, Aubier, coll. « La psychanalyse prise aux mots », 1986, p. 18.

3. Georg Simmel, « Digressions sur l'étranger », *L'école de Chicago : naissance de l'écologie urbaine*, textes traduits et présentés par Yves Grafmeyer et Isaac Joseph, Paris, Éditions du Champ Urbain, coll. « Essais », 1979, p. 54.

4. Je désire remercier tout particulièrement Régine Robin pour son accompagnement au cours d'une recherche qui fut permise grâce à l'octroi d'une bourse postdoctorale du CRSH. Aussi Pierre Nepveu et Gilles Marcotte, qui ont rendu possible ma participation aux activités et séminaires du groupe *Montréal imaginaire* et suscité un échange toujours stimulant de points de vue.

5. Sigmund Freud, « Psychothérapie de l'hystérie », *Études sur l'hystérie*, Paris, Presses universitaires de France, coll. « Bibliothèque de psychanalyse », 1978 [1895], p. 236.

6. « Or la traduction, de par sa visée de fidélité, appartient originairement à la dimension éthique. Elle est, dans son essence même, animée du *désir d'ouvrir l'Étranger en tant qu'Étranger à son propre espace de langue*. Cela ne veut nullement dire qu'historiquement, il en ait été souvent ici. Au contraire, la visée appropriatrice et annexioniste qui caractérise l'Occident a presque toujours étouffé la vocation éthique de la traduction » (Antoine Berman, « La traduction et la lettre ou l'auberge du lointain », *Les Tours de Babel: essais sur la traduction*, Mauvezin, Trans-Europ-Repress, 1985). Aussi de Berman : *L'épreuve de l'étranger : culture et traduction dans l'Allemagne romantique : Herder, Goethe, Schlegel, Novalis, Humboldt, Schleiermacher, Hölderlin*, Paris, Gallimard, coll. « Les Essais », 1984.

Chapitre I

Cosmopolitisme et altérité

Imaginer l'étranger

« L'arrivée en ville » dans la littérature québécoise correspond sans nul doute à une brusque modification des coordonnées spatiales et des enjeux patrimoniaux. Face à une littérature qui cherchait désespérément à privilégier des valeurs agraires, cantonnée à un espace non altéré, il est clair que Montréal a pu susciter une remise en question, la mise à jour de codes linguistiques et sociaux hétérogènes. Arriver à Montréal, c'est par conséquent accepter fatalement de devenir un itinérant, en somme soumettre l'écriture à une dérive de la signification. À cet égard, la remarque d'Hubert Aquin constatant que Montréal, ville « moderne », rajeunit, provoquant chez l'observateur un vieillissement prématuré, est particulièrement intéressante en ce qui concerne la problématique de l'éclatement cosmopolite. La frénésie de l'occupation humaine, la modification des quartiers, du paysage urbain justifiant pour Aquin cette remarque qu'il ne peut y avoir de « vieille ville » (le Vieux-Montréal) qu'à la condition qu'une urbanité — et un urbanisme — contemporains s'y substituent[1].

Cette remarque d'Aquin m'a toujours semblé particulièrement pertinente puisqu'elle présuppose que la perception de l'univers urbain est définie par la posture de l'observateur. Observer la ville se modifier, appréhender tel que le laisse entendre Aquin à propos de Montréal sa régénération, c'est lier le regard à la spécificité d'une gestuelle. De ce point de vue, la représentation de Montréal dans le roman québécois correspond, si l'on accepte une schématisation préliminaire, à deux perspectives différentes. L'une instituant un fantasme de fondation, mise en parallèle du lieu d'habitat et de l'acte d'appropriation, ce qui correspond au délire d'élection dont fait état René Major. Dans cette perspective, la ville ne peut qu'être étrangère — de façon quasi ontologique — puisqu'elle indique dans la littérature québécoise la nécessité de la reconquête d'un espace allogène. C'est le cas par exemple du roman partipriste qui fait de l'aliénation une caractéristique de l'univers urbain, expérience tout de suite rejetée au profit d'une appropriation qui permettrait de faire de la ville un lieu reconquis.

Mais ce caractère étranger peut tout aussi bien glisser insidieusement vers l'étrangeté[2] décrite par Freud: impression d'un déjà-vu, confusion des identités. C'est à cette dernière position que semble se référer Aquin lorsqu'il fait mention de la cénesthésie liant l'observateur à la ville observée. Faire corps avec la ville, tel pourrait être le sens de cette gestuelle, dans l'éclatement polymorphe du tissu urbain montréalais. Envisageons un instant l'espace montréalais puisqu'il est clair que c'est en ce lieu précis, simultanément dénaturé et reconquis, que joue cette problématique de l'identité québécoise. Ici les signes de l'activité humaine sont ostensiblement offerts au regard. Les gratte-ciel, s'ils traduisent une esthétique du monumental, ne se contentent pas de signifier le rappel historique, culturel d'un fait à valeur patrimoniale. Ils témoigneraient plutôt de la gratuité ou du caractère ludique de l'activité urbaine. Ce qui a été détruit (par l'incendie de Chicago ou le tremblement de terre de San Francisco) peut être reconstruit. D'où la croyance que la ville nord-américaine est peut-être trop jeune pour avoir su imposer un passé architectural, prétendre à une continuité, encore qu'il faille nuancer, car toute ville possède ses lieux de sédimentation, mobilise un imaginaire patrimonial. La ville nord-américaine n'échappe pas à ce phénomène. Seule l'histoire événementielle lui a offert moins de temps afin de charger une temporalité symbolique des signes d'une occupation humaine se caractérisant par l'établissement d'une sédentarité. Comme si la ville était en mouvement, tissée de l'étrangeté, constamment modifiée, et que le citadin s'y reconnaissait lui-même autre. Ce ne serait plus dès lors l'étranger qui définirait cette mobilité de l'univers urbain : personnage en mouvement, au déplacement imprévu. Mais plutôt la ville elle-même qui se transformerait au gré de sa constitution. Ce qui expliquerait la dimension fortement subversive que représente dans le roman québécois l'« arrivée en ville ». L'étranger est certes un personnage associé au caractère composite de la ville : perte d'une identité sociale clairement affirmée faisant du citoyen un être soumis à l'anonymat. « L'arrivée en ville » correspondrait alors à la modification de cette identité sociale et il semble à cet égard que le roman québécois soit modifié de plein fouet par la rencontre de cette hétérotopie socioculturelle. Rencontre de la pauvreté et de la douloureuse émancipation dans *Bonheur d'occasion*, de la solitude commune dans *Alexandre Chenevert*. *Le cassé* de Renaud fait place à la violence urbaine, à la dérive hallucinée de l'itinérant. Exemples parmi d'autres qui rendent compte de la brutalité de cette arrivée en ville.

L'activité urbaine telle qu'elle apparaît dans d'autres récits se caractérise par une frénésie, un désir d'accumuler et de faire circuler les signes de l'urbanité. Valeur d'échange de ces signes comme si la représentation spatiale de la ville (le centre-ville comme collage d'ensembles géométriques) devait refouler la part de travail, de dépense qu'elle suppose, en somme d'effort de fondation. Et on peut se laisser aller à penser que la ville nord-américaine, plus que toute autre peut-être, implique l'annulation de la représentation des réseaux industriels, leur sublimation en quelque sorte, au profit d'une « image » de la ville : consommatrice de signes qui fait voir au citoyen la certitude d'un noyau urbain densifié par la surcharge iconique du *downtown*. Le recours à la frénésie onomastique chez Yolande Villemaire, la mise en scène d'une écriture voyageuse dans *French kiss* de Nicole Brossard sont des exemples parmi d'autres qui me semblent traduire cette accélération des signes du discours romanesque lorsqu'il traite de la ville.

Peut-on pour autant parler d'une absence de hiérarchie du tissu urbain, ou encore d'une absence de tout point de repère patrimonial ? L'affirmer serait absurde. Seule l'écologie de ce tissu diffère (la localisation géographique, le type d'industrialisation, la fonction de la ville à l'intérieur d'un ensemble national ou supranational...), tout comme l'appel à une référence patrimoniale (ainsi que les formes adoptées pour la représenter). De la même façon, il serait naïf de croire que cet éclatement de l'univers urbain — et le plurilinguisme qui pourrait y être associé — signifie *ipso facto* la dissolution des conflits sociaux, l'annulation des différences ethniques, culturelles, des inégalités socio-économiques. L'étranger n'en est pas moins présent, l'altérité n'est pas moins redoutée au moment de cette « arrivée en ville », ce qui suppose la disparition graduelle d'une unanimité sociale fortement structurée. La constitution de l'identité québécoise ne cesse pas de se poser, sous prétexte que l'urbanisation, le dialogue interculturel deviennent des facteurs dominants.

Ainsi en est-il de la représentation de Montréal dans le roman québécois quant à cette notion de cosmopolitisme. Dans la mesure où le lieu urbain permet la confrontation de codes culturels divergents, qu'il associe en son sein richesse et pauvreté, qu'il rompt violemment les enclaves territoriales, le cosmopolitisme s'inscrirait comme fait de structure du roman québécois traitant de cette « arrivée en ville ». C'est d'ailleurs parce que la ville favorise l'hétérogénéité socioculturelle, soulignant le caractère différencié du tissu urbain, qu'il est à propos de parler de cosmopolitisme. Interrogation qui coïncide avec « l'arrivée en ville » du roman québécois, l'abandon des réseaux sédentaires incarnés par les rangs villageois, le rejet du discours rural (la foi, la langue et la patrie). Cette problématique de « l'arrivée en ville » a d'ailleurs été longuement commentée, à la faveur d'une thématique de la réappropriation symbolique en milieu urbain. D'*Alexandre Chenevert* à *La ville inhumaine*, une continuité est affirmée quant au constat d'une éradication de l'identité q[illegible] le roman québécois traite de l'arrivé[illegible] semble cependant que l'on puisse envis[illegible] matique sous un jour nouveau. Aujourd'[illegible] contexte montréalais, la problémati[illegible] québécoise continue de se poser mais non plus sous une forme essentiellement rétractée.

Cette arrivée en ville a pu correspondre dans un premier temps à l'épreuve d'un dessaisissement, migration intérieure où paradoxalement le cosmopolitisme montréalais se nourrissait d'une exclusion : celle des francophones recomposant les rangs villageois, scellant leur homogénéité socioculturelle en reformant autant de ghettos. Comme si la perception de l'étranger entraînait du même coup une rigidité défensive, le cosmopolitisme de ce point de vue ne pouvant qu'être attribué à l'autre, provenir du lieu de l'Autre. C'est en ce sens que le cosmopolitisme peut être associé dans la littérature québécoise à une structure composite : l'attribution d'une identité labile étant le fait de l'étranger dont il faut absolument pouvoir se protéger par l'institution d'une distance salutaire. Ultime conséquence de cette opposition, le cosmopolitisme, comme processus de fragmentation et de déracinement, ne pourrait être que le fait de l'Autre auquel est attribué le statut d'étranger.

Un clivage est ainsi fondé entre « ceux venant d'ailleurs » et « ceux venant d'ici », mise en valeur de destins divergents où le nomadisme des uns s'oppose aux « racines » des autres. Ma proposition est différente. Je postule que l'identité, comme fait relationnel, n'existe qu'au prix d'un bord à bord constant avec une étrangeté perçue simultanément comme intérieure ou extérieure au sujet. En somme, que tout discours sur l'altérité suppose un énonçant, sujet qui nie, au moment de la constitution de cette identité attribuée à l'Autre, le retour de l'étrangeté. La représentation de l'étranger traduirait en conséquence un acte défensif, la production d'un discours sur l'altérité, le normatif, le discriminatoire, niant ainsi l'apparition d'un Autre ambigu, indécis, aux contours mal définis. De l'étranger à l'étrangeté, tel sera le parcours de cet essai puisque je porterai mon attention aux modalités de ce bord à bord : de la constitution plurielle de la différence à sa saisie rigide.

D'où la nécessité de prendre en considération selon quelles modalités cette distinction du « même » et de « l'autre » est associée à des facteurs socioculturels, économiques, politiques, qui, au nom de la rationalité (de l'ordre de la raison), produisent les diverses figures de l'étranger. Revenant à cette interrogation sur le cosmopolitisme, plusieurs nuances peuvent ainsi être apportées. J'ai déjà mentionné que le cosmopolitisme ne s'autorise que du lieu de la parole de l'Autre. Nous venons cependant d'observer que cette présupposition même du « lieu de la parole de l'autre » (comme repère de l'altérité) est à questionner dans le dynamisme complexe de son articulation. Qu'il serait passablement réducteur de faire de la représentation de l'étranger le lieu d'inscription *naturalisé* de cette altérité. Celle-ci suppose en effet un énonçant qui la qualifie telle, s'appropriant le « propre » de la nomination afin de désigner ce qui lui apparaît comme une différence irréductible à tout rapatriement.

Qu'en est-il alors du cosmopolitisme ? Affirmation du pouvoir d'intégration, métaphore digestive d'une incorporation par l'organisme social, souhait d'une communauté sociale utopique recréant un sentiment de fusion océanique, d'annulation des différences culturelles par la simple multiplication harmonieuse des individualités minoritaires. Cette proposition me semble tout aussi insuffisante que l'affirmation d'une altérité sans énonçant pour la constituer dans la mesure où elle se soumet au dogme d'une utopie : désir de création d'une communauté où l'affirmation de la différence serait reterritorialisée, unifiée par la convergence du marginal, du déviant (de l'Autre) à l'intérieur d'un système englobant. Ce pouvoir du « sentiment océanique » que Freud avait cru entrevoir dans l'analyse de l'identification au groupe, ou encore dans la croyance à un univers supranaturel, je crois qu'on en retrouve la trace dans tout discours faisant de la réunification spontanée des différences le moment liturgique d'une réconciliation. D'où selon moi une certaine naïveté dans la valorisation de l'interculturel, des petites communautés comme façons diverses de rompre l'unité de l'identité québécoise. L'apologie du particularisme local, communautaire, est le répondant nécessaire d'un universalisme abstrait. En somme, la perception du cosmopolitisme comme un facteur d'intégration, de réunification, soucieux de la fusion des différences individuelles, me semble courir à l'échec si ne sont pas analysés plus avant les motifs de la constitution sociale de cette altérité, et au premier chef leur représentation discursive. Car, ainsi qu'on le verra plus loin, le moment fondateur de l'élection du groupe, comme communauté instituée, suppose l'exercice d'une violence symbolique dont l'étranger représente l'enjeu précis. S'il y a bien cosmopolitisme, c'est à la condition que l'hétérotopie culturelle se traduise par la rencontre de la figure de l'étranger. La représentation de ce dernier peut entraîner la consolidation d'un narcissisme défensif, rétracté qui justifie la préservation d'une identité sociale, échappant ainsi à la menace de l'impropre. Ou encore il peut susciter la rencontre de l'étrangeté, la perte des points de repères habituels qui permettent de circonscrire et d'énoncer cette altérité.

Le cosmopolitisme serait donc à mon sens hétérotopique, l'expression d'une marge, d'une déviance. Parce qu'il est un facteur déstructurant de l'identité sociale, il représente, du point de vue littéraire, une hétérotopie, le refus d'un mimétisme linguistique au profit d'un dialogisme énonciatif: multiplicité des interventions et des prises de parole. Ce cosmopolitisme me semble bien vivant dans le roman québécois contemporain dans ses dimensions euphorique ou dysphorique. Comme si la quête d'un territoire de l'identité dans le discours romanesque, l'histoire même du Québec, depuis disons trente ans, laissait place à l'envers de cette quête: en témoignent le rôle joué à l'époque par les revues *Dérives* et *Vice Versa*, les réflexions sur la transculture ou le multiculturalisme. Réflexions actuelles qui acceptent l'hétérogène alors que le cosmopolitisme fut tout d'abord évité (je pense entre autres aux romans et essais du mouvement Parti pris [3]) puisqu'il soulignait avec hantise la question du pouvoir de l'Autre, créant ainsi un rejet de l'altérité. On peut voir en effet dans ces textes une tentative, plus ou moins réussie selon les cas, de réappropriation symbolique du milieu urbain. La représentation de l'étranger (anglophone de façon générale) y étant omniprésente, d'autant plus menaçante qu'elle signifie, pour les personnages principaux de ces romans, le constat d'une aliénation, d'une incapacité à vivre la ville et à l'investir de propriétés positives. Dans cette perspective, la représentation de l'étranger était vécue selon des modalités anxiogènes: le statut périphérique de l'étranger ne lui assurant pas moins la mainmise sur l'univers urbain, l'anglophone prenant l'aspect d'un personnage dominateur, déterminant l'aliénation du sujet québécois. Exil intérieur, dépossession, aliénation, toutes ces expressions caractérisent la crainte éprouvée d'une perte, d'un affaiblissement de l'identité. Peut-être est-ce l'expression de l'ambiguïté de la littérature québécoise puisque celle-ci fut constamment tenaillée par la recherche éperdue d'un sens à préserver (qui contribuait à former la dimension commémorative de l'identité canadienne-française) et éprouvait du même coup, dans sa constitution, ce qui pouvait contribuer à sa disparition, ou du moins à son affaiblissement, d'où l'intériorisation de la figure de l'étranger.

Des remarques complémentaires peuvent être faites à ce sujet. La notion de territoire imaginaire, offrant un lieu d'inscription à l'identité nationale, moment fort de la littérature québécoise, s'est depuis plusieurs années vidée de sa substance. De la même façon, le rappel délibéré d'une thématique de la langue dans le discours romanesque — le français étant revendiqué, quelquefois confusément, comme le code *naturalisé* de l'identité québécoise — semble perdre peu à peu de son importance. Comme si les aléas de la lutte politique depuis 1960, portant la justification sociale de l'identité québécoise, avaient contribué à épuiser ce potentiel de significations. L'identité étant maintenant prétendument acquise, confirmée non pas nécessairement politiquement à travers le fantasme d'un État-nation, mais par la vitalité reconnue d'une production culturelle, les écrivains québécois doivent se tourner vers d'autres territoires imaginaires. Ce qui était perçu comme abject ou menaçant (l'Autre: l'immigrant, l'Amérindien...) est maintenant revendiqué comme part structurante de l'identité avec sa dimension d'aléatoire, de fragmentaire. L'écriture devient acte de morcellement de l'identité. Morcellement non plus imposé par l'Autre mais souhaité, des romans, comme ceux de Ducharme ou de Villemaire en témoignant à leur façon:

référents culturels accréditant des stratégies discursives devenues hétérogènes.

C'est ici d'ailleurs qu'intervient la notion de cosmopolitisme et son lien à une référence qui ne peut en l'occurrence qu'être urbaine : Montréal. J'ai parlé précédemment de mélancolie, citant Hubert Aquin, quant à la nomination impossible, toujours recommencée, du lieu urbain. Ce qui correspondrait selon moi à un moment fort du roman québécois : mélancolie de la perte de l'identité au moment de l'« arrivée en ville », à la faveur d'une urbanisation accélérée. D'où une question : comment devenir et non plus seulement *être* Québécois ? Identité urbaine qui se constitue de biais puisqu'on rencontre à Montréal une esthétique du transverse, de la discontinuité.

L'imaginaire cosmopolite, on le retrouve ainsi à Montréal. Paradoxe apparent d'une légitimation territoriale (un lieu, une ville) qui suppose au même moment son décentrement : le cosmopolitisme comme figure hétérotopique. À Montréal plus qu'ailleurs, *je est un autre*. Multiplicité des langues, entrelacement de leurs babils, tout cela ne s'effectue pas aisément, sans remous ni conflits. Ainsi à Montréal, on peut entrevoir l'orbe de la mélancolie — le sentiment d'une ville à conquérir par la population francophone afin d'y inscrire les traces de son histoire — et cette frénésie urbaine qui, jusqu'à tout récemment, était vécue comme le constat d'une domination anglo-canadienne.

Cette rencontre, l'histoire du Québec en dessine les allées et venues puisqu'à Montréal seulement se posent avec vigueur un certain nombre de problématiques liant l'explosion nationaliste aux conflits culturels et linguistiques. Ainsi, vivre à Montréal peut signifier aujourd'hui, non plus une esthétique du déracinement, de l'exil intérieur, une réappropriation symbolique fortement désirée (dont un roman comme *Bonheur d'occasion* témoigne), une pulsion d'agrippement vécue comme crispation, retour à la paroisse, à la microsociété protectrice (dont toute une littérature du terroir a pu être l'évocation), mais une revendication cosmopolite, s'écrivant en français tout en laissant passer les flux de cultures diverses, une étrangeté.

Si j'ai cité, afin d'introduire ce travail, cette remarque d'Hubert Aquin quant à la nomination du lieu montréalais, c'est qu'elle me semble correspondre à un sursaut mélancolique (qui sommes-nous?) pourtant réfréné, dans le roman québécois, par le plaisir éprouvé devant l'explosion urbaine. Aquin, réfléchissant sur Montréal, constate que parler de sa « vieille ville » équivaut à un contresens. Pouvoir parler du Vieux Montréal suppose que l'on reconnaisse sa fonction patrimoniale, s'opposant à l'explosion d'un urbanisme contemporain. La nostalgie de l'observateur est ainsi atténuée. Ne vivant pas dans une « ville morte », étouffée par les signes d'un passé glorieux mais devenu désuet, un espace de liberté est mis à jour. La frénésie de l'activité urbaine compense en somme le sentiment de vieillissement comme si la régénération induite par les signes de l'activité urbaine rendait possible une suspension toute provisoire de la temporalité.

Esthétique singulière de ces villes nord-américaines qui recoupe à mon sens une réflexion sur le cosmopolitisme montréalais. Villes-frayages tendues vers la quête de la verticalité, créant un effet de non-harmonie, d'entassement, comme si l'histoire n'avait pu s'inscrire de façon durable. Villes à refaire comme si le temps était offert à ce jeu perpétuel d'édification des signes de l'activité humaine. Villes de la traversée des langues selon l'espace que l'on occupe dans tel de ses quartiers. D'où l'hypothèse que la littérature québécoise se caractérise par son inachèvement (comme toute autre bien sûr), et qu'elle recrée chaque fois dans la trame de sa discursivité les conditions de son énonciation: pourquoi écrire? en quelle langue ? pour quel territoire imaginaire à constituer ? Ville semblable à Montréal elle-même : successivement défaite et refaite aussi bien dans les discours politiques que dans l'imaginaire culturel des écrivains.

Comment envisager cette étude du cosmopolitisme dans le roman québécois ? Tout d'abord par l'observation des stratégies discursives déployées par le sujet de l'énonciation, nommant cet univers urbain, l'affectant de propriétés singulières. En somme, la création de l'univers urbain, tout comme la détermination des figures de l'étranger, obéit au regard du narrateur. Mais cette énonciation de l'expérience urbaine n'est pas seulement traduction, reproduction descriptive, mimétisme. Le narrateur n'est pas toujours un guide à suivre, fidèle cartographe qui indique les sites à visiter. Il peut s'effacer pour laisser place à la multiplicité des déambulations. Qu'on me permette une analogie. Si la trame urbaine laisse place à l'agencement de conduites, produit une ségrégation de l'occupation du territoire en fonction de critères divers, économiques, religieux, culturels : la disparité des revenus, le statut social, l'origine ethnique ou la croyance religieuse, il serait abusif cependant de prétendre que l'urbanisme détermine à lui seul l'urbanité, que le citadin, totalement passif, doit absolument se plier aux contraintes qui lui sont imposées par la structure urbaine.

Il en est de même du sujet de l'énonciation qui modifie la texture de l'univers urbain en formulant à chaque fois une cartographie imaginaire. À l'exemple du marcheur qui transgresse les frontières des quartiers, crée des intervalles où il peut circuler, le sujet de l'énonciation modifie l'espace qu'il franchit. Il peut mettre en scène une spatialité fortement structurée selon un principe de catégorisation. Il peut aussi laisser place à des interstices, bouleversant la linéarité de la cartographie urbaine, faire jouer un parcours transverse.

Ces romans « cosmopolites » feraient échec à une représentation mimétique et hiérarchique de l'univers urbain. On peut supposer qu'ils introduisent une problématique du « comment circuler ? » plutôt qu'une attention aux phénomènes de consolidation territoriale et d'inscription rigide de l'identité. La rupture des coordonnées spatiales, la généralisation d'une étrangeté justifiant un multilinguisme interne à l'univers romanesque.

Il faudra donc analyser comment ces « récits d'espace[4] » (pour reprendre l'expression de Michel de Certeau) peuvent, soit décalquer un sujet de l'énonciation rigide, représentant l'Autre comme l'étranger, ou, au contraire, accorder un espace de parole à l'Autre, refusant ainsi au sujet de l'énonciation ce pouvoir de représentation de l'étranger. C'est au regard de cette tension, induite par la distance ou la proximité du sujet de l'énonciation et de l'Autre représenté, que le caractère dynamique de la thématique du cosmopolitisme peut être étudié. En somme, la perception de l'Autre, son aspect étrange, menaçant, non familier, oblige à réévaluer cette prétendue extériorité du sujet de l'énonciation. Le dispositif cosmopolite dans le texte littéraire serait un refus d'une narration distanciée, éclatement de la perspective optique de façon à rompre définitivement le caractère linéaire de l'univers urbain.

Je reviens à ces deux catégories de récits invoquées quant à cette perception du cosmopolitisme. Soit un modèle représentatif où la perception de l'Autre est conditionnée par une mise à distance. Ici prédomine une structure hiérarchique. C'est par exemple, dans le cadre de l'univers urbain, la reconnaissance d'une sédimentation de l'altérité. L'Autre (l'immigrant, le marginal… les figures peuvent être multiples) est défini et narré comme un acteur dont le périmètre d'action est circonscrit. Il s'agirait d'une représentation exoperceptive puisque l'énonciation de l'Autre supposerait l'extériorité d'un sujet énonçant qui détermine les propriétés de l'étranger.

La situation peut cependant être plus complexe et le cosmopolitisme faire intervenir un dessaisissement provisoire de l'identité. L'Autre n'est plus distinct. Il devient, grâce à un phénomène d'indifférenciation n'allant pas sans contrecoups, le sujet énonçant lui-même qui ne peut plus distinguer commodément le personnage étranger. Le recours à un postulat mimétique, descriptif, la revendication d'un statut énonciatif qui fait intervenir la plupart du temps une instance jugeante, peuvent ainsi laisser place à une dynamique de l'étrangeté.

Cette distinction est importante car constater une distinction entre le sujet énonçant et autrui fonde une interpellation que la distance de l'Autre institue. Le cosmopolitisme n'intervient pas lorsque les récits littéraires se contentent d'instituer une différence, qu'ils permettent une observation distanciée de l'altérité. Ce sujet qui représente l'étranger refuse d'être capté, aliéné par ce monde qui lui est extérieur, et dont il interprète selon sa propre subjectivité l'environnement. Mise en scène d'une identité rétractée : le narrateur n'ayant cesse de délimiter ce qui l'amène à différer de l'Autre. La consolidation rigide — et surmoïque — de l'identité du narrateur supposant par ailleurs l'élaboration d'un discours de la stéréotypie dont l'étranger serait l'objet. Ainsi la rigidité surmoïque et territoriale que l'on retrouve dans ces récits est l'indication d'une identité clivée. Si l'autre est désespérément distinct, c'est parce qu'il menace, peut envahir un territoire que l'on désire protéger. Ces récits sont d'un grand intérêt puisque l'élaboration discursive d'une figure de l'étranger laisse place à l'expression d'un leurre identificatoire. De fait, ces textes se caractérisent par la consolidation d'un modèle spatial faisant de l'étranger une figure périphérique. Mise à distance de l'Autre qui peut aussi bien rendre compte d'un mouvement d'idéalisation que de rejet.

On comprendra alors pourquoi la perspective méthodologique que je propose ne se résume pas à une analyse de la constitution spatiale de ces récits qui déterminerait la place des acteurs dans la trame urbaine. Ce qui correspondrait au postulat d'une sémiologie de la spatialité, ainsi celle élaborée par Greimas, analysant des oppositions ou des déplacements formels. Le danger est ici de restreindre la compréhension de « l'organisation émotionnelle de l'espace[5] » (selon l'expression de Pierre Kaufmann), de lui substituer une simple analyse topographique. Si l'analyse de la constitution topographique est à l'évidence d'une grande utilité, composant de cette façon un portrait de la géographie formelle des récits littéraires, on court le risque de laisser pour compte la subjectivité qui trace les contours de cette organisation spatiale, en somme son affectivité.

En conséquence, l'enjeu n'est pas la seule détermination topographique de cette configuration spatiale mais plutôt l'étude de sa dimension constitutive, subjective. On privilégiera l'analyse de ce « regard » sur l'étranger, principalement par l'observation des interventions narratives du sujet de l'énonciation, puis des acteurs romanesques dont le « vouloir-dire » (le recours au jugement) et le vouloir-faire (les déambulations) tracent les formes diverses d'une appropriation de l'espace. Le choix de privilégier une topologie du déplacement plutôt qu'une simple analyse de l'inscription territoriale est selon moi riche de conséquences. On peut penser aux premières recherches en sociologie urbaine (l'École de Chicago) qui n'échappaient pas toujours au postulat de l'organicisme, avec ce que cela supposait d'abandon de cette dynamique spatiale du déplacement, au profit d'un modèle urbain normatif comme si la catégorisation spatiale — ainsi « la théorie des régions morales » chez Park — devait toujours formuler l'espace mythique d'une unité. Cet organicisme est cependant atténué chez les théoriciens de l'École de Chicago par l'importance accordée à la mobilité, à la locomotion, en somme aux facteurs de déplacement, modifiant ainsi la cartographie urbaine. D'où l'intérêt, malgré ce postulat d'une unité de lieu, pour les figures de l'étranger, du « hobo », du vagabond, de l'homme en marge. Le statut de ces acteurs sociaux suppose une liberté de déplacement et entraîne la modification des paramètres de l'espace urbain.

C'est pourquoi le cosmopolitisme peut être associé à cette topologie du déplacement. La pertinence de cette thématique dans le roman montréalais supposant la mise en parallèle de deux pérégrinations qui s'entrecroisent : celle du migrant de l'intérieur (le Québécois de l'espace rural) et de l'immigrant, en exil vers une terre nouvelle. On peut supposer que ces deux marcheurs, découvrant une ville, Montréal, provenant, soit d'un « arrière-monde », ou d'un « arrière-temps », pour reprendre l'heureuse expression d'Alain Médam dans *Montréal interdite*[6], affrontent au gré de leurs déplacements une pluralité signifiante qui constitue un espace conflictuel, aléatoire, rompant de cette façon la durée linéaire de leur histoire passée.

Privilégier une analyse de la catégorisation spatiale, au détriment d'une dynamique du déplacement, correspondrait ainsi à la réification philosophique de l'espace comme « forme *a priori* de la sensibilité ». Si ce problème est, selon Jean Duvignaud, de facture philosophique, la réification de l'espace semblant être un à priori qui puisse permettre d'étudier le *cogito* cartésien[7], il est également propre aux textes littéraires qui privilégient une catégorisation défensive de l'espace, refusant la dynamique du déplacement.

Ainsi en est-il de la modification de la spatialité en durée dans la littérature québécoise jusqu'à son arrivée, somme toute récente, en ville. C'est l'exil intérieur (Nelligan, Saint-Denys Garneau...), le repli défensif exprimé dans le roman du terroir, la création d'une généalogie nationale à fortes connotations mythiques (la foi, la langue, la patrie), le retour à l'espace restreint mais préservé du monde rural, qui se substituent au cosmopolitisme. Choix entre plusieurs possibilités qui se caractérisent toutes cependant par la dimension claustrophobique. Soit la réification de l'espace en durée, espace vécu comme aliénant, dépersonnalisant. C'est le cas du roman du terroir où la mise en scène d'un espace contraint est constamment assortie d'injonctions prescriptives. Ou encore la dérive spatiale entrevue comme conquête nordique, défrichement et domination de la nature, *terra incognita* qui laisse le sujet marcheur fuir sans cesse en avant dans sa course, évitant dans sa quête la confrontation avec le monde urbain que représente Montréal. Au roman du terroir, de l'enracinement, s'ajoute le mythe de la conquête nordique, formulation d'un espace déployé, non altéré par les signes de l'activité humaine. Tentative de fuir au loin, en substituant au caractère dense et éclaté de l'univers urbain un espace d'autant plus facile à conquérir qu'il n'est pas habité sauf par les Amérindiens ! Si cette catégorie de récit est malgré tout conquête, déracinement et quête de nouveaux territoires, elle fait encore appel à l'image sécurisante de la paroisse qu'il faut fonder.

Qu'en est-il de cette altérité, moment fort du cosmopolitisme ? S'agit-il d'une figure qui participe d'une interrogation phénoménologique faisant ainsi alterner inconnu et re-connaissance ? Est-ce la formulation d'un discours où chacun se reconnaîtrait à la fois étranger et semblable. Ce qui nous renverrait à une définition éclatée de l'identité où la marginalité deviendrait discours commun. En réalité, il existe à mon sens deux perspectives à partir desquelles la problématique du cosmopolitisme peut faire l'objet d'une élaboration. On peut prétendre que la différence est surdéterminée par ce mouvement de reconnaissance que le pacte dialogique inaugure. On peut aussi voir dans cette problématique le caractère conflictuel, en porte-à-faux, d'identifications qui n'échappent pas au leurre, au malentendu. L'interpellation de l'Autre ne signifiant pas nécessairement un mouvement de reconnaissance, un principe transcendant, mais plutôt la poursuite d'un jeu où l'identification demeure toujours labile.

Il est vrai que si la différence comme phénomène dialogique interpelle, oblige à briser le dogme d'une identité restreinte, des stratégies de défense sont toujours possibles. Si l'Autre me menace, je peux tenter un geste paradoxal : rejetant l'extériorité qui m'effraie, je plonge et me consume dans ma propre différence vécue comme unité. On pourra alors parler d'une incorporation, tout comme d'une externalisation de cette différence, angoissante ou, au contraire, assimilable. Les romans qui seront étudiés mettent donc en œuvre de façon presque constante ce clivage, délimitant une élaboration spatiale qui fonde un espace propre au récit, activation de conduites narratives qui déterminent un bornage, lequel pourra faire d'ailleurs l'objet de transgressions. En d'autres termes, le cosmopolitisme représenterait dans les récits envisagés un éclatement de la signification, définie comme intérieure ou extérieure au sujet, de façon à proposer une rupture de cette polarité, séparant l'étranger du sujet autochtone.

Qu'en serait-il alors du cosmopolitisme face au nationalisme ? On sait la valeur mobilisatrice de cette problématique dans l'histoire littéraire du Québec. Le nationalisme se caractérise par l'ambivalence du mouvement d'acceptation et de rejet de l'altérité. Obsession de la race, de l'érection phallique, justifiée par une volonté de survie, la transmission d'une filiation, ce discours fonde un ordre du monde singulier. En témoigne le roman du terroir. Ici la liberté des sujets est déterminée par ce qui l'entrave : c'est l'exemple, dans ce Québec archaïque, du code religieux qui fixe les alliances, détermine la socialité du corps vécu, fonde le sens des pratiques quotidiennes comme des discours littéraires.

Nationalisme qu'il serait injuste cependant d'envisager uniquement comme expression d'agressivité paranoïaque. Bien sûr, le nationalisme politique (ou littéraire) cherche à constituer une cohésion fondatrice à la faveur d'un savoir social prétendument partagé. La nation acquiert ainsi sa spécificité de pouvoir scinder le propre (l'autochtonie) de l'impur (l'étranger). Mais qu'en est-il dans le contexte québécois ? Le nationalisme correspondrait-il seulement à ce souci d'affirmation de l'identité, trouvant sa source dans l'affirmation d'une différence dont l'autre (l'immigrant, l'étranger) serait le porte-parole négatif ?

Ce nationalisme, il est dans un premier temps expression de rapports sociaux par des sujets qui cherchent à assurer la légitimité d'une désignation territoriale. Or il peut arriver dans certains cas que cette articulation nationale ne coïncide pas avec la délimitation d'un pays unanimement reconnu. Interrogation quant à l'existence d'une identité nationale qui ne cessera de se poser dans le roman québécois. Parce que la perception d'une ambivalence est toujours présente : le « devenir » québécois peut bien chercher à se constituer comme une identité fortement structurée, par le rappel d'un passé qui institue un site de fondation, il n'en reste pas moins que cette identité demeure fragile. Le nationalisme littéraire, de ce point de vue, ne serait pas tellement différent de son élaboration politique. Il supposerait la constitution d'une identité d'autant plus forte que fragile, menacée, intégrant ou rejetant, toujours dans une perspective de consolidation, la figure de l'étranger.

Quelles sont dès lors les stratégies accessibles ? Une reformulation obsessionnelle et défensive de l'identité nationale ou la reconnaissance d'une faille dans l'élaboration de cette identité puisqu'est sous-entendu le fait que l'Autre, personnage extrinsèque, en délimite les contours. Ambiguïté sans possible dénouement car la puissance toute phallique du discours de la survie (de la race) se brise en mélancolie : « Je » est un autre. L'identité n'est plus assurée, elle cherche dans la parole ou le regard de l'Autre la possibilité d'une reconnaissance afin d'échapper à l'étrangeté. D'où l'ambiguïté profonde de ce discours. La nécessité de fonder une identité forte est sans cesse revendiquée, mais la dimension violemment assertorique de cette énonciation suppose toujours la proximité ou la distance fondatrice d'une identification à autrui.

Ainsi un motif essentiel de la littérature québécoise contemporaine, échappant à la rigidité de ce discours de la survie, serait la représentation, en quelque sorte maintenue à distance, de l'identité collective (de l'illusion de cette identité comme partie constituante du mémorial national), et l'esquisse d'un savoir quant au fait d'être soi — et exilé —, semblable — et cosmopolite. Là se joue à mon sens l'essentiel de l'avenir de la littérature québécoise quant à cette capacité, non pas de dépassement, de transcendance, de fondation d'une identité nationale, mais plutôt de maintien de l'irrésolution.

Revenons à cette polarité toujours actuelle lorsqu'il est question de la représentation de la différence. La rigidité, la dimension assertive de l'identité supposent la volonté d'annuler cette différence par le biais de l'incorporation ou l'externalisation de l'étranger, défini au départ comme un acteur inassimilable. Puisque la différence de l'Autre est indiscutable, le sujet pourra être tenté, dans un premier temps, d'en atténuer les effets potentiellement destructeurs. Devant s'orienter face à cet Autre qui le situe comme « différent », l'incorporation devient une première stratégie défensive, l'équivalent d'une stratégie réparatrice dont l'objectif est de rapatrier l'inconnu dans le cadre du récit afin d'en faire l'élément d'une stratégie d'appropriation.

Il n'est pas sûr en effet que le geste d'accepter l'Autre, de l'intégrer — expressions équivoques que l'on retrouve d'ailleurs dans tout discours sur l'immigration — soit autre chose qu'une tentative d'acculturation où le sujet « différent » est appelé à devenir la formulation atténuée, dédoublée du sujet assimilateur. Il s'agit plutôt d'une stratégie défensive. Face à la menace d'une désintégration de l'identité collective, d'effritement d'un patrimoine commun, avaler l'autre, l'incorporer inaugure la possibilité d'intégrer à l'intérieur de soi ce qui était maintenu pour menaçant. Stratégie défensive qui fait de cet « autre » radicalement étranger, inassimilable, un étranger intrinsèque, figuré comme « autre » mais à l'intérieur d'une stratégie culturelle dominante.

Ainsi en est-il du *melting pot* où l'idéalisation de la fusion interculturelle, sous l'effet d'un discours violemment assimilateur, gomme le caractère subversif du cosmopolitisme. De même, la valorisation, non pas du métissage, mais d'une molle coexistence pacifique des cultures d'origine (ce qui correspondrait à la définition du multiculturalisme) suppose, malgré toutes les dénégations, le noyau dur d'une identité transcendante qui subsume les différences. D'où le caractère subversif du dispositif cosmopolite qui fait jouer la confrontation plurielle des langues, des cultures, des modes de vie. Au contraire de l'incorporation, processus défensif de symbolisation, qui ferait de l'étranger un acteur représenté « de l'intérieur », intégré à une économie culturelle dominante. Dans cette dernière perspective, l'étranger se trouverait à symboliser une « marge » imaginaire dans le cadre d'un projet social et culturel unanimiste.

Mais que pourrait dire cet étranger ? Malgré l'apparente banalisation de la différence que propose l'intégration culturelle issue d'une stratégie dominante d'assimilation, ou encore le multiculturalisme qui se contente de proposer la coexistence pacifique des cultures d'origine, demeure une profonde nostalgie : la mélancolie d'avoir troqué une culture pour une autre. L'immigrant, s'il devient citoyen à « part entière », vit une situation qui le place en porte-à-faux. Écartelé entre sa culture d'origine et la société d'accueil, il peut refuser de continuer à être l'étranger de circonstance. Le *melting pot*, par ces actions, est bel et bien désavoué dans la mesure où le cramponnement mélancolique à la culture d'origine, mais aussi, contradictoirement, son refus violent, au profit d'une intégration fantasmée à la société d'accueil, introduisent une dimension violente, non plus fusionnelle mais hétérogène.

Si l'incorporation de l'étranger cherche à se donner l'alibi d'une fusion *soft*, la violence des relations sociales, les jeux de ségrégation entre communautés, en somme les différentes modalités d'acculturation qui ne s'effectuent pas sous la simple forme de l'oubli de la société d'origine, mais selon des stratégies souvent hybrides, signifient toutes la force du dispositif cosmopolite. De sorte qu'il ne faut pas négliger quant à cette définition du cosmopolitisme le maintien d'une ambivalence. À l'incorporation s'ajoute en effet par le biais de l'externalisation un mouvement de rejet. Élément de cette structure sociale, l'étranger est en définitive situé à la périphérie. Il est hors communauté. Mais le statut de l'externalisation est complexe. Le rejet de l'Autre correspond aussi à la tentative d'échapper à une agressivité, à une angoisse de persécution que le sujet pourrait se voir imposer. Dans toute dimension d'altérité, le mouvement de rejet laisse entendre l'idée que la distinction entre *ego* et *alter* pourrait être interchangeable, que l'étranger soumis au rejet pourrait être soi. En fait, le cosmopolitisme se caractériserait par le maintien d'une ambiguïté, d'une violence symbolique par le biais de ce mouvement d'externalisation, de rejet. La mise à l'écart de l'étranger devant faire l'objet d'une symbolisation, constitue en fait le prolongement logique de l'incorporation. Il n'y a donc pas « d'inconnu » échappant à une tentative de représentation. À travers l'amalgame des codes culturels, l'impossibilité d'en arriver à une synthèse unifiante, l'inconnu est à la fois ce qui est perçu comme extériorité et phénomène re-présenté.

C'est d'ailleurs l'intérêt de la dyade incorporation — externalisation quant à l'analyse des textes littéraires. L'étranger y représente un facteur d'inconnu devant être thématisé puis sémiotisé. Le discours romanesque traitant de l'étranger se caractérise par cet entre-deux, à certains moments inconfortable, où l'exercice de la symbolisation est défini par l'intériorité ou l'extériorité, la distinction du centre et de la périphérie. Dans tous les cas, l'analyse des textes romanesques que je mènerai ici oscille entre un phénomène de réappropriation mimétique, où l'altérité est en somme gommée devant l'insistance du sujet énonciateur à contrer les effets menaçants de l'inconnu, et la dissolution de cette instance énonciative devant le surgissement de l'étrangeté.

Une identité voyageuse

Le dispositif cosmopolite — cette fluctuation territoriale incarnée par l'idéalisation de l'identité voyageuse —, on ne peut l'étudier sans prendre en considération ce qu'il contient de présupposés idéologiques. Car le cosmopolitisme a pu signifier une volonté de retour à l'universalité, la mise en scène d'une identité transnationale, cherchant à s'arracher, à quitter cette « autochtonie » qui représente un attachement à un sol originaire. Cet idéal d'un savoir encyclopédique, qui ne serait pas singularisé par la soumission au contingent, au référentiel, au national, ce que les Athéniens nommaient « l'autochtonie » (l'enfantement par la terre maternelle), est en effet le signe d'un désir de purgation. Échapper à la terre nourricière, ce serait être séparé, scindé d'un lieu natal, valorisation d'une individualité toute-puissante qui se moquerait du pouvoir contraignant des frontières, trouverait satisfaction dans l'observation détachée des différences nationales.

Ce cosmopolitisme, il est clair qu'on ne peut plus le concevoir sous les traits de l'individualité voyageuse, dernier témoignage d'une bourgeoisie qui cherche à proposer un modèle panoptique, où le regard se croit encore transcendant, alors que les enclaves nationales se constituent, et que l'internationalisme prolétarien apparaît comme un nouveau mode de pensée. De même, la légitimation d'un savoir encyclopédique — condition de l'entreprise cosmopolite — ne semble plus assurée si le corpus devient lui-même un lieu de séjour éclaté. Bien des affirmations en témoignent. Passage de l'encyclopédisme — et d'une universalité des préceptes enseignés — à la relativité. Dérives, déterritorialisations, exils: autant d'expressions qui laissent entendre l'impossibilité de pouvoir cerner à nouveau avec précision les contours de l'identité. Il semblerait que nous vivions une époque irrésolue, en l'absence d'un sens premier, désaffection généralisée à l'égard des modèles trop contraignants: pensée a-normative du « je sais bien mais quand même ».

Situation assez semblable dans le champ littéraire avec des concepts qui, outre leur valeur heuristique, semblent dotés d'une indéniable popularité qui contribue souvent à altérer, à dissoudre le lieu scientifique — et historique — où ils furent élaborés. Qu'il s'agisse d'intertextualité ou de dialogisme, la fascination exercée par un corpus fondateur (l'inféodation de l'analyse à un commentaire portant sur des textes rassemblés selon un principe de surdétermination chronologique ou conceptuelle) devient elle-même tout à fait relative. On ne peut plus parler ici de prescription, ou encore d'opération de légitimation instaurée par ce que Jean-François Lyotard nomme, dans *La condition postmoderne*, des grands Récits[8]. Comme si la certitude de la disparition des fables fondatrices, du moins dans le contexte littéraire, justifiait le constat d'une fragmentation à laquelle pourrait correspondre, par exemple, la généralisation de l'intertextualité. De façon assez semblable, l'inscription dialogique est bien ce surgissement polyphonique de la pluralité des discours sociaux même si la « prise de parole » n'y est pas également partagée. Éclatement apparent et paradoxal de cette notion de corpus puisque la libre circulation intertextuelle (renvoyant la plupart du temps à des textes littéraires pourtant précis et reconnus) serait le répondant obligé d'une relativité du sens, définissant le rejet d'une conception du texte comme univers clos. Il est fort possible par ailleurs que ce constat d'une disparition des fables fondatrices corresponde à « l'air du temps » : modification graduelle des processus de légitimation qui, s'ils ne prennent pas nécessairement la forme d'un discours violemment prescriptif, n'en restent pas moins agissants. L'idéal cosmopolite n'échappant pas à ce désir d'un discours non contraint. Sans nul doute faut-il prévenir à l'avance ce fantasme d'un « libre-échange » des discours sociaux, refus d'une analyse des processus de légitimation, en somme apologie naïve et satisfaite du « tout se vaut ». Des motifs tels que l'accélération de la vitesse de circulation des signes du discours romanesque, leur interchangeabilité ou interactivité peuvent être dominants aujourd'hui, ils supposent néanmoins en retour, afin que le sens soit transmis, la mise en œuvre d'une différence. D'où, selon moi, la nécessité d'envisager les procédés d'exemplification de cette différence donnant matière à l'élaboration de la trame cosmopolite. La formulation de cadastres, espaces défensifs laissant jouer la consolidation d'identités fortement localisées, la distinction, à la fois spatiale et socioculturelle, du centre et de la périphérie, l'appel au personnage étranger représentant la caractérisation de cette différence : tous ces éléments contribuent à inclure des facteurs contraignants au cours de l'élaboration du dispositif cosmopolite.

Il n'est donc pas inutile de formuler l'enjeu du cosmopolitisme quant à ces notions de relativité ou d'hybridité de la signification, de déterritorialisation et d'altérité généralisées. Si la société est l'effet de la réciprocité d'action des individus qui la composent, cette réciprocité ne compose pas par ailleurs un parcours sans interdits, une gestion harmonieuse de l'espace vécu des citoyens. Car cette différence crée de la signification, détermine un dynamisme, des relations sociales antagonistes, fait de cette réciprocité quelque chose qui échappe à la simple répétition du semblable. Cette différence devient alors un espace d'action, une façon d'échapper à la règle, au corpus : souvenir coupable — et anxieux — de ce grand corps inerte du Père maître des interdits. En quoi l'appel au cosmopolitisme n'est pas fantasme d'un parcours sans frontières, d'une identité pleinement constituée sans le recours d'un interpellateur qui la justifie d'être différente. Ce qui ne revient pas à affirmer la toute-puissance du prescriptif, en l'absence de stratégies subversives, de forces déviatrices. Le cosmopolitisme logerait précisément à cette enseigne « imaginaire » où l'étranger — du discours normatif — rencontre l'étrangeté qui mêle les cartes, confond, mais pour mieux doubler la mise.

Du reste, cette réciprocité, Georg Simmel affirme qu'elle est exemplarisée par le statut même de l'étranger entrevu comme commerçant[9] : redistributeur des biens et produits, mais narrant aussi, par son appartenance à des mondes « ancien » et « nouveau », l'inscription de « l'ici » et de « l'ailleurs ». Cet « ailleurs » est insaisissable, un peu à la façon de l'inconnu puisqu'il ne s'agit pas simplement d'un non-savoir, mais d'une incapacité de conceptualisation pouvant évidemment prendre la forme du déni (ne pas vouloir savoir : reformulation de ce « je sais bien mais quand même »). En d'autres termes, la différence culturelle peut bien être localisée, soumise à un savoir géographique. On dira ainsi de celui-ci qu'il vient du Liban ou du Sri Lanka. Mais la localisation territoriale n'en est pas moins surajoutée. Cet étranger est soumis au pouvoir d'un déni d'autant plus puissant qu'il fait de lui un sujet ambivalent, inexistant. Le Liban ou le Sri Lanka, enclaves nationales, c'est aussi malgré tout ce qui est frappé d'inconnu puisqu'on n'y est pas. Il faut, en effet, que l'étranger induise une différence qui, bien que représentée (on dira de lui qu'il vient d'ailleurs), doit s'en tenir à son caractère général : venir d'ailleurs, c'est être de partout et nulle part à la fois.

Ainsi, l'acteur étranger exprime une distance modifiée en proximité sociale. Cette distance, l'étranger la détermine en quelque sorte abstraitement. Bien sûr, il vient d'ailleurs mais l'origine de ce pays natal — là où l'étranger pourrait revendiquer à bon droit son autochtonie — est ignorée en terre d'accueil. Il faut que cet ailleurs géographique soit labile pour conserver son pouvoir d'évocation et susciter la peur ou la fascination éprouvée pour l'inconnu. Ce qui justifie la manifestation d'une étrangeté mais sous son versant négatif. La crainte de la dépersonnalisation qui ferait du lieu « propre » du sujet autochtone un espace échappant subitement à toute délimitation sécurisante. Crainte en grande partie induite par cette présence de l'étranger dans le discours romanesque dont la différence est confondante, susceptible de faire jouer une indétermination de l'ici et de l'ailleurs. Mais cette étrangeté est du même coup pensée comme inconcevable, le déni en étant la forme exemplaire. Puisque l'étranger vient d'ailleurs, il peut tout aussi bien provenir de partout, ce qui permet de le situer en un hors-lieu commode.

En somme, la présence de l'étranger inaugure son absence, elle le singularise comme sujet « autre » (je préciserai plus loin le caractère exemplifiant de ce procédé) malgré tous les efforts d'intégration, d'acculturation, d'insertion. Autant d'expressions qui se réfèrent à une entropie : devenir « autochtone » revenant à abandonner la mobilité au profit de l'inertie, de la fixation territoriale. D'où l'insuffisance d'une définition du cosmopolitisme qui ferait de l'accélération des échanges sociaux, et de la dissolution des pratiques qui y sont associés, la condition d'une société antagoniste mais qui trouverait son salut dans une perpétuelle fuite en avant.

Car le cosmopolitisme, s'il ne veut pas prendre la forme d'un narcissisme unifiant, toutes différences confondues dans la reconfiguration du morcellement, doit faire appel aux diverses figures de l'étranger. On le voit, nous sommes loin de cette idéalisation de la déterritorialisation comme circulation non contrainte, altérité sans interpellation. Je préfère plutôt envisager la représentation de l'étranger, dans une perspective littéraire, comme l'enjeu d'une indécision spatiale (entre « l'ici » et « l'ailleurs ») pouvant faire l'objet d'une réappropriation, soit réparatrice ou anxiogène. L'étranger constituant cette figure discursive au statut duel : représentée comme extrinsèque au sujet énonçant, pourtant elle s'intègre au récit car elle en figure la périphérie. À la fois « inconnu » — une définition discursive de l'étranger implique le caractère lacunaire de sa nomination — le personnage représenté comme étranger est dessiné en négatif. Un ensemble de traits structurants en détermine les contours bien que ce soit le déni qui caractérise cette perception de l'étranger. Le fait de décrire une identité définie comme extrinsèque, territorialement et symboliquement, a comme conséquence le déni : l'étranger du discours, représenté, façonné par un sujet énonçant, est simultanément un sujet totalement Autre, devant demeurer inaccessible.

Cette problématique de l'altérité suppose par conséquent que l'on prenne en considération ce qui en forme le doublet: l'identité. Devant cette crainte de la dépersonnalisation, l'étranger peut bien représenter le moment d'une nouvelle polarisation. Un peu comme si l'éclatement des structures sociales, et la difficile recherche qui s'ensuit, devait trouver dans l'étranger l'occasion d'une confrontation. Face à cette perte d'une *archè* fondatrice, l'étranger réintroduit du sens, un certain souci pour le prescriptif grâce à cette formulation rigide des contours de l'identité. En somme, l'hétérotopie du discours romanesque, dislocation de la fable ou du récit fondateur, effilage de la trame généalogique, peut trouver matière à compensation et à reconfiguration signifiante par cette figure de l'étranger. La vitesse de circulation des signes du discours romanesque, l'accélération des échanges sociaux introduisant, comme le note Simmel, un anonymat de la signification (un arbitraire). L'ensemble de ces phénomènes produisant en retour la singularité de la figure de l'étranger, cristallisant une présence certes, mais empreinte de négativité.

De ce point de vue, l'étranger déterminerait l'exemplum généralisé du récit, son historicité à lire comme opacité. Le cosmopolitisme entrevu à la manière d'une universalité de la signification, accélération des signes du discours romanesque, trouve enfin, dans cette figure de l'étranger, la possibilité de réintroduire l'histoire et la singularité de la responsabilité individuelle. Face à une société qui fait de ses propres mythes de fondation un principe d'universalité, l'étranger introduit une histoire, une contingence. C'est l'Autre qui est source de menace ou de destruction parce qu'il incarne — l'on retrouve ici la fonction rhétorique de l'exemplum qui donne corps au vraisemblable — une extériorité qui s'intègre bon gré mal gré au récit. Cet étranger est un être abstrait, n'existant que comme une entité radicalement extrinsèque, non symbolisée, en même temps qu'il est porteur d'une opacité, d'une histoire « autre », immédiatement palpable, qui réintroduit de la contingence, une représentation sociale, en somme la figuration doxique de cette extériorité. La perception de l'Autre — qu'est l'altérité — supposant l'intrication du même, ce que dit bien Pontalis à propos du racisme lorsqu'il souligne cette contamination du semblable [10]. Du fait de cette logique paradoxale, l'étranger est condamné à être ce personnage ambivalent, à la fois concret et abstrait, qui permet à la communauté d'accueil de potentialiser ses identifications agressives. Geste d'expulsion qui est toujours rejet du dissemblable et qui fait jouer l'image du double. Processus complexe car ce serait en effet une de ses particularités que d'associer à la figure de l'étranger un mouvement d'intériorisation-extériorisation. La perception affolée du semblable dans le différent étant ce qui institue le rejet violent de cette différence : le dissemblable constituant le moment argumenté de ce rejet, permettant de sauvegarder une identité (celle du non-étranger), qui ne serait pas entachée par la reconnaissance douloureuse d'une similitude. D'où la nécessité d'envisager l'altérité comme un effet de discours afin d'échapper à l'ambiguïté de la proposition qui ferait de l'étranger un être à la fois semblable et différent.

Cette altérité, elle est cantonnée à une scène représentative. On pourrait lui associer l'altération — ou l'altérisation — si l'on entend par là l'idée de changement, de modification. Ce qui permettrait de substituer à une définition extrinsèque de l'étranger, qui suppose une idéalisation façonnée par l'éloignement, un processus d'altération qui remet en question le mythe d'une identité unifiée, esquissant ainsi un retour critique qui bouleverse le statut du sujet énonçant. L'idéalisation, répondant de l'altérité, correspondrait, pour ce qui est de l'étranger, à une tentative de projection spatiale rendant compte d'une volonté exemplifiante, représentative. L'idéalisation, de ce point de vue, serait associée à son doublet, la haine ou l'agressivité.

La présence imaginaire de l'étranger déterminerait plusieurs registres distincts d'intervention. Idéalisation de l'Autre comme un sujet dissemblable, par ailleurs d'autant plus menaçant qu'il agit à la façon d'un double. Proximité angoissante, déstructurante, peut-être aussi féconde, qui correspondrait à l'altération comme équivalent de l'étrangeté. Présence de l'étranger qui questionnerait alors violemment l'identité de la société québécoise. Ainsi, selon Morin et Bertrand[11], la spécificité de la culture québécoise serait à rechercher du côté de sa marginalité, de son statut de société « mineure », de sa dépendance face à des forces économiques et culturelles qui viendraient cliver la revendication d'un modèle national. L'aliénation, soumission unilatérale au regard de l'Autre — et reproduction de son discours —, ou la révolte se contentant d'inverser les prémisses avancées par l'adversaire sans pour autant y apporter de modifications majeures, s'opposeraient au territoire imaginaire de la culture, caractérisant pour Morin et Bertrand une dimension beaucoup plus riche d'implications.

L'argumentation de cet essai laisse entendre constamment l'association de la culture et de l'individu, retour au caractère privé de l'inspiration, alors que la nation ou la famille sont définies comme des nœuds collectifs qui produisent la dépendance : « attachement viscéral, irrationnel, atavique[12]... » Je ne discuterai pas ici la validité d'une telle proposition quoiqu'elle me semble reposer sur un parti pris discutable. L'individu, supposé créateur, se voit attribuer une faculté de dépassement, de conceptualisation ou de mise en forme inédite de l'imaginaire, alors que l'État incarne le statut impersonnel du droit qui prescrit attitudes et conduites.

En fait, cette analyse établit une distinction absolue entre l'individu et le collectif, qui conduit à l'apologie du sujet individuel, libéré des contraintes sociales, susceptible d'échapper au champ restreint de l'histoire alors que le collectif est entrevu comme un amalgame de forces contraignantes. Le caractère antithétique de l'opposition (qui ne suppose ni dialectique, ni évaluation des modalités donnant corps à cette antinomie) me semble donc malheureusement affaiblir d'autres propositions stimulantes de l'ouvrage de Morin et Bertrand. C'est le cas de cette analyse du passage de l'étranger à l'étrangeté [13], ou encore la définition de l'expérience de l'Autre comme violence symbolique [14] qui correspondent à des avancées théoriques particulièrement fortes dans le contexte québécois des années soixante-dix, fasciné comme on sait par cet idéal d'une québécité donnant corps à l'identité nationale.

En somme, la culture rencontre l'hétérogène dans cette figure de l'Autre: supplément de significations qu'il faut apprendre violemment à symboliser afin de rétablir un flux d'échanges signifiants permettant à nouveau d'instaurer la régularité des contours de l'identité. C'est pourquoi il est impossible de maîtriser cette violence symbolique définissant l'altération: modification du lieu scénique où le sujet percevant fonde son regard, surpris par la différence de l'Autre. On peut ainsi envisager ce passage de l'altération à l'altérité comme caractéristique première de l'étrangeté. À la rencontre phénoménologique dont l'enjeu est bien, d'ego à autrui, de proposer le modèle d'une recherche spéculative est substituée l'altération. Les significations propres à cette expression sont nombreuses. À la fois modification d'un état antérieur, l'altération suppose de plus, ce qui en constitue la connotation par ailleurs négative, un processus de dégradation.

L'utilisation que je fais du mot altération, associé dans le cadre de cet essai à l'étrangeté, permettrait de complexifier le concept d'altérité qui, s'il signifie lui aussi changement, n'en présuppose pas moins la rencontre de l'Autre sous l'aspect d'un être formé et idéalisé par le regard d'autrui [15]. Il ne s'agit pas de déterminer, lorsque l'on fait appel à ce concept d'altération, une empathie communicative qui définirait l'établissement d'une relation dialogale. Plutôt est-il intéressant d'envisager la dégradation de cette posture communicative avec ce qu'elle implique de modification radicale du *cogito*. L'altération correspondant ici à une violence symbolique qui présuppose la rupture de l'intégrité discursive des sujets communicants. Car l'altérité signifie toujours un prototype de relation d'objet ayant pour fonction première d'assurer la tutelle du Moi par le recours à l'idéalisation. L'altérité ne peut être, par cette invocation de la distance, qu'énamoration et idéalisation. Les propriétés exceptionnelles ainsi attribuées, dans la mesure où elles paraissent inaccessibles, contribuent à susciter un phénomène d'identification. L'altérité suppose éloignement comme si la distance ainsi évoquée justifiait l'exemplification des qualités décrites et portées au crédit du personnage étranger. Cet éloignement est à mon sens d'autant plus révélateur qu'il implique une prohibition du toucher: mise en scène de l'altérité qui se caractériserait par la distance du sujet idéalisé.

Le caractère exceptionnel de l'idéalisation implique la sauvegarde de l'identité du sujet étranger de façon à ce que cet idéal d'une différence soit maintenu dans sa complétude. L'altération quant à elle correspondrait à un mouvement beaucoup plus radical. Elle signifierait tout d'abord un retour sur soi, en somme un reflux de l'investissement libidinal vers le sujet énonçant. L'altération caractériserait une organisation libidinale archaïque, définie par le caractère indissociable du perçu et du percevant, en fait des frontières assurant la délimitation d'un espace bien identifié.

Cette indifférenciation, qui est d'ailleurs source d'angoisse puisqu'elle provoque l'abolition de la distance, entraîne une confusion perceptive : le spéculaire ne sauvegardant plus l'image d'un Autre clairement dessiné. Mais plus encore, l'altération, à la différence de l'altérité, fait jouer une brusque décompensation : l'abolition de la distance laissant poindre la crainte d'un reflux du corps de l'Autre, cette fois hors de toute élaboration qui tendrait à médiatiser cette soudaine irruption. À l'occasion de ce viol de l'intégrité corporelle — l'image du corps étant ici associée à un désir de préservation narcissique — une mise à distance sécurisante de l'étranger par le recours au jeu spéculaire n'est plus possible.

L'étranger peut ainsi être entrevu comme un acteur au statut ambivalent puisque l'intégration des coordonnées de « l'ici » et de « l'ailleurs », du proche et du lointain, contribue à faire pencher la balance soit du côté de l'altération ou de l'altérité. Cet amalgame de l'étranger et de l'altérité correspondrait à un phénomène de croyance, ce que Pierre Kaufmann dans *L'inconscient du politique* nomme l'omnipotent. Selon ce dernier : « L'éviction de l'omnipotent y apparaîtra comme la condition originaire du déploiement du langage humain, et le motif de sa liaison constitutive à la culpabilité, cette culpabilité où se perpétue la hantise qu'a le sujet de sa dépendance amoureuse envers sa victime [16]. »

Reprenant les propositions freudiennes quant à l'assassinat du chef de la horde primitive par ses fils, meurtre induisant en retour un effet de culpabilité et l'exercice d'une première socialisation grâce à la violence ainsi instituée, Kaufmann définit ce meurtre originaire comme l'occasion d'un partage initial des signifiants. Cette remarque est d'importance car elle ferait des valeurs de socialisation la consécration d'un pouvoir, associé ou dérivé de l'omnipotent. Ce qui explique chez Freud l'insistance à faire de la « toute-puissance des pensées » l'actualisation d'une croyance « primitive » au narcissisme omnipotent manifesté par le langage. Insistance commentée par Kaufmann qui mentionne que « l'inscription totémique de l'écriture dans sa forme originaire d'écriture sacrée [17] » est une source primaire d'identification à l'omnipotent.

Ainsi en est-il de l'étranger selon le double mouvement qui l'associe à l'altérité — comme dérivation de l'omnipotent — ou à l'altération — à la faveur d'une violence créant un corps à corps entre celui désigné comme étranger et le sujet énonciateur de cette différence. L'omnipotence narcissique — celle du Père de la horde — lorsqu'elle est violemment rejetée (c'est le parricide engendrant par effet rétroactif de culpabilité un premier effet de socialisation) entraîne un partage des signifiants. La constitution de l'étranger comme figure sociale me semble dériver de cette perception de l'omnipotent. Soit que la socialisation de l'étranger s'effectue sous le mode de l'altérité, de la mise à distance, avec ce que cela implique de fascination haineuse pour cet Autre omnipotent échappant à la préhension. Soit que l'étranger altère violemment la société d'accueil pour laquelle il devient un assiégeant.

On connaît ces fantasmes associés à une compulsion de répétition où l'étranger est représenté comme un voleur ou un usurpateur — les codes monétaire et sexuel étant ici confondus. Posséder les femmes des frères de la horde — reconstituer en différé la puissance du Père archaïque s'accaparant toutes les femmes — ou encore posséder le pouvoir économique en tirant profit de l'anonymat de l'échange marchand : tels sont les différents motifs qui font de l'étranger un personnage aux attributs dérivés de l'omnipotent. L'étranger rappelle cette complétude associée à l'omnipotent. C'est parce qu'il fait savoir à tous, impudiquement, le caractère dérisoire du discours des

« origines », de la sédentarité (être transitoire mentionne Georg Simmel, en exil de sa terre natale), qu'il est considéré comme personnage extraterritorial, représentant le versant négatif d'un narcissisme de l'omnipotence. Pouvoir d'autant plus dangereux qu'il se manifeste à la faveur du passage du « lointain » au « proche », de l'altérité à l'altération.

On peut envisager, à titre d'hypothèse de travail, que cette problématique de l'identification est définie par l'oscillation d'un mouvement centripète à une action centrifuge. « La prohibition du toucher », caractéristique de l'inscription totémique, substitut du Père archaïque assassiné par les frères rivaux, serait un élément dynamique des textes littéraires où l'étranger est mis à distance, exemplifié comme être marginal. Ne pas toucher l'étranger, ne pas être contaminé par sa présence, le cantonner à la périphérie en lui assignant, par son inamovibilité, un statut d'autant plus idéalisé qu'il correspond à une identification forte du sujet énonçant, tels seraient les divers motifs de cette action centrifuge. La distance serait ici constitutive de l'idéalisation, qu'elle prenne la forme d'une totémisation archaïque de l'étranger — celui-ci acquérant le statut d'omnipotent — ou qu'elle fasse appel à une mobilisation pulsionnelle attribuant à l'Autre distant de soi un pouvoir de destruction et de haine. La relation d'objet ainsi établie, à travers la mise en scène narrative, me semble traduire dans tous les cas cette hantise de l'altération — ou de la contamination — en quelque sorte déniée au profit de la distance comme pacte de maîtrise de l'objet.

Qu'il s'agisse de l'altération ou de l'altérité, l'idéalisation, sous la forme du personnage étranger, est toujours actuelle. Elle signifie traditionnellement en psychanalyse le substitut narcissique, projeté sur des objets, d'un désir d'omnipotence infantile perdu par la suite. Dans tous les cas, l'étranger se caractériserait par l'attribution de pouvoirs exceptionnels. Il représenterait toujours un facteur d'idéalisation, souvent négatif puisque c'est l'altérité forte de l'étranger[18] qui est considérée comme menaçante. L'étranger peut de cette façon contribuer à rompre violemment le caractère homogène de la société à laquelle il donne l'occasion d'expérimenter la constitution de ses limites. Cette altérité forte correspond à une profonde ambivalence car il peut y avoir une part d'idéalisation dans la perception de l'étranger comme être spécifique, doté de pouvoirs et de caractéristiques exceptionnelles, ceux-ci pouvant être définis comme bons ou mauvais. En quoi ce qu'Eugène Enriquez appelle « l'extrême différent[19] », exemplification du dissemblable, est toujours une façon de situer topologiquement le retour du refoulé en faisant intervenir la figure du double[20]. L'identité n'est pas une mais plurielle et c'est l'enjeu de l'altération que de faire jouer par projection sur ce personnage défini comme étranger, mais qui est aussi une figure gémellaire, la crainte d'une perte de l'identité (et du sens) en même temps que la fascination pour cet Autre perçu comme extrinsèque, omnipotent.

1. « À mesure que je vieillis, Montréal rajeunit. Oui, tandis que je décline, ma ville se développe, s'étend, se perfectionne. Ma genèse est chose du passé, l'épigénèse de Montréal se poursuit indéfiniment.

La courbe d'extinction de mes souvenirs croise la courbe de la croissance de la ville dans laquelle ces souvenirs ont leurs souches. Ces deux trajets croisés me confinent à courir après ma jeunesse dans un Montréal périmé et à vieillir dans une ville qui éclate de jeunesse. [...] Byron circulait dans un Canaletto, moi j'avance dans un Vasarely. Stendhal s'entourait du Pérugin, moi je me déplace dans une ville mondrianisée. La profondeur de champ a sauté en même temps que la perspective [...] car je pense justement qu'il ne peut y avoir de Vieux Montréal que si la ville, dans son ensemble, opère une continuelle réjuvénation. J'ai compris cela en visitant des villes frappées de sénilité [...]. Somme toute, pour admirer des ruines, il faut encore qu'elles soient isolables et qu'elles se détachent d'une contexture générale. » (Hubert Aquin, « Dans le ventre de la ville », *Blocs erratiques*, Montréal, Éditions Quinze, p. 183-184)

2. Ainsi Freud : « Notre connaissance des processus psychiques pathologiques nous permet même d'ajouter que rien de ce que nous avons trouvé ne saurait expliquer l'effort de défense que projette le double hors du moi comme quelque chose d'étranger. Ainsi le caractère d'inquiétante étrangeté inhérent au double ne peut provenir que de ce fait : le double est une formation appartenant aux temps psychiques primitifs, temps dépassés où il devait sans doute avoir un sens plus bienveillant. Le double s'est transformé en image d'épouvante à la façon dont les dieux, après la chute de la religion à laquelle ils appartenaient, sont devenus des démons (Heine, *Die Götter im Exil*, Les dieux en exil). » (« L'inquiétante étrangeté », *Essais de psychanalyse appliquée*, Paris, Gallimard, 1971 [1919], p. 187-188.)

3. Je ferai référence à trois textes essentiels pour la compréhension de l'idéologie du mouvement Parti pris : « De la damnation à la liberté », *Parti pris*, n°s 19/10/11, été 1964, « Dire ce que je suis — notes » de Paul Chamberland, *Parti pris*, vol. II, n° 5, janvier 1965, « L'Œdipe colonial » de Pierre Maheu, *Parti pris : Portrait du colonisé québécois*, n°s 9/10/11, été 1964. Quant aux romans du mouvement Parti pris, on conviendra bien sûr de l'arbitraire présent dans toute tentative de généralisation. Néanmoins *Le cabochon* et *La chair de poule* d'André Major, *La ville inhumaine* de Laurent Girouard, *Le cassé* de Jacques Renaud « témoignent » d'une violence urbaine, d'une déréalisation de l'identité canadienne-française, toujours implicitement associée à une aliénation plus ou moins diffuse qui est le fait d'un univers perçu comme étranger.

4. Michel de Certeau, *L'invention du quotidien. Arts de faire/1*, Paris, UGE, coll. « 10/18 », 1980, p. 205-227.

5. Pierre Kaufmann, *L'expérience émotionnelle de l'espace*, Paris, Vrin, 1969.

6. Alain Médam, *Montréal interdite*, Paris, Presses universitaires de France, 1978, p. 128-134.

7. « Peut-être y a-t-il une conjuration aveugle des philosophes contre l'espace. Depuis Descartes jusqu'à Kant. Tout se passe comme si la réflexion s'attachait, en deux siècles à laminer l'espace, à le dissoudre dans un " problème " et bientôt un chapitre de manuel d'école — celui de l'espace détaché de toute matière et devenu une activité transcendante de l'esprit... » (Jean Duvignaud, *Lieux et non-lieux*, Paris, Éditions Galilée, 1977, p. 124)

8. Jean-François Lyotard, *La condition postmoderne*, Paris, Éditions de Minuit, 1979. Plus particulièrement les pages 35 à 68.

9. Georg Simmel, « Digressions sur l'étranger », *L'école de Chicago : naissance de l'écologie urbaine*, textes traduits et présentés par Yves

Grafmeyer et Isaac Joseph, Paris, Éditions du Champ Urbain, coll. « Essais », 1979, p. 54.
10. « [...] cet étranger n'est pas n'importe quel étranger [...], que parce qu'il est aussi mon semblable. [...] Quand donc intervient l'angoisse devant l'étranger ? Quand l'autre est à la fois semblable et différent. [...] Contrairement à ce que l'on croit, l'image du semblable, du *double*, est infiniment plus troublante que celle de *l'autre*. » (J.-B. Pontalis et Albert Jacquard, « Entretien : une tête qui ne revient pas », *Le genre humain II. La société face au racisme*, Bruxelles, Éditions Complexe, 1984, p. 17)
11. Michel Morin et Claude Bertrand, *Le territoire imaginaire de la culture*, Montréal, Hurtubise HMH, 1979. Plus particulièrement les pages 103 à 156.
12. *Ibid.*, p. 129.
13. « L'avenir de la culture en ce pays ne saurait donc dépendre d'un mouvement d'extériorisation consistant à projeter hors de soi l'un des termes du déchirement pour en être délivré mais ensuite y enchaîner son existence. Il faut plutôt chercher cet avenir du côté d'un mouvement d'intériorisation : arpentant le dedans en ses tenants et aboutissants, l'individu y trouvera le dehors, non comme l'autre pur, l'étranger, mais plutôt comme l'étrange... » (*Ibid.*, p. 116)
14. « C'est d'une manière générale de l'expérience *de l'autre* au premier chef qu'il est question dans la culture. Non pas de l'autre en tant qu'il me ressemble, en tant qu'il est mon double et mon reflet, non pas donc de l'autre au sens de la psychologie ; mais de l'autre en tant que différence irréductible, en tant que par lui violence m'est faite. La violence en effet n'est jamais que celle de l'autre, elle n'est jamais que ce mode sous lequel l'autre m'advient dans ce qu'il a d'inassimilable, dans son irréductible spécificité. » (*Ibid.*, p. 122)
15. Faut-il préciser que cette utilisation conceptuelle du mot altération n'a rien à voir avec une quelconque connotation ethnocentrique ? La langue française, dès qu'elle traite de l'étranger, est confrontée à une différence qu'elle sémantise elle-même sous la forme de l'exclusion. L'altération n'est pas à comprendre ici, on s'en doute, comme dégradation ou falsification bien que l'étranger soit aussi ce personnage fantasmé ou fabulé que les sociétés inventent afin de prétendre préserver leur désir d'intégrité. Je préfère néanmoins de loin le sens didactique d'altération, usité en psychanalyse, qui signifie la modification d'un état de conscience (ainsi l'altération du Moi), ce qui me semble plus proche de l'étrangeté comme épreuve d'un dessaisissement.
16. Pierre Kaufmann, *L'inconscient du politique*, Paris, Presses universitaires de France, 1979, p. 57.
17. *Ibid.*, p. 61.
18. Pour reprendre une expression de Eugène Enriquez dans *De la horde à l'État : essai de psychanalyse du lien social*, Paris, Gallimard, 1983, p. 399.

19. *Ibid.*, p. 414.
20. « Mais éloignement et/ou proximité produit le même effet chez les deux protagonistes : la *fascination* qu'entraîne toute apparition d'un *double*. Si l'autre est le même, si l'autre est semblable à nous, il peut nous absorber complètement et il provoque en nous l'*horreur*. Mais simultanément, il nous attire, nous appelle, nous fait signe d'aller avec lui de l'autre côté du miroir, car en lui réside la puissance que nous cherchons vainement en nous-mêmes. » (*Ibid.*)

Chapitre II

Cartes et parcours

Dépayser — transgresser

Voyager peut donc permettre d'instruire le regard. C'est d'ailleurs le sens premier du cosmopolitisme que de postuler cette libre circulation des idées à la faveur d'une migration qui nie l'enfermement national. Le cosmopolitisme s'apparente de ce point de vue au primat de l'individualité voyageuse, à la passion éprouvée pour le dépaysement, à la négation du terroir. Il y a dans cette valorisation de l'universalité, d'une intelligence insouciante des frontières, la définition d'une sensibilité apatride. Ce cosmopolitisme, regroupement d'individualités se plaisant à correspondre et à voyager, est remplacé vers la fin du XVIIIe siècle par l'épanouissement d'un sentiment nouveau : l'humanitarisme. La valorisation de l'individualité transnationale laisse graduellement place à l'affirmation d'un sentiment national qui permet, selon une démarche plus concertée, de s'attaquer aux inégalités sociales [1].

C'est ainsi une nouvelle solidarité communautaire, soucieuse d'une inscription nationale et qui, de plus, commence à se découvrir internationaliste, qui est substituée à l'individualité voyageuse. Que pourrait-il en être à cet égard du cosmopolitisme aujourd'hui ? Simple formulation passéiste de la passion pour la migration à la faveur du déplacement individuel : le voyageur étant celui qui franchit les divers territoires nationaux sans s'y arrêter suffisamment pour trouver enracinement. Ainsi, le voyageur cosmopolite refuserait toute intégration à une communauté d'origine, prétendant, par le seul déplacement, rompre un sentiment d'appartenance collective. Dans cette perspective, ce n'est pas la société qui change de l'intérieur mais le voyageur cosmopolite qui se contente de traverser librement les frontières.

Tout contribue à faire de cette définition du cosmopolitisme une pratique désuète, sans résonances profondes pour l'imaginaire contemporain : formulation romantique de cet œil baladeur, soucieux d'une description plénière de l'espace à la faveur d'une paresse narrative… Soucieux aussi de la constitution d'une universalité restreinte (celle des pays visités) déterminant des frontières culturelles que l'individu, par son seul pouvoir, serait en mesure de transgresser. Définition impossible aujourd'hui tant il est vrai qu'à côté des narcissismes nationaux, les divers pouvoirs médiatiques acceptent chaque jour un peu plus, du moins en ce qui concerne le Nord industrialisé, une mondialisation fétiche de la désinformation. Le cosmopolitisme — comme dérision malheureuse — étant peut-être aujourd'hui cette capacité à vivre dans la sédentarité une hypertrophie d'informations reçues dans la plus parfaite indifférence (puisqu'elles ne nous concernent pas). Le regard baladeur du voyageur cosmopolite étant remplacé par le panoptisme télévisuel faisant de l'œil-écran à la fois le perçu et le percevant.

Le cosmopolitisme ne serait pas tellement différent à cet égard du regard de l'ethnologue. Pénétré de l'altérité de la société qui l'accueille, le sujet s'éprouve à la fois étranger et en terrain de connaissance. Sujet universel, partout et nulle part, rejetant tout sentiment d'aliénation au profit d'un apparent don d'ubiquité (celui de ne connaître ni patrie ni exil), le cosmopolite incarne plus que tout autre cette assimilation du parcours spatial à la raison universelle.

Si l'on s'attarde à la constitution de la littérature québécoise, force est de reconnaître qu'elle fut tenue à l'écart de cette idéalisation cosmopolite, tout comme de son éclatement avec l'éveil des nationalités. On peut y voir tout d'abord le jeu de l'histoire: la fondation de la Nouvelle-France, colonie en territoire nord-américain, allait créer un espace autonome où d'autres interrogations se poseraient, à l'exemple de ces littératures du Nouveau Monde, américaine, latino-américaine, québécoise, cherchant à se dégager du modèle colonial. Ce furent en premier des récits de découverte, la fondation toponymique de ce territoire à parcourir, des chroniques de la colonisation. Il fallait aller au plus pressé… et prendre possession afin d'investir le sol foulé de propriétés légendaires. Cette littérature correspondait surtout à la volonté de donner corps au territoire dont on faisait l'occupation. L'idéal cosmopolite européen n'était plus de mise, les préoccupations métropolitaines abandonnées puisque cette littérature, devenant peu à peu canadienne-française, cherchait à quitter la zone d'influence coloniale, de façon à proposer un discours qui ne soit plus essentiellement mimétique. Ce désir d'une littérature autochtone serait pour longtemps hanté par une hésitation douloureuse: soit l'appel du grand large (Hertel, Dugas, Crémazie, Borduas…), et du même coup la fascination paralysante pour cet idéal métropolitain que l'écrivain, alors Canadien français, ne pourrait jamais imiter qu'imparfaitement. Le mimétisme, l'idéalisation amoureuse, mais aussi haineuse, du *corpus* de la mère patrie, seraient des solutions de rechange nécessaires, en l'absence de cette littérature nationale à constituer. Car il faudrait bien aussi retourner là-bas, au pays, pour ne pas trahir, malgré l'indigence des moyens, servir une littérature qui demandait à prendre forme. Il faudrait inlassablement parler du pays à faire ou du pays défait, des rêves et de la désillusion, en somme faire œuvre de Sisyphe. Bien sûr, il y avait des brèches, des contre-exemples: Alain Grandbois et ses poèmes d'Hankéou, Saint-Denys Garneau, les poètes iconoclastes et «parisianistes» du *Nigog*, Borduas et le mouvement *Refus global*, quittant lui aussi Montréal pour New York, puis Paris. L'énumération n'est pas exhaustive. Mais il est vrai néanmoins que cette littérature canadienne-française, enclavée entre une présence étouffante (les États-Unis), le rappel fasciné et haineux de l'abandon par la mère patrie, le sentiment d'un vide (un territoire à défricher et à combler), n'a pu se fonder comme voyageuse. Une pensée de l'exil a bien sûr été déterminante mais il s'agissait toujours d'un déracinement douloureux face à un espace se caractérisant par son inamovibilité. En somme, cette liberté d'action pouvait bien être revendiquée, il fallait qu'elle trouve place à l'extérieur, de façon à éviter l'étouffement claustrophobique qu'engendrait le terroir canadien-français. Quasi-absence donc du cosmopolitisme si l'on entend par là l'éloge de la dérive voyageuse à l'exemple d'un Alain Grandbois. Mais aussi inamovibilité du territoire québécois, obsédé par la nécessité d'une fondation pouvant évacuer la dégénérescence que pouvait évoquer Montréal.

Ainsi la société canadienne-française, freinée dans son évolution par l'imposition d'une autonomie forcée, se constituant douloureusement à l'ombre d'une métropole d'autant plus présente que la rupture fut violente, n'aura pu rencontrer cette dérive cosmopolite. Probablement faut-il voir dans la nécessité historique de préserver difficilement l'intégrité territoriale et culturelle la cause principale d'un refus du cosmopolitisme. Pourtant ce qui était perçu précédemment comme la menace d'une dégradation (disparition de la présence française en Amérique) fait maintenant l'objet d'une prise de conscience par le recours à différentes dénominations : transculture, multiculturalisme… Pour qu'un cosmopolitisme social puisse être envisageable, qu'une hybridité propre à la société québécoise devienne sujet de discussion, il fallait sans doute préalablement qu'un sentiment d'unité (linguistique, territorial…) soit confirmé de façon à ce que soit acceptée la possibilité d'une fragmentation.

On a vu précédemment que la définition canonique du cosmopolitisme comme dérive, promenade de l'individualité voyageuse est aujourd'hui totalement insatisfaisante. Plus possible de faire de la distance culturelle constatée par le sujet-voyageur au moment de la traversée du territoire une caractéristique de l'éclatement cosmopolite. L'abolition contemporaine de cette distance par la très grande accélération des informations et des déplacements ferait du mouvement, ainsi poussé à son plus extrême paroxysme, l'équivalent d'un quasi-présent. Ainsi selon Paul Virilio : « Désormais, tout arrive sans qu'il soit nécessaire de partir. [...] L'inertie polaire commence. L'interface instantanée se substitue aux intervalles de temps des plus longues durées du déplacement. Après l'avènement de la distance/temps au détriment de celle de l'espace au XIXe siècle, c'est maintenant l'avènement de la distance/vitesse de l'imagerie électronique : l'arrêt-sur-image succède au stationnement continu [2]. »

Le cosmopolitisme comme dérive de la signification, traversée des espaces nationaux qu'il s'agirait de décrire par le recours à une apparente paresse narrative, ne posséderait plus de valeur actuelle. L'accélération de la circulation des signes du discours romanesque, sans qu'il soit désormais possible de statuer sur le lieu fondateur de leur énonciation, la difficile sédimentation d'une signification originaire par le jeu du plurilinguisme faisant du récit une surface aux réfractions multiples, représentation d'une dispersion : voilà autant de facteurs qui caractérisent cette fuite en avant, un déplacement accéléré. Ce qui constitue la ruine du cosmopolitisme, c'est bien la modification de ce regard sur l'altérité. L'individualité voyageuse — ainsi Goethe — suppose la traversée des enclaves territoriales de façon à proposer la singularité d'une perception qui échappe à l'emprise des paysages observés. Cette migration de sens dont le voyage est le *topos* fondateur permet l'exercice d'une acculturation positive. Être ailleurs autorisant le constat de différences politiques, sociales et culturelles dont ne rendait pas compte la stricte appartenance à la communauté d'origine. Exploration individuelle permettant de catégoriser et de répertorier les différences socioculturelles : l'extériorité allogène ainsi entrevue « de l'intérieur » donnant la mesure d'une connaissance renouvelée de l'altérité.

C'est le cas de la figure du flâneur, particule dans un univers en déplacement, observateur privilégié de la rue. À retenir parmi de nombreux témoignages l'observation d'Hector Fabre quant à la description de la rue Notre-Dame à la fin du XIXe siècle[3]. Le cosmopolitisme, s'il garantit la libre circulation des individus dans cette féerie marchande qu'est devenue la rue, suppose du même coup la persistance d'un processus d'observation. La flânerie est le signe d'une dérive et l'intermination du parcours (le fait que celui-ci prétende ne pas s'occuper d'interdits, de frontières) nécessite la constitution d'un espace ouvert qui puisse être librement exploré.

Si l'on accepte comme postulat que la ségrégation de l'espace urbain, la discrimination des parcours est définie grâce aux tactiques des usagers, le cosmopolitisme suppose une traversée de l'interdit, par l'idéalisation de la dynamique du déplacement. Fantasme de la vitesse, de l'accélération et de la pluralité des sensations, toute mise en scène du cosmopolitisme est signe de changement. Un peu comme si cette avancée du corps — cette composition singulière que dessine à chaque fois la foule aiguillée par la trame marchande — prenait l'aspect d'une démesure du mouvement. Car le voyageur cosmopolite est à la fois seul et avec d'autres. Il se balade dans un univers encore unifié. Des points de repère sont inscrits qui permettent de dégager où se situent les enclaves territoriales et les lieux de passage. Une raison est à l'œuvre qui constitue l'armature du déplacement.

À la flânerie baladeuse sont substituées graduellement des formes d'énonciation contemporaines qui accentuent le caractère fragmenté de l'espace. Ce flâneur cosmopolite dont parle Hector Fabre est encore, bien qu'inscrit dans le circuit marchand qui oriente son regard, déterminé par des tactiques piétonnières. Le parcours, s'il peut être entrecoupé de nombreuses digressions, n'en demeure pas moins linéaire. Le voyageur cosmopolite est encore celui qui voit et décrit avec ce que cela suppose de soumission à un point de vue panoptique : description ayant pour charge de rendre le réel appropriable, c'est-à-dire totalisé.

Qu'en est-il aujourd'hui de ce que l'on pourrait renommer la dérision cosmopolite [4] ? Cette folie de la dispersion proviendrait d'un éclatement de la distance dans l'accentuation de la vitesse de circulation des signes. Plus de description, seulement la revendication d'un panoptisme soudainement inutile. Plus de corpus, d'inféodation à un corps premier, mais des agrégats spatiaux. Plus de linéarité narrative mais des figures de fragmentation.

La traversée des langues

Lorsque Michèle Lalonde dans « Destination 80 » parle des Montréalais : « Absurdement désidentifiés, rendus méconnaissables [...] solitaires dans le cosmopolite anonymat de la Great City of [5] », elle ne fait que formuler avec une clarté exemplaire cette incapacité à affronter l'étranger dans son altérité, faute d'un référentiel commun.

La proposition peut sembler paradoxale, car que signifie rencontrer l'étranger si ce n'est faire l'expérience d'une identité labile ? Pourtant, elle est riche de sens et d'implications quant à la possible lecture de l'étranger dans la littérature québécoise. Est avancée dans ce court texte de Lalonde la possibilité d'une rencontre interculturelle qui pourrait être vécue sans crainte sous-jacente d'un anonymat dépersonnalisant. Le Montréal décrit par

Michèle Lalonde est une cité sans points de repère, où chacun est soumis au malentendu d'un pacte référentiel faisant de l'anglais la langue véhiculaire. Selon Lalonde, le plurilinguisme est ici un leurre — puisque tout passe par l'anglais — et la possibilité de rompre le quant-à-soi ethnique n'est envisageable qu'à la condition de tisser un référentiel commun qui fasse du français une langue d'échange. L'étranger dans ce texte de Lalonde est un personnage commerçant mais qui trame l'échange marchand à la faveur de l'anglais. Double étranger : redistributeur de biens et produits dont il ne maîtrise pas la production, se contentant d'en autoriser la circulation. Énonciateur d'une langue véhiculaire (l'anglais), associée traditionnellement à la promotion économique et sociale, langue qui s'interpose et qui heurte les énonciateurs francophones.

Cosmopolitisme dérisoire qui caractérise une dispersion à la fois angoissante et irritante. Chacun ignore sa langue et est du même coup condamné à feindre ignorer la langue de l'autre. Tous étrangers à la faveur de la même diglossie. Tous utilisant la même langue véhiculaire (l'anglais), condamnés à faire usage de leurs langues maternelles dans un contexte restreint. C'est le français qui, selon Lalonde, souffre de cette diglossie, de même que les diverses langues vernaculaires en terre d'accueil. D'où ce sentiment d'une dépersonnalisation en l'absence d'un référentiel commun : assise symbolique que représenterait le français devenu enjeu véhiculaire et permettant, en conséquence, de formuler les paramètres du discours social. Cette fragmentation de la communauté sociale, par la multiplicité des identités minoritaires, est en effet entrevue négativement par Lalonde. Il s'agit d'une fragmentation factice car la langue que parle le commerçant grec de l'avenue du Parc, décrit dans ce texte, n'est plus depuis longtemps sa langue maternelle mais la trame linguistique de l'échange marchand. Le malentendu est par conséquent généralisé bien que tous prétendent communiquer et se faire comprendre. Ce qui justifie le caractère déréel de cette langue véhiculaire qu'est l'anglais. Un abandon mutuel est revendiqué : chacun devant abandonner sa langue maternelle, la troquer pour un savoir référentiel pouvant être compris et entendu. Ainsi, pour Michèle Lalonde, la consécration du français comme langue d'échange permettrait de rompre l'illusion d'un romantisme linguistique qui ferait de la juxtaposition des langues minoritaires l'argument principal du plurilinguisme. Selon Lalonde, la problématique est tout autre. La création d'un plurilinguisme propre au contexte montréalais supposerait la rupture de cette diglossie (ce que d'autres ont appelé un bilinguisme minoritaire) au profit de la recherche d'un nouveau pacte référentiel dont le français serait le point de convergence. Cette institution du français comme langue référentielle ou véhiculaire — il faut se rappeler que cet écrit de Lalonde est à situer dans le contexte politique de la fin des années soixante, avant l'adoption de la loi 101 — est lourde de conséquences.

Modification de la posture énonciative tout d'abord. Le Québécois francophone n'est plus, du fait de ce nouveau partage référentiel, soumis au repli mélancolique où il serait *le seul* à parler *sa* langue. Le désir de retourner à une « origine » linguistique (le français) qui ne serait pas entachée par une menace de dégradation dont l'étranger serait le porte-parole est condamné à devenir inactuel. De même que le discours régressif et ambivalent attribuant au Québécois francophone le statut « d'étranger à soi » fait lui aussi l'objet d'une remise en question. Le français devenu langue véhiculaire, non pas seulement pour la communauté restreinte francophone, mais en outre pour les nouveaux venus en terre d'accueil, représenterait un mouvement important de réappropriation. De plus, le français, langue véhiculaire, possèderait alors une valeur d'universalité à partir de laquelle il serait possible de constituer une société multiculturelle.

Les propositions énoncées par Lalonde reviennent à provoquer la valorisation d'un nouveau pacte référentiel. De cette façon, le français, n'étant plus uniquement perçu comme la langue d'une communauté restreinte, fortement homogène, peut devenir un instrument d'unification. Encore faut-il s'entendre précisément sur la signification de cette unification linguistique. Il semble que les diverses réflexions menées à ce sujet n'ignorent pas une certaine ambiguïté. Ainsi, selon certains, le statut minoritaire du français en continent américain peut devenir, du fait de son faible pouvoir d'assimilation, l'enjeu d'une stratégie culturelle inédite. Dans cette perspective, le français ne peut prétendre revendiquer pleinement un pouvoir d'assimilation. Cette relative faiblesse, plutôt que d'être le synonyme d'une acculturation impossible des communautés culturelles, pourrait s'avérer au contraire d'une très grande flexibilité. En l'absence de ce référentiel fortement unifiant, une problématique interculturelle pourrait être justifiée : maintien d'une langue véhiculaire suffisamment structurée de façon à préserver un pacte communicatif, mais, du même coup, formation d'agrégats interculturels à la faveur de cette relative souplesse du support véhiculaire. Analyses qui auraient en commun de permettre, à la suite de la fragilité de ce support véhiculaire, une acculturation incomplète, justifiant la mise en place de stratégies d'intégration moins rigides.

De ce point de vue, il serait préférable de faire de la faiblesse de la langue véhiculaire l'enjeu d'une synthèse adaptative. Le français fournirait alors la possibilité d'une unification linguistique incomplète, en ce sens que l'impératif communicatif n'entraînerait pas en retour l'abandon des diverses langues maternelles composant autant d'idiolectes faisant jouer une transversalité linguistique[6]. Ainsi, les réflexions de Jean-Claude Marsan sur l'impossibilité d'un *melting pot* montréalais, à la suite de la faible capacité d'assimilation de la société québécoise, indiquent ce qu'il en serait d'une intégration fragmentaire. Dans tous les cas, le statut véhiculaire du français ne saurait qu'être hétérogène, synthèse adaptative incomplète.

Il est d'ailleurs intéressant de s'interroger sur ce qui apparaît pratiquement comme une transmutation des paramètres sociopolitiques associés au cours des années soixante à la question linguistique. Ce qui était alors entrevu comme menace d'une corruption linguistique, à la suite de la prise de conscience d'une aliénation sociale, est perçu, à peine vingt ans plus tard, de façon tout à fait contraire: la crainte d'une perte de sens laissant place à l'affirmation euphorique d'une transversalité linguistique. Cette modification des paramètres sociopolitiques est certes conjoncturelle. De même qu'est peut-être trop souvent négligé le fait que l'émergence d'une problématique interculturelle, loin d'être un fait totalement inédit dans l'histoire des idées du Québec, était latente au moment de la réappropriation sociolinguistique amorcée au début des années soixante. En somme, c'est le renforcement du français comme langue véhiculaire qui a pu permettre la consolidation d'une identité forte, acceptant en retour, sans mouvement de repli défensif, cette problématique de la transversalité linguistique.

À négliger l'importance de la conjoncture politique, l'apparition de cette interrogation interculturelle dans le contexte québécois peut apparaître comme une formulation abstraite, un artifice conceptuel sans résonance sociale. D'où la pertinence des réflexions de Michèle Lalonde qui, parce que datées, posent la problématique du devenir interculturel même si l'interrogation demeure toujours prudente. À vrai dire, Lalonde n'aborde pas directement cette question sauf à reconnaître que l'étranger suscite dans la « Great city of Montréal » un indéniable malaise. Est ressenti, par le choix de l'anglais comme langue véhiculaire, l'affront que représente une rupture d'alliance. Ce qui justifierait la certitude que les immigrants sont de « l'autre bord » et que l'intégration à la société québécoise est un parcours semé d'obstacles. En témoigne la diversité des langues immigrantes, formant un réseau polyphonique, cherchant difficilement à s'associer à une langue véhiculaire, le français, lui-même minoritaire en Amérique du Nord. Alors pourquoi ne pas choisir l'anglais tout simplement ! C'est bien le sens du *reproche* de Lalonde lorsqu'elle voit dans cette perte de l'étrangeté le mépris que l'immigrant porte à sa propre langue maternelle.

Quelles seraient donc les solutions ? Devant la menace que représente l'anglais, un retour à un support véhiculaire, présenté comme puissant facteur de réunification, est défini comme nécessaire. C'est du moins l'hypothèse de Lalonde et à mon sens l'élément le plus discutable de son exposé. Face à la menace d'une aliénation linguistique, l'institution du français comme langue de communication, d'échange, est souhaitée comme impérative. Il n'y a rien ici à contester s'il est vrai, comme je crois l'avoir démontré précédemment, que l'émiettement linguistique, la diglossie généralisée, ne peuvent être associés au plurilinguisme[7]. Parler d'énonciations périphériques, marginales, n'est possible qu'en fonction d'un code linguistique surdéterminant (le français pour Lalonde) que l'on pourra d'autant plus aisément fragmenter qu'il résistera, par sa flexibilité, à la dispersion. Passer de l'anglais au français ne correspond de ce point de vue qu'à un *choix* pour l'immigrant, changement primordial certes pour la société québécoise, mais qui n'en reste pas moins soumis aux mêmes présupposés. Une alliance linguistique est de fait proposée à l'étranger: «Change de langue et tu feras partie des miens.» Cette alliance sous-entend un savoir partagé. Les propositions de Lalonde font donc de l'adoption du français comme langue véhiculaire la clé de l'intégration de ceux que l'on appelle maladroitement les néo-Québécois. Ce qui n'est pourtant jamais questionné — et me semble d'une importance primordiale — a trait aux valeurs d'universalité associées à l'adoption de ce nouveau support véhiculaire. Dans la perspective que je viens de décrire, les choix sont en effet brutaux: l'intégration devant passer par la soumission à une transparence linguistique, communicative dont le français serait porteur.

Il serait naïf cependant d'en rester à cette proposition et de postuler que le français, nouvelle langue véhiculaire, proposée généreusement, suffira à définir un nouveau pacte communicatif. C'est dans la mesure où ce «parler commun» sera investi socialement — et symboliquement — d'une étrangeté de la langue, contribuant à rompre définitivement l'illusion linguistique d'une autochtonie fondatrice, qu'il y aura changement significatif. À cette condition, le français comme langue d'échange peut échapper à la fiction idéologique d'un «neutre» linguistique, langue tutélaire et traductrice de la parole immigrante qui échapperait à la menace symbolique dont les nouveaux venus sont porteurs. En somme, c'est dans les brèches de la langue véhiculaire que pourrait loger cette étrangeté. Ce qui ne signifie pas pour autant la disparition du support référentiel et communicatif, langue véhiculaire permettant la formulation d'un lien social. Il ne suffit pas d'opposer à l'unité de ce support véhiculaire la fragmentation des identités locales, chacune authentifiée par son particularisme linguistique. Une telle perception du plurilinguisme, associée à un modèle utopique où chaque citoyen parlerait sa langue maternelle, soucieux de la préservation de son espace restreint, me semble tout aussi discutable que la valorisation rigide du français comme langue véhiculaire.

Autant la perspective avancée par Lalonde est justifiée du point de vue sociopolitique (la promotion du français correspondant à la nécessité de constituer un pacte communicatif), autant la résonance fantasmatique est négligée voyant dans la formulation de ce pacte communicatif une tentative de régression à un contrat symbolique originaire qui effacerait toute différence. Comme si le fait d'une interlocution commune, l'utilisation d'un code véhiculaire partagé, signifiait du même coup la transmission de pensées identiques. Est négligée dans cette perspective, l'existence d'un pouvoir d'altération, une négativité à l'œuvre au sein de ce support véhiculaire, la reconnaissance que l'appropriation linguistique ne crée pas à elle seule une identité commune.

On voit que je ne cherche pas à substituer à la posture mélancolique décrite précédemment, nostalgie d'une langue originelle, d'une patrie ou matrie, dans tous les cas cependant terre des autochtones, des habitants du lieu, la naïve euphorie d'une épiphanie langagière. Le sentiment d'une précarité linguistique et culturelle ne sera pas toujours mis à l'écart parce que l'immigrant parle français. Le commerçant grec de l'avenue du Parc dont fait état Lalonde, s'il parle français ou anglais, peut bien contribuer à faire disparaître — ou accroître — le malaise de la société d'accueil. Cela en fonction d'impératifs politiques qui justifient qu'une société se pose périodiquement la question de l'étranger et de son intégration. Mais le dénouement de ce malaise ne fera pas disparaître pour autant ce qui qualifie la propre étrangeté de l'immigrant, le sentiment inconfortable d'être assis entre deux chaises. Devra-t-il s'intégrer? Il devra alors affirmer son enracinement, établir la preuve qu'il a choisi cette langue devenant le passeport d'une intégration culturelle réussie.

Devra-t-il feindre de ne pas s'intégrer ? Il devra alors continuer à faire usage de sa langue maternelle mais selon un rituel précis, relique minutieusement conservée par la société d'accueil afin qu'elle lui prouve sa générosité, sa compassion. Dans tous les cas, les choix soulevés interrogent la constitution du support véhiculaire. Le fantasme associé à ce maintien du lien social, par le recours à l'unité rigide de la langue véhiculaire, est le fait d'une énonciation monologique. La problématique de l'identité y est en somme ressassée sous la forme du plus grand dénominateur commun. Il faudra parler la même langue, prétendre posséder la même culture, ne pas dévier de la norme. Cette interrogation est plutôt soliloque, elle qualifie un retour sur soi, la négation forcenée de la différence. Quant au plurilinguisme, il peut correspondre à une étrangeté de pacotille. La langue maternelle de l'immigrant est conservée précieusement comme témoignage, propriété, héritage patrimonial. Elle fait partie de ce musée imaginaire de la culture qui prétend accepter, intégrer harmonieusement toutes les différences.

Mais on peut envisager une perspective d'analyse beaucoup plus radicale où le plurilinguisme ferait appel à une dimension dialogique, discours qui ne serait pas seulement retour au présupposé fondateur qu'inclut l'interrogation, mais essai beaucoup plus ample de conciliation d'énonciations diverses. Ce parcours, du monologisme linguistique au dialogisme, ne définirait pas seulement le passage du « je » au « tu », de la singularité à la pluralité, mais poserait une question radicale : quelle est l'étrangeté de la langue, présente dans cette parole que l'Autre m'adresse, énonciation qui brise soudainement la neutralité de la langue véhiculaire dont je me croyais propriétaire ?

Le caractère hétérogène du plurilinguisme serait alors subversif. Au contraire du multiculturalisme qui propose le modèle de la mosaïque, de la courtepointe, coexistence pacifique des langues d'origine en terre d'accueil, privilégiant autant d'insertions linguistiques localisées, le plurilinguisme se caractériserait ici par sa transversalité. Mais cette fluctuation linguistique qui permet des appropriations communicatives diverses suppose néanmoins une armature symbolique suffisamment forte, un code puissamment structuré qui permette l'émiettement toujours difficile du référentiel. À cette seule condition, l'illusion d'une pureté interne à la langue (le français du Québécois *pure laine*) pourra être rejetée tout comme le corps à corps douloureux avec l'étranger, cosmopolitisme anonyme et déréel décrit avec justesse par Lalonde.

La fin des unanimités

On peut donc entrevoir la singularité de la littérature québécoise de façon relativement inédite. Plutôt que de « croire » aux fantasmes d'élection de cette littérature (qui présupposent l'affirmation d'un Moi grandiose, victorieux : ainsi Lionel Groulx), il serait plus fécond d'envisager comment cette littérature constitue sa propre extériorité, génère ses marges. À considérer « l'extériorité » de l'identité québécoise, nous serions alors en mesure de cerner avec plus de rigueur comment la périphérie justifie le maintien d'une identité unitaire.

L'intérêt d'une telle démarche réside en ce que cette interrogation sur la fondation d'une littérature (nationale), d'une identité (à affirmer) devient secondaire. D'où l'inutilité d'une interrogation sur la prétendue signification de la psychologie collective dont la littérature « nationale » pourrait nous donner la clé. En interrogeant les marges de ces romans, il apparaîtra que cette fondation d'une identité, loin d'être attribuable à une genèse patiemment formée, est constamment modifiée et singularisée par la représentation d'une extériorité sociale. Indécision, ambiguïté, problématiques du franchissement, du bord à bord entre centre et périphérie, autant de motifs qui réapparaîtront au cours de cette étude puisque la distinction d'une identité collective dominante et de la périphérie où logerait l'étranger est labile, soumise au jeu de l'identification.

Cette problématique de l'identité collective québécoise suppose tout d'abord l'affirmation d'une différence linguistique. Expression d'un puissant fantasme de singularité puisque le seul fait d'écrire en français serait en soi un acte de revendication, d'autonomie. Les justifications critiques de la littérature québécoise n'ont d'ailleurs pas toujours échappé à cette valorisation de la francité comme s'il suffisait d'écrire en français pour signifier spontanément une singularité. Dans cette perspective, le recours au français fonderait l'identité québécoise comme si la littérature, loin de modifier, de bouleverser ce support langagier, devait faire au contraire acte de fidélité. On peut penser que c'est au contraire dans la mesure où la littérature québécoise affronte la problématique de la langue, c'est-à-dire du support expressif concomitant de toute tentative d'énonciation, en se demandant : qui parle ? qui écrit ? (et pour qui ?), qu'elle s'avère capable de dénaturaliser l'espace linguistique, de le bousculer. D'où à mon sens une autre problématique qui ne fait pas de la seule singularité linguistique un fait d'affirmation. La fidélité au « texte national », le souci de nationaliser la littérature québécoise ont pu correspondre à autant d'attitudes où l'affirmation de l'identité collective était intrinsèquement liée à la québécité sans que soit par ailleurs abordé le travail d'altération et de modification qu'impliquait le passage du signe linguistique à sa sémiotisation littéraire.

Si l'autonomie de la littérature québécoise contemporaine provient du fait qu'écrite en français, elle s'est trouvé un style distinct, une syntaxe qui peut la différencier d'autres espaces culturels francophones, nul doute que la montée du cosmopolitisme dans la société québécoise puisse aussi entraîner, à la suite de la modification des rapports sociaux, une « autre » façon d'écrire. La littérature québécoise s'éprouvant minoritaire dans l'espace culturel francophone, dialectale, non pas péjorativement comme l'expression pourrait le laisser croire, mais par sa capacité à laisser jouer, à l'intérieur de l'œuvre, la réélaboration, toujours fantasmée, d'une identité linguistique qui n'est pas « française de France », cette littérature peut-elle rencontrer le cosmopolitisme ? À l'instar du nomade, de l'immigrant qui quitte sa terre natale, dépossédé comme le fut le Québécois francophone qui chercha à réinscrire, par l'adoption d'une posture politique plus confortable, les traces de son propre parcours.

Cette rencontre pourrait bien n'être que création de ghettos, addition des ethnicités. Car malgré toutes les dénégations d'usage, la question demeure. La littérature québécoise devra-t-elle s'élaborer de façon unitaire, fidèle à une continuité historique la constituant comme mémoire d'une identité à préserver ou à transmettre ? Doit-elle accepter de s'altérer selon un principe de régénération, d'ouverture multiculturelle ? Ce faisant, tentera-t-elle de conserver un dénominateur commun, une identité sociale et culturelle transmise aux nouveaux venus, ou verra-t-on plutôt apparaître des phénomènes d'hybridation, d'acculturation mutuelle ? En d'autres termes, la littérature québécoise saura-t-elle échapper à la fascination éprouvée pour l'énonciation d'une identité forte (la québécitude comme lieu du mémorable : *je me souviens*), laissant place à l'affirmation d'une transversalité ? Si tel était le cas, il s'agirait d'un fait socioculturel inédit puisque la littérature québécoise à ce jour a surtout tenté de matérialiser par l'écriture l'expression d'une dépossession historique et l'exercice d'une reconquête symbolique. Pour qu'un territoire existe, ou plutôt qu'il soit renommé, il fallait évidemment dresser le portrait de cette dépossession, au risque de l'infatuation narcissique, du retour obsédant du « je » national et du rejet concomitant de l'Autre.

Pourquoi dès lors cette brutale modification des paramètres du cosmopolitisme, non plus perçu comme corruption, impureté, mais enrichissement ? Quelles conséquences en tirer quant à la problématique du « texte national » ? Celui-ci semble peu à peu devenir une peau de chagrin car ce sont les idéologèmes associés à un tel concept qui subissent les effets d'un éclatement. Comme si la fragilité relative de la société québécoise (du fait de sa position non hégémonique dans l'ensemble nord-américain) lui accordait paradoxalement une marge de manœuvre, une indécision salutaire, pluralité de choix induite par le fait d'être minoritaire. Non plus crispation associée au primat du texte national, mais ouverture à l'extraterritorialité, au principe d'une rencontre interculturelle.

Qu'en est-il cependant, avant d'analyser les modalités possibles de cette transversalité de la littérature québécoise, de sa constitution unitaire ? Il ne faut pas négliger sur ce point l'importance d'un travail de réappropriation symbolique. La dépossession historique, l'exil imaginaire exprimés par la littérature québécoise ont permis de situer le sujet québécois comme énonciateur. L'aliénation, la dépossession, la spoliation d'une identité ne se traduisant pas par l'autisme, ce qui serait la fin de toute littérature, mais par le pouvoir de (re)présenter une condition malaisée. Cette littérature de réappropriation recoupe donc le territoire imaginaire d'une culture qui cherche à fonder ses propres frontières. En somme, cette littérature de la dépossession et de la nécessaire réappropriation démontre hors de tout doute que la culture québécoise n'est pas simple commémoration du passé national. Bien sûr, une école du terroir à la longévité exceptionnelle a pu tenter de fonder le modèle d'une société isolationniste, imperméable à toute influence extérieure. Mais, là encore, il s'agissait de manifestations culturelles ostensiblement défensives faisant de la consolidation de l'ethnicité canadienne-française un phénomène de réélaboration discursive. Apologie du terroir qui ne correspondait plus vraiment d'ailleurs à la réalité socio-économique du début du vingtième siècle avec l'industrialisation rapide et l'arrivée massive en ville des Québécois francophones.

En somme, la fondation de l'identité québécoise, même si elle peut prétendre à la revendication d'une spécificité, est toujours une mise en scène imaginaire soumise à la représentation d'une extériorité qui la constitue transversalement. Prenons l'exemple de la langue quant à cette thématique de l'aliénation et de la réappropriation. La dépossession de la littérature québécoise se vit tout d'abord sous la forme d'une corruption linguistique. L'angoisse de la perte d'un support langagier (le français) est vécue à la façon d'un envahissement. C'est dans cette perspective (je pense entre autres aux théoriciens du mouvement Parti pris) la hantise du bilinguisme, entrevu non pas comme un savoir égalitaire, mais comme un appauvrissement du tissu langagier par la domination de la langue anglaise. De même, la valorisation du « joual » au cours des années soixante, si elle correspond à une nécessité polémique (le désir de recourir à une langue représentée comme populaire afin de transmettre les profonds soubresauts de la société québécoise : urbanisée, modifiée par les réseaux d'échange du système capitaliste), montre aussi douloureusement (mais n'était-ce pas justement l'enjeu didactique de cette démonstration ?) son envers. Le langage devenu idiolecte — enjeu d'un conflit faisant jouer la désagrégation de l'expression (le joual comme valorisation paradoxale de l'abjection, du malparler) et l'idéalisation d'un modèle normatif : une langue d'outre-mer qu'il faut briser, plier, afin de la remodeler, sorte de descente aux enfers permettant de la rendre à nouveau malléable.

C'est la langue, investie par les codes sociopolitiques du Québec des années soixante, qui fait la rencontre, d'ailleurs défensive, du cosmopolitisme. Appel au joual, langue urbaine, hachurée, scandée au rythme de la quotidienneté, sorte de facture « orale » d'une langue qui s'éprouve heurtée par l'urbanisation et les contraintes qu'elle impose. Ainsi le joual devient la matérialisation à la fois désirée et honnie de cet éventuel anéantissement linguistique. À la faveur de l'utilisation du joual, une confrontation linguistique est actualisée. Le joual prend la forme d'un discours pathologique, érodé, dénaturé par une infralangue corruptrice : l'anglais. Si l'on peut parler ici d'un territoire imaginaire de la culture, nul doute qu'il s'éprouve à ce moment précis sous une forme défensive. À la langue idéalisée, en quelque sorte totémisée, que les élites d'avant la révolution tranquille cherchent à transmettre — langue christianisée, échappant à la corruption — est substituée une autre langue : le joual, qui laisse entendre la possibilité d'une confrontation.

Parlant du cosmopolitisme, une question peut être ajoutée. Quel est l'Autre qui dans la littérature québécoise est observé et qui permet ainsi de ménager une marge d'intervention à l'énonciateur du récit, autorisant une négociation interculturelle quant à « l'intégration » de cet étranger dans le discours romanesque ? D'ailleurs, cet étranger a-t-il la possibilité d'intercéder dans l'écrit, d'y instituer sa propre position d'énonciation ? L'observé est-il condamné au spéculaire, à l'imaginaire de l'écrivant ou peut-il avoir lui aussi accès à l'écrit ? S'agissant du cosmopolitisme dans le roman québécois, ces interrogations sont d'autant plus justifiées que la distinction sujet/objet formule un clivage entre celui qui est perçu « comme » étranger et l'autre qui territorialise cette étrangeté afin de se l'approprier. En somme, tout propos sur le cosmopolitisme impliquera cette distinction entre sujet et objet : rôle de l'instance énonciative qui détermine un statut prédicatif à l'étranger nommé, représenté. La prise de parole est de ce point de vue absolument déterminante.

J'ai voulu ici privilégier l'analyse de quelques romans qui puissent fournir des voies d'accès quant à la compréhension de la « représentation » de l'étranger dans le roman québécois. Ce faisant, je me voyais dans l'obligation de donner à cette notion de « littérature québécoise » une définition restreinte : soit un corpus constitué par des écrivains qui pour la plupart sont nés au Québec. On comprendra que l'étranger narré dans ces divers romans est l'objet d'une élaboration fantasmatique et que l'émergence d'une problématique interculturelle est le fait de cette modification du statut de l'étranger représenté. Un tout autre travail aurait été d'analyser, du point de vue de l'étranger (mais le demeure-t-il alors ?), la constitution d'une littérature internalisant cette problématique de l'altérité en faisant appel à des écrivains pour qui cette oscillation entre culture d'origine et société d'accueil est en quelque sorte une interrogation quotidienne. J'ai préféré, afin de restreindre mon propos, ne pas aborder directement cette thématique de l'écrivain multiculturel, quoiqu'elle soit à mon sens d'une brûlante actualité. En privilégiant la « représentation » de l'étranger, je crois pouvoir indiquer de « l'intérieur » comment s'opère la symbolisation d'une unanimité culturelle dans la littérature québécoise et quelles sont les brèches qui à certains endroits fracturent ce sentiment d'unité.

Qu'en est-il alors de cette représentation de l'étranger ? Un exemple peut ici être évoqué. La présence de l'acteur canadien-anglais dans le roman québécois (ainsi les textes du mouvement Parti pris analysés plus loin) signifie la possible acculturation de l'identité québécoise, d'autant plus que cette identité, au début des années soixante, commence à se définir de façon beaucoup plus revendicative. On peut d'ailleurs avancer qu'au moment de la justification critique, par les écrivains québécois, de cette littérature nationale est posée la perception négative d'une identité nationale canadienne comme fait d'ethnicité. Dialogue impossible. « L'étranger » anglophone qui n'est pas un immigrant, puisqu'il fait partie intégrante de l'histoire québécoise, sert avant tout de repoussoir. Il incarne une menace, le danger d'une domination. Il en est de même, je crois, pour la littérature canadienne-anglaise qui parlant du Québec est fascinée par la cristallisation apparente d'une identité culturelle stable qui la renvoie à sa propre problématique d'une identité nationale plus ou moins affirmée.

Nous sommes en conséquence confrontés à l'ethnicité (le thème des deux solitudes), ce qui renvoie à un dialogue impossible. Ghettos des territoires imaginaires où l'Autre (l'anglophone ou le Québécois francophone) n'existe que par la distance qu'il cherche désespérément à établir avec une autre communauté qu'il sera toujours condamné à voir de l'extérieur. Les romans du mouvement Parti pris sont de ce point de vue particulièrement intéressants puisqu'ils mettent en scène la lutte entre deux solitudes qui, dans le contexte montréalais, tentent d'adopter une position de domination, de maîtrise de l'univers urbain.

Dans ce cas prévaut un mode de fonctionnement défensif : l'Autre existe, il me renvoie à ma propre identité mais il ne contribue à la remettre en question que sous une forme négative. Discours du stéréotype sur l'identité d'autrui qui, pour revenir brièvement aux romans du mouvement Parti pris, fait de l'étranger une entité dominatrice, aliénante, dépossédant le Canadien français. Étranger dont le pouvoir provient de son absence, de son don d'ubiquité, on le verra dans *La nuit* de Ferron, en somme d'un statut qui le définit comme un personnage aux attributs exceptionnels. L'étranger dans le roman partipriste est la plupart du temps identifié, lorsqu'il s'agit de l'anglophone, à une domination abstraite. Si la domination est immédiatement palpable, elle ne trouve pour ainsi dire pas de corps où se matérialiser.

Cette courte digression m'a permis d'indiquer comment joue la représentation de l'étranger. La mise en scène d'une extériorité permet de justifier la fondation d'une identité sociale qui fait appel à l'étranger mais dénie en même temps le caractère structurant de son intervention. L'étranger est dans un contexte littéraire un acteur symbolisé comme extériorité non discursive, hors-système, en même temps que cette extériorité « représentée » contribue à redéfinir l'unanimité culturelle qui crée la figure de l'étranger. Tout compte fait, un discours ambivalent est présent lorsqu'il s'agit d'entrevoir le dynamisme de la représentation de ce personnage étranger. Il me semble urgent à cet égard d'envisager la dimension projective de cette représentation afin d'indiquer comment l'unanimité culturelle est constamment redéfinie par ce jeu de l'extériorité et de l'intériorité.

On peut supposer que les romans étudiés font jouer une dimension interculturelle, pouvoir de négociation mis en scène par des acteurs qui sont représentés comme les énonciateurs privilégiés d'une étrangeté. Ces acteurs contribuent à modifier la structuration de l'espace romanesque, à redéfinir en somme ce qui distingue le centre de la périphérie. Ils sont les énonciateurs de cultures « autres » qui tenaillent et questionnent l'identité forte de la communauté d'accueil. Ne nous faisons pas d'illusions cependant sur la dimension subversive de cet éclatement interculturel. Le cosmopolitisme, expression d'une mouvance, d'une hétérotopie, serait par ailleurs confronté à une identité princeps: énonciation d'une unanimité d'autant plus forte qu'elle peut accepter le plaisir de la fragmentation sans que celle-ci se transforme immédiatement en peur de l'anéantissement. Pour donner un exemple, parce que l'identité québécoise devient peu à peu générique, elle se caractériserait par un pouvoir d'intégration de systèmes culturels divergents, refusant alors la représentation menaçante de l'étranger pour faire jouer une internalisation jouissive de l'étrangeté. Cette négociation interculturelle produisant des situations où dominent des facteurs d'indifférenciation, de proximité. Il reste que l'éclatement cosmopolite, du moins dans les récits que j'étudierai, est constamment freiné par une tendance à la cristallisation défensive de l'identité. Cette négociation peut prendre la forme d'une relation d'échange entre divers univers discursifs représentant les lieux d'intervention de différents acteurs culturels. Chacun de ces univers, localisé spatialement dans le cadre d'une géographie urbaine, caractériserait l'aboutissement d'une négociation conceptuelle quant à l'inscription d'une identité sociale. La sédimentation de l'identité pouvant être opposée à d'autres univers discursifs, ce qui autorise la négociation de territoires culturels, où l'étranger est localisé, par le jeu du centre et de la périphérie. La croyance en une identité princeps est alors confirmée de façon violemment défensive. Il n'y a un Autre qu'à la condition qu'il soit circonscrit, naturalisé dans un territoire qui le définit comme étranger. Cette croyance peut cependant être beaucoup plus ténue quoique agissante. L'Autre n'est plus immédiatement perçu comme cet étranger menaçant qui déstructure les significations établies de la communauté sociale. Il est convoqué, appelé à se perdre, à se mêler à la communauté, à faire jouer une différence qui est emblématisée et valorisée en autant qu'il respecte un mot d'ordre implicite : qu'il demeure cet Autre, fou du roi ou bouffon, qui fait jouir la communauté, heureuse de montrer son hospitalité, de se remettre en question l'espace d'un moment, en autant que l'étranger la rassure dans sa bienveillance d'être l'Autre accueilli.

Cette négociation conceptuelle au sujet d'une identité sociale, envisagée comme pluralité ou unanimité, présuppose donc une croyance fantasmatique : la certitude d'une identité princeps, formation sociodiscursive n'autorisant la cohésion de la communauté qu'au prix de l'exclusion ou d'une intégration jouissive et ambiguë. La solidarité des membres de la communauté n'étant assurée qu'à la condition de considérer « l'étranger » comme un personnage violemment externalisé comme impropre, ou d'en faire le représentant d'une jouissance « à être différent » que la communauté d'accueil ne peut accepter pour soi.

À cet égard, je propose quelques remarques plus générales quant à la portée sociale d'un difficile cosmopolitisme littéraire. C'est probablement parce que la société québécoise a refusé d'être soumise à ce dogme de l'ethnicité (l'exotisme de « l'autre » tel qu'entrevu par l'Anglo-Canadien : *what does Quebec want ?*) qu'elle a pu le reproduire de façon mimétique — et frontale — quant à ses propres « étrangers ». Ainsi le refus d'une altérité définissant la société québécoise de l'extérieur a pu entraîner en retour un désir de toute-puissance, d'affirmation grandiose. Ce mouvement de repli sur soi, de refus de l'altérité faisant en sorte que l'identité québécoise pouvait se constituer de façon autonome. D'où, par exemple, les analyses des théoriciens du mouvement Parti pris faisant des motifs de la dépossession, de l'aliénation, des traits structurants de l'identité sociale québécoise. Dans cette perspective, la reconquête d'une identité plénière était la conséquence légitime de cet acte d'appropriation qui supposait le rejet d'une aliénation avant tout étrangère.

Il y a là à mon sens un impensé idéologique qui ne cesse de caractériser les relations entre les nouveaux venus en terre québécoise et les Québécois francophones. Comme si l'incapacité à pouvoir authentifier un espace imaginaire inconfortable en État reconnu entraînait une rigidité énonciative. Ce qui expliquerait le difficile cosmopolitisme de la société québécoise, difficile cosmopolitisme où s'oppose à une appropriation fondatrice — fortement désirée mais souvent malaisée — le caractère menaçant d'une remise en question dont les étrangers seraient porteurs. La rigidité énonciative se retrouvant dans ces textes où l'étranger sert de repoussoir commode, facilitant l'appropriation territoriale fondatrice sans que jamais un questionnement ne prenne place sur les motifs de cette exclusion de l'étranger.

Mais cette rigidité peut aussi laisser place à la coexistence, au dialogue entre paroles immigrantes et culture québécoise, à la faveur d'un devenir qui pose la question d'une appropriation, non plus seulement territoriale mais linguistique (une langue commune ?). Elle me semble exprimer la difficile question du cosmopolitisme dans le contexte québécois. Énonciation d'une étrangeté dans la langue qui refuserait alors les discours de préservation, en témoigne le roman du terroir, ou la thématique du pays faisant jouer une problématique de l'aliénation et de la réappropriation d'une identité plénière.

Ce souhait de virginité territoriale, de cautérisation de l'étrangeté qu'on retrouve dans la littérature québécoise, en somme d'être part du Canada, mais aussi de souhaiter s'en absenter dans l'imaginaire, il est lourd de conséquences. Le difficile cosmopolitisme propre à la société québécoise et à sa littérature ne serait-il que la forme atténuée de la posture québécoise dans l'ensemble canadien ? En d'autres termes, y aurait-il dans ce déni de l'espace canadien, dont le Québec est porteur à sa façon, un refus des frontières — un bornage dont le Canadien anglais serait l'initiateur — qui serait par ailleurs réintroduit violemment, s'agissant des limites du territoire québécois : l'étranger venant structurer ce pays informe par la constitution d'une identité rigide et défensive.

Contrairement à la fragmentation d'un espace national (canadien) induisant des situations de régionalisme littéraire, une anxiété vécue quant à ce qui est perçu comme une identité forte (américaine), le légalisme du multiculturalisme venant consolider le mythe d'une coexistence pacifique de cultures mosaïques, le caractère composite de l'espace imaginaire québécois (son difficile cosmopolitisme) introduit une dimension beaucoup plus violente. La diversité régionaliste canadienne n'est pas l'équivalent de cette constitution de biais qui caractérise à mon sens la littérature québécoise. L'une s'appuie sur la multiplicité des ancrages territoriaux comme autant de lieux d'élaboration d'une identité localisée. Il y a bien ainsi une littérature canadienne des Prairies ou des Maritimes, une littérature anglophone montréalaise que *nous* connaissons d'ailleurs fort peu. Mais ces différentes littératures, bien qu'elles caractérisent des imaginaires culturels souvent divergents, des fondements patrimoniaux distincts, n'en supposent pas moins toujours une *archè* fondatrice : le Canada comme entité nationale instituée juridiquement comme État-nation. La légitimation territoriale ne peut qu'être accompagnée d'un légalisme institutionnel. Ce pays officiel peut bien être fragmenté, en manque d'une substance, d'une matrice symbolique pouvant en faire un corps constituant, il n'en reste pas moins que la certitude d'une géographie nationale — authentifiée juridiquement — fait acte d'unité.

Cette constitution de biais propre à la littérature québécoise repose plutôt sur une interrogation contraire. À défaut de se reconnaître totalement dans un État-nation (canadien), ou de déterminer politiquement les prémisses de sa propre singularité (la problématique de l'indépendance), une littérature « nationale », « québécoise » apparaît comme si la préférence nominative cherchait à compenser le malaise éprouvé au moment de la contemplation de cette identité ambiguë. La singularité de l'identité québécoise provenant peut-être de cet aller-retour entre un pays qui n'existe pas et un désir exacerbé de nomination : discordance en somme entre le territoire symbolique québécois, objet de l'investigation littéraire, et cet État national canadien qui lui pèse de tout son poids réel.

Perpétuation des deux solitudes et de l'incapacité à dresser la trame commune d'une interrogation. D'où à mon sens l'ambivalence contenue dans cet aller-retour. Passage de la crispation à la dispersion et au dessaisissement. Face au légalisme de cet État national canadien, la tentation est forte de formuler le modèle d'une Laurentie groulxienne qui reproduirait de façon mimétique un territoire fortement protégé. Mais on peut aussi envisager la contrepartie de ce discours de fermeture. Le désir puissamment affirmé d'une identité québécoise qui qualifierait une définition générique, potentielle. On le voit ici, ce rappel d'une filiation raciale, assujettie au modèle d'une ethnicité canadienne-française, est désavoué. À ce désir de reformulation unifiante de l'identité, associé à la constitution d'un espace protégé, est substituée la perpétuation d'une errance. L'interrogation : « qu'est-ce qu'être Québécois ? » questionnant le sens des limites, faisant jouer une indétermination suscitant le désir de forger des alliances inédites, en somme de faire du métissage culturel une potentialisation de l'identité québécoise et non pas la menace de son annihilation. La remise en question de l'identité, on le voit ici, suppose une possible réconciliation par la création d'alliances interculturelles. Réconciliation qui ne laisse pas moins subsister un étrange sentiment de laisser-aller (quel est exactement ce pays à constituer?), la perception d'une étrangeté qui questionne constamment cette volonté d'une *archè* fondatrice. Ambivalence toujours présente au moment de la constitution de cette identité.

La littérature québécoise ne se définirait pas, au moment de l'émergence d'un cosmopolitisme littéraire, par cette mise en scène de l'étranger comme facteur d'expulsion et de rejet mais par l'étrangeté elle-même, perçue comme indécision, hésitation maintenue. Une littérature de ce point de vue n'étant pas seulement un fait d'appropriation déterminé par des natifs, mais une réappropriation faite de pluralité par les nouveaux venus dans la langue maternelle. On retrouve ici — pensons au discours éditorial de revues comme *Vice Versa* ou *Dérives* — l'écho d'une préoccupation somme toute encore très actuelle au Québec quant à la possibilité de modifier le discours de l'étranger, avec ce que cela contient de « narcissisme des petites différences », en accueil du nouveau venu : la littérature québécoise devenant lentement un fonds symbolique commun et non plus seulement un lieu de répétition d'une unité fondatrice. De ce point de vue, la question linguistique — légitimation récente du français comme langue véhiculaire, statut ambigu des langues vernaculaires immigrantes et de l'anglais, à la fois langue minoritaire au Québec et majoritaire en continent américain — ne cesse et ne cessera de se poser au Québec, malgré toutes les tentatives de neutralisation, du fait du tissu complexe de cette société. En outre, la problématique du multiculturalisme, longtemps associée au Québec à un affaiblissement de la dimension nationale, est devenue une référence obligée du discours littéraire et politique, ce qui traduit la nécessité de penser, à travers maintes hésitations, ce qui m'apparaît un processus puissant de transformation. Un constat est ainsi à l'ordre du jour : l'impossibilité de pouvoir territorialiser totalement, fouler un sol, y laisser une trace indélébile, recourir à cette *archè* fondatrice définie par le rejet de l'étranger.

Ce qui n'exclut pas confrontations, discours conflictuels, constitution difficile de l'identité interculturelle. En quoi l'émergence d'un cosmopolitisme littéraire, comme mise en acte d'une hétérogénéité, prenant forme en milieu urbain, en l'occurrence Montréal, me semble différer malgré tout de la seule étrangeté : généralisation d'une dépersonnalisation de l'identité. Il y aurait, en effet, une certaine complaisance à opposer au caractère défensif d'une identité québécoise définie selon des critères d'ethnicité, une identité nomade, fragmentaire, non totalisante : légitimation violente de la différence — et de l'injonction d'être différent — comme nouveau mode de pensée. Parler de dénaturation de l'identité m'apparaît plus juste, ce qui revient plutôt à souligner le caractère produit, fabriqué d'une naturalité qui n'est rien d'autre qu'un artefact culturel : l'élaboration d'une signification qui, dans un contexte littéraire, se donne à lire comme authenticité fondatrice. Ainsi la dénaturation serait un processus difficile de défondation, refusant cette naturalité prenant forme dans le contexte québécois grâce entre autres à ces motifs de la langue française, de la religion et du territoire comme expressions d'un patrimoine commun.

La dénaturation reviendrait ainsi à pouvoir rompre l'omniprésence de la sujétion à la langue maternelle (le français), à briser la fiction de sa plus grande authenticité : l'expression d'une vocation affirmée, d'un peuple élu. Tout comme l'industrialisation et l'urbanisation accélérées, au cours des XIXe et XXe siècles, malgré d'inévitables décalages qui font entre autres de Montréal à cette époque un lieu de perdition, d'assimilation pour les Canadiens français, concourent à l'exode rural, à la perte d'une communauté conviviale et protectrice et justifient douloureusement ce projet d'une vocation agricole à fortes connotations messianiques. En somme, la dénaturation comme processus de dé-fondation contribue à briser les différents idéologèmes qui ont pour fonction d'assurer un fonds patrimonial commun. Qu'il s'agisse de la langue française ou de la religion, expressions de la solidarité nationale, les stratégies utilisées sont toujours les mêmes. Elles visent à justifier *a priori* l'existence d'un lien social (*l'archè*), à rejeter au loin, par le biais d'un processus d'expulsion, ce qui caractériserait la dénaturation : une violence symbolique dé-fondatrice de l'unité perçue comme originaire.

Ainsi la littérature québécoise serait concernée au premier chef par la défondation, problématique du franchissement, comme on le verra plus loin, au moment de l'arrivée en ville, à la faveur de la rencontre de l'étranger et de l'altérité. Qu'on se rappelle l'obsession, somme toute récente, du texte national (« le mur des lamentations [8] » chez Godbout pour ne donner que cet exemple), qu'il soit ressassé sous forme de récit légendaire (« notre passé »), ou qu'il soit, par exemple au moment des référendums, entrevu comme l'expression privilégiée d'une solidarité culturelle. L'intertextualité des différents textes littéraires produisant une trame serrée, une courtepointe. Le texte national correspondant d'ailleurs au désir de fondation d'une unité patrimoniale, impliquant un principe de fermeture. Ce désir de réappropriation, faut-il cependant le statufier dans la quête nationale, au risque d'expulser tout ce qui serait négativité, différence ? Questionnement qui reviendrait à rejeter violemment la constitution d'une problématique littéraire faisant de l'écriture québécoise une pratique « ouverte », « transculturelle », en somme non réductible exclusivement à cet *a priori* national.

Je reviens à mon interrogation première sur la constitution ambivalente de l'identité québécoise. Faut-il entendre celle-ci comme simple cumul d'ethnicités littéraires, confluence de discours pluriels qui ne déboucheraient sur aucune valeur totalisante. En somme, un éclatement ou une étrangeté sans possibilité de centralisation. Ou encore recourir à l'*archè* du texte national, valorisation de la culture québécoise comme ensemble assimilateur des identités périphériques. Sans aucun doute, la question est d'actualité puisqu'elle suppose la rencontre prochaine entre les nouveaux venus qui auront « appris » le français et les natifs de la langue maternelle. Difficile cependant de prévoir quels seront les contours de ce Québec pluriculturel : s'il se vivra en pièces détachées, chacune d'elles recomposant la trame du lieu d'origine et demeurant sur son quant-à-soi. Ou encore, s'il mettra en place un processus d'intégration biface : les cultures immigrées investissant peu à peu la culture d'adoption de façon à proposer une certaine forme d'hybridation.

D'un point de vue strictement littéraire, le fait d'instituer une littérature « nationale » en position de surdétermination me semble correspondre à cette problématique. La littérature nationale peut d'abord répondre à une volonté taxinomique lorsqu'elle est considérée avant tout comme un répertoire ou un corpus. Quoiqu'il ne faille pas négliger l'importance de ces représentations associées à la transmission d'un héritage, patrimoine qui constitue une généalogie culturelle. Mais elle peut tout aussi bien désigner ce qui est national ou québécois dans la littérature et, à ce moment, le geste de classifier devient préhension et catégorisation.

Ainsi, au lieu de faire du phénomène littéraire une production contingente, ouverte à la matérialisation de ses diverses potentialités — et à la pluralité des appropriations —, la tentation est grande, par souci de confirmation nominative, de rattacher la production littéraire québécoise à l'identification au pays, à la confirmation de cet espace fortement cadastré. Il semble que la littérature québécoise ait sous-estimé cette faculté d'extériorisation ou d'extraterritorialité. Fascinée par un désir violent de reconquête du territoire réel, jubilant dans le fait de s'être enfin accordée un nom sonnant comme « propre » : Québécois plutôt que Canadien français, autre nom qualifiant quant à lui l'ethnicité. Privilégiant l'association entre le fait littéraire et son inscription nationale : la cartographie imaginaire du pays et le territoire « réel », il n'est pas étonnant que cette jubilation ait tourné assez rapidement à l'autosatisfaction. La fondation imaginaire constituant un tracé prescriptif laissant à l'extérieur des personnages, organisant la périphérie comme discours secondaire. Cette édification d'une littérature nationale devenant édifiante lorsqu'elle faisait de l'ambiguïté nominative (qui sommes-nous ?) un contre-discours violemment assertorique : mais Québécois ! Bien sûr !

On est en droit de se demander si cette euphorie de l'attribution (la société québécoise trouvant enfin à partir de ce mot totémique un sens au lien social) n'a pas masqué autre chose dans l'aveuglement qu'elle a produit. Je soutiens qu'au moment même de cette identification tenace entre le projet d'écriture et le « faire » politique, correspondant *grosso modo* pour les années soixante au mouvement Parti pris, des brèches pouvaient être entrevues dans la formulation de cette unanimité. Que le mouvement symbolique d'appropriation contenait en germe les conditions de son éclatement. En somme, que la définition d'une ontologie du lieu entraînait, au moment de l'arrivée en ville, un éclatement du sens des limites.

Il serait par conséquent réducteur de restreindre cette appropriation de l'identité, perceptible dans le roman québécois au moment de l'arrivée en ville, à la recherche d'un pays incertain en attente d'un nom, d'une aliénation à revendiquer, en définitive d'un manque nominatif à combler. Dès le mouvement Parti pris, le discours romanesque (ainsi *La nuit* de Jacques Ferron) est confronté à une douloureuse remise en question. L'étranger, sous la forme de l'acteur anglophone dominateur, fait son apparition. Mais d'autres textes, je pense ici au *Couteau sur la table* de Godbout et à *L'afficheur hurle* de Chamberland, s'insèrent dans une problématique plus vaste où est affichée la solidarité des damnés de la terre. Cette revendication est bien sûr de circonstance. Elle est à mettre au profit d'un « discours de la décolonisation » dont le mouvement Parti pris tenta, avec plus ou moins de succès, de créer une synthèse adaptable à la situation sociopolitique québécoise. L'arrivée en ville, c'est avant tout la rencontre d'un univers dénaturé dont les significations ne correspondent plus au désir d'une quelconque nomination originaire. Cette rencontre est celle de la multiplicité, d'une actualisation de la différence, en somme d'un anonymat qui fait du personnage montréalais arrivant en ville un citoyen parmi d'autres.

Or cette problématique de la reconquête de l'identité, exemplifiée dans le contexte québécois par les emprunts faits à une sociologie, ou une psychologie de la décolonisation (Berque, Fanon, Memmi), me semble poser autant de questions qu'elle n'amène de réponses. Les commentateurs et critiques ont avant tout insisté, quant à l'école littéraire inspirée par le mouvement Parti pris, sur l'importance de cet acte d'appropriation, faisant obstacle à une aliénation imposée. Du même coup, ils étaient condamnés à négliger, en associant cette « arrivée en ville » à la prise de conscience d'une aliénation, ce qui est probablement un élément structurant de l'univers urbain. Si l'aliénation est constitutive, que l'interpellation est toujours lacunaire, la problématique de la dépossession est beaucoup plus complexe et ambiguë qu'il n'y paraît d'abord.

Que l'on relise des romans comme *Le cassé* de Renaud ou *La nuit* de Ferron. La thématique de l'aliénation y est mineure en comparaison avec la mise en scène d'une violence urbaine où la figuration d'un personnage « étranger » (ti-Jean chez Renaud, Carone chez Ferron) inaugure une problématique du franchissement. En somme, « l'arrivée en ville » ne peut se réduire à cette seule thématique, popularisée à travers le mouvement Parti pris, d'une reconquête, ou d'une réappropriation qui évacuerait la menace d'une aliénation. C'est en ce sens que le dispositif cosmopolite peut jouer, abandonnant la thématique de l'aliénation. « L'arrivée en ville » signifierait alors cette hétérotopie culturelle, qu'il s'agisse de l'anonymat, du caractère fragmenté du tissu urbain, ou encore de la prise de conscience du caractère composite de l'organisation sociale.

Un parti pris guide donc cette recherche. On aura certainement remarqué que la problématique de l'identité cède le pas à celle de l'identification, que l'analyse de la représentation de l'étranger inaugure la nécessité d'un parcours liant *alter* et *ego*. Toute analyse mettant l'accent sur une compréhension de l'identité comme élément fondateur ne peut, de ce point de vue, qu'être un échec si elle néglige le fait que les indicateurs de personne, qui permettent la mise en situation de l'altérité, sont susceptibles d'inscriptions topologiques diverses. En d'autres termes, la définition d'une altérité représentée est toujours un fait relationnel, identificatoire. Les romans étudiés au cours de cet essai sont particulièrement riches d'informations de ce point de vue. Les configurations sociodiscursives associées à la figure de l'étranger sont déterminées par des mouvements énonciatifs qui provoquent toujours l'identification de l'altérité. La représentation de l'étranger n'est plus entrevue comme un processus autonome, individuel, mais suppose l'intervention du sujet énonçant.

Cette importance des modalités d'identification est malheureusement souvent laissée pour compte dans les analyses qui se contentent de voir les « manifestations » de l'ethnicité comme autant de phénomènes empiriques quantifiables. Ainsi, la boucle est bouclée car la réflexion sur l'étranger deviendra simple recensement des signes de l'ethnicité de telle manière que l'emphase quantitative, de caractère empirique, que l'on retrouve dans certains travaux sociologiques, est déplacée, cette fois dans le champ littéraire, avec comme objectif de classifier ce qui constitue l'écart (« l'ethnique ») en fonction de la norme. Cette insistance à faire de l'ethnicité un phénomène quantifiable, aisément circonscrit, comme si les signes ainsi déterminés possédaient leur autonomie référentielle, elle me semble correspondre à un travail de catégorisation, plus encore à un déni. Il faut en effet que l'Autre soit clairement identifiable (et identifié) afin que l'on puisse circonscrire son champ d'action.

Ce passage de l'étrangeté à l'ethnicité est en somme un recul. Car il faut que la perception des différences culturelles ne soit pas envahissante, qu'elle ne vienne pas modifier en retour la stabilité de l'identité du sujet énonçant. J'estime pour ma part que le couple identité/altérité suppose l'étude des phénomènes d'identification, ce qui permettrait d'envisager comment le sujet énonçant se constitue une image de l'Autre qui réponde à des phénomènes d'alliance ou de mésalliance. De ce point de vue, l'étrangeté caractériserait l'irrésolution de l'investissement identificatoire dans la mesure où celui-ci est un phénomène intersubjectif, relationnel.

C'est cette neutralité du regard critique, se contentant de voir dans toute définition de l'altérité la seule attribution immanente de particularismes ethniques, que je veux interroger. L'altérité correspondrait plutôt, dans la perspective d'étude des textes littéraires, à un travail de focalisation narrative qui suppose l'analyse des procédés énonciatifs mis en œuvre afin de créer la figure discursive de l'Autre. Mais l'existence de ces procédés discursifs, d'une configuration argumentée, justifiant l'élaboration de la figure du personnage étranger, n'en suppose pas moins la « croyance » en un étranger réel. D'où l'importance d'une mise en scène fantasmatique qui fasse jouer une certitude : cet étranger fictif représente le noyau dur d'une croyance indiscutable. Il faut qu'au delà de cette détermination factuelle de la figure de l'Autre prédomine le sentiment d'une antécédence où l'étranger ne pouvait qu'être bouc émissaire, garant négatif de la communauté sociale.

Qu'en est-il de la figure de l'étranger, eu égard au développement de la littérature québécoise, plus particulièrement dans le contexte montréalais, ou encore, comme dans certains romans que nous étudierons, en ce qui a trait à la constitution d'une extraterritorialité ? Cette figure de l'étranger, je propose ici de l'envisager comme la modalité emblématique d'une différence qui tenaille l'intégrité territoriale et symbolique de la littérature québécoise. L'étranger serait celui qui venant de l'extérieur peut susciter une fragmentation, un arrachement, en somme le constat d'une perte. Ainsi, la littérature québécoise serait profondément bouleversée par cette apparition de l'étranger qui laisse voir à l'œuvre, dans les romans qui seront ici étudiés, la modification radicale des critères d'unité la définissant. Cette littérature nationale appellerait en retour un désir d'élection. On peut le voir avec le mouvement Parti pris qui, au nom d'un Québec socialiste, fait de la revendication d'une identité québécoise un enjeu ontologique. Les motifs varient néanmoins au cours de l'histoire de l'institution littéraire québécoise : de la préservation d'une langue vernaculaire (le français) au fantasme d'un peuple fidèle à une tradition agraire, catholique, obéissant à sa destinée. Dans tous les cas cependant, la fondation d'une littérature nationale — et d'une identité ainsi réaffirmée — serait soumise à l'affirmation d'un choix préférentiel qui fait appel, en dernier ressort, au désir d'une origine pouvant assurer la naturalité de la relation entre un nommé et un nommant. Solipsisme faisant de « l'être » canadien-français ou québécois la matrice d'une identité dont ne serait pas questionnée la constitution.

Que signifiera en effet parler de littérature québécoise ? Faudra-t-il parler d'une pluralité de littératures, correspondant à autant de ghettos ethniques même s'ils parlent français, ou envisager l'existence d'une littérature québécoise se caractérisant par une faculté d'intégration, d'unification ? Il est vrai que la « situation » québécoise est à cet égard particulièrement complexe. Elle est définie, on l'a vu, par une constitution de biais surtout si l'on prend en considération le contexte montréalais. L'existence d'une littérature québécoise est-elle avant tout le fait d'une délimitation linguistique : écrire en français devenant *ipso facto* un choix politique définissant en retour la québécité ? Alors, qu'en est-il d'une littérature nationale au moment où sont posées avec insistance ces questions du multiculturalisme ou du transculturel ? Faut-il envisager la littérature québécoise essentiellement comme un fait d'ethnicité ? La nation ou le peuple québécois, sont-ce les Canadiens français ou la mise en œuvre d'une matrice signifiante à l'activité beaucoup plus ample (les Québécois ?). Qu'en est-il alors des nouveaux venus en terre québécoise ? Peuvent-ils ou doivent-ils s'intégrer et selon quelles modalités ?

Complexité de la tâche. Marco Micone et ses interrogations lancinantes sur le Québec postréférendaire et l'identité douloureuse du migrant n'est certes pas Mordecaï Richler. Faut-il choisir l'un pour l'autre ? Question difficile avec ce que cela suppose de volontarisme. Certaines identités immigrées seraient-elles plus « acceptables » dans ce projet d'une littérature québécoise à constituer ? Ce qui choque dans les romans de Richler, c'est la perception des Québécois francophones comme communauté culturelle avec ce que cela sous-tend de dimension régressive. Nous serions nous aussi des « ethniques », fortement attachés au territoire, à des attitudes, des comportements : une certaine façon de se serrer les coudes rappelant étrangement les manières de faire propres aux immigrants, privilégiant, au moment de l'arrivée, l'endogamie, la mise en commun des ressources, une forme de ghettoïsation, sinon souhaitée, du moins acceptée. Et au contraire des immigrants, du moins pour ce qui concerne l'œuvre de Mordecaï Richler, nous n'accepterions pas le vent libérateur de l'émancipation, du devenir-américain (le devenir-canadien n'étant à mon sens qu'une simple variation de ce désir premier). La question demeure donc. Faut-il choisir Micone au nom de ce qui apparaîtrait comme l'expression d'une intégration réussie (écrire en français en serait la manifestation première), le passage à une écriture polylogue (les voix des immigrants) ?

L'un fait de nous des ethniques, nous situant en position régressive (le territoire, les particularismes folklorisants) face au devenir commun (être américain, réussir, quitter le ghetto). L'autre se questionne, nous questionne sur le devenir-immigrant, interrogeant certes notre identité, mais assurant du même coup, ce qui n'est pas négligeable, un désir narcissique, celui d'adopter une position dominatrice, qui ferait de l'identité québécoise un ensemble englobant. L'oscillation de la littérature québécoise, quant aux nombreuses statures de l'altérité, correspondrait en fait au désir ambivalent d'assurer une unité. Ce qui pourrait prendre la forme de la proposition suivante. Soit « d'autres » nous regardent et font de « notre » identité nationale un particularisme ethnique. Soit nous tentons de préserver un statut unitaire (celui du « nous » assumé comme légataire d'un destin national) en faisant « des autres » les représentants d'une identité périphérique (ethnique) qu'il serait possible d'adjoindre et d'assimiler.

On aura certainement compris que ce dilemme, que l'on retrouve par ailleurs à tous les échelons du discours social, pose la question du passage, et des modalités de ce passage, de l'identité ethnique à l'identité nationale. Il me semble que la littérature québécoise a pu jouer, disons *grosso modo* des années soixante jusqu'à l'élection du Parti québécois, le rôle de combattant de première ligne quant à cette mise en relation du pays à fonder et de l'État national à constituer. À n'en pas douter, une unanimité a prévalu bon gré mal gré — une survalorisation de l'identité québécoise comme élément fondateur — tant que l'apport immigrant n'a pu être considéré comme autre chose qu'un facteur négatif. Cette unanimité étant elle-même devenue minoritaire, d'autres questions sont actuellement posées. Entre la multiplicité des identités ethniques, particularisées, et l'universalisme abstrait de l'identité nationale, on semble être à la recherche d'une médiation. Quant à la littérature québécoise, elle pourrait devenir un lieu privilégié d'énonciation de cette pluralité : littérature ambivalente, soucieuse des paradoxes. Lieu que l'on pourrait qualifier d'intercalaire puisqu'il fait de cette interrogation sur l'identité/ethnicité l'enjeu d'une réflexion inachevée. Si l'on considère que l'une des constantes de la littérature québécoise est justement cette hésitation entre un désir de réappropriation (l'ancrage à la fois confortable et douloureux de ce territoire-Québec amarré au continent nord-américain) et sans doute, legs de l'histoire, la capacité à jouer de l'entre-deux, du sentiment d'exil.

1. On consultera avec profit Théodore Ruyssen, *Les sources doctrinales de l'internationalisme. Tome troisième et dernier — de la Révolution française au milieu du dix-neuvième siècle avec Index général*, 3 vol., Paris, Presses universitaires de France, 1954-1961.

2. Paul Virilio, « Le dernier véhicule », *Le temps de la réflexion : la ville inquiète*, Paris, Gallimard, 1987, p. 83.

3. « Le flâneur cosmopolite ne tient compte de rien de ce qui décourage ou ralentit, dans sa course, le flâneur ordinaire. Il n'a d'autre but que la flânerie. Sa curiosité s'adresse à tout. Plus il y a de passants, de passantes, plus il y a de spectacles, plus il est joyeux. Mais il sait se contenter de peu et trouver sa voie dans la disette comme dans l'abondance. » (Hector Fabre, « La vieille rue Notre-Dame [texte daté du 1er mai 1862, *Chroniques*, 1880, p. 67-72], Laurent Mailhot [avec la collaboration de Benoit Melançon], *Essais québécois 1837-1983. Anthologie littéraire*, Montréal, HMH, 1984, p. 85)

4. Je pense entre autres aux essais de Guy Scarpetta : *Éloge du cosmopolitisme*, Paris, Grasset, 1981 ; *L'impureté*, Paris, Grasset, 1985.

5. Michèle Lalonde, *Défense et illustration de la langue québécoise suivie de prose et poèmes*, Paris, Laffont, 1979, p. 158.

6. Ainsi les analyses de Fulvio Caccia et Lamberto Tassinari dans la revue *Vice Versa* et les propositions de Jean-Claude Marsan sur le faible pouvoir d'acculturation des Montréalais francophones dans *Montréal, une esquisse du futur*, Québec, IQRC, 1983.

7. Parler de plurilinguisme ne suppose par la simple conservation des langues maternelles en pays d'accueil. Perspective qui fait de la langue vernaculaire de l'immigrant une relique assez inoffensive qui rassure la communauté majoritaire. C'est le cas notamment de la définition étatique du multiculturalisme canadien. Beaucoup plus subversive me semble la problématique qui questionne l'antériorité fantasmée d'une langue « maternelle » par rapport à une autre... Qu'en est-il à cet égard du statut du français au Québec à partir du moment où il ne représente pas le code naturalisé de l'identité québécoise, mais un idiome ouvert à l'étrangeté de ses diverses appropriations par des locuteurs qui apprennent — et apprendront — le français ?

8. Voir de Jacques Godbout, « Novembre 1971/Écrire », *Le réformiste. Textes tranquilles*, Montréal, Éditions Quinze, 1975, p. 147-157.

Chapitre III

La ville des faux-fuyants

Aliénation et soliloque

À l'origine une rumeur parle. Elle afflue des cantons du langage, d'un espace déjà quadrillé par le taylorisme de l'industrialisation bien que les habitants des communautés enclavées sous forme de paroisses vivent en retrait dans l'esprit de la survivance. Il s'agit alors de préserver un territoire imaginaire, une langue pouvant échapper à la corruption face à la menace envahissante que représente Montréal, soumis à l'industrialisation, à l'anonymat des échanges marchands, à la citadelle anglo-canadienne et à la foule des immigrants qui peuple peu à peu la ville.

Cette rumeur, fait collectif de langage, se veut conviviale. Elle redoute l'étranger, car le Canadien français se perçoit lui-même enclavé, qu'il s'agisse des quartiers « français » d'un Montréal dont la langue officielle est l'anglais ou de l'espace rural, périphérique, permettant la sauvegarde d'une identité située en retrait. Elle se nourrit du mythe de la consanguinité comme s'il était possible d'instituer des frontières imaginaires en s'accrochant tant bien que mal au désir d'une virginité chaque fois reconquise puisque l'Autre est toujours présent, menaçant, en ville, là où la vraie vie prend place même s'il est mis, question de temps, entre parenthèses.

Puis la rumeur s'enfle. Elle retrouve son vrai statut, celui de la cité : lieu d'échange, de multiplication, de déperdition des signes adressés sans qu'aucune cohésion, garantie de réponse soit assurée — et la virginité s'éprouve ainsi illusoire. Celui qui arrive en ville éprouve la modification de la durée — l'exil intérieur des citoyens de l'autochtonie — en éclatement spatial. Arriver en ville, en l'occurrence à Montréal, c'est reconnaître l'inanité des récits de fondation car la cité est entrevue comme une étrangère, désirable certes, mais aussi honnie puisque y séjourner c'est envisager le risque de se perdre dans le dédale des rues. La convivialité devient mosaïque. D'autres parlent une langue différente. Le cosmopolitisme devient un fait accompli mais est perçu à travers des stratégies de résistance. Le Québécois francophone, confronté à la multiplicité de ces codes hétérogènes — langues et pratiques culturelles — se définit comme un être minoritaire.

Arrivé en ville, désarçonné, celui-ci vit une situation transitoire. À vrai dire, il s'éprouve en transit. De là un mouvement de recul et la tentative de reconstituer un territoire, de former un ensemble de marqueurs territoriaux qui puissent désigner une distance. La paroisse de l'espace rural cherche tant bien que mal à différer ce malaise. Mais il devient de plus en plus difficile d'y retourner puisque l'arrière-pays se mue en ghetto. Espace sauvegardé certes où peuvent encore s'affirmer les récits de fondation (une nation industrieuse, agricole, qui s'accroche désespérément à des racines terriennes) mais cette sauvegarde apparaît dérisoire tant il semble que l'identité canadienne-française, puis québécoise, joue son avenir à Montréal.

D'où ce mouvement de réappropriation symbolique que j'ai évoqué plus tôt. L'affirmation compulsive d'une identité « propre », que l'on retrouve instituée de façon systématique dans les textes du mouvement Parti pris, masque cependant une question plus fondamentale. L'identité constituée de cette façon devient assertorique, autoréférentielle. Elle n'échappe pas à la tautologie. Le « je » n'est pas un autre. Il est ce « que je suis » à la faveur d'une emphase narcissique comme si toute confrontation interculturelle devait produire une force réactive, un rejet épidermique.

Le territoire imaginaire n'échappe donc pas à la crainte de la ghettoïsation. Symptomatique à cet égard dans *Le cassé* de Jacques Renaud et *L'afficheur hurle* de Paul Chamberland, l'émergence du cri, d'une pulsion violemment mise au jour comme si le surgissement de l'affect (la plupart du temps vécu sous la forme du déplaisir — de l'aliénation) cherchait à lui seul à rompre la peur de l'enfermement. De même pour les romans du mouvement Parti pris. Si le narrateur ou les personnages voyagent dans la ville, c'est en prenant soin d'assurer un mouvement de retrait, de repli. L'espace urbain est clivé. La frontière des quartiers (est-ouest: francophone-anglophone) est difficilement franchissable.

Ce discours de la dépossession ou de l'aliénation que l'on retrouve développé dans les écrits du mouvement Parti pris implique de fait une certaine ambiguïté lorsque entrevu en fonction de l'espace urbain. L'aliénation est la caractéristique d'une ville à conquérir et Montréal est ainsi analogue à un champ de bataille dont il faut expurger l'Autre dominateur (l'anglophone montréalais). On a peu souligné à mon avis ce que signifie la dépossession, non pas seulement comme rupture d'une aliénation sociale, mais aussi mise en relation avec l'Autre imaginaire, prototype des premières identifications selon ce que la psychanalyse appelle un investissement d'objet. Ce désir violent de rupture à l'égard d'un porte-parole dominateur qui censure l'identité du sujet minoritaire peut aussi prendre l'aspect d'une autarcie, désir de formulation unifiant et centralisateur, jouant du groupe social comme communauté préservée.

Qu'on pense à ces réflexions de Paul Chamberland: «La vérité profonde du nationalisme minoritaire est la *dénonciation effective du nationalisme de l'autre*, l'expulsion de sa présence corruptrice en nous, et la résurgence victorieuse d'un vouloir-vivre normal, reconverti au souci pratique de l'aménagement d'une société, d'une culture[1]. »

Et aussi : « Le nationalisme version indépendantiste (qui en est alors sa seule forme conséquente) nourrit le dessein de clarifier la situation, c'est-à-dire d'expulser de notre existence et de nos projets la présence débilitante et déréalisante de l'autre. Ici l'adversaire est nommé sans bavure, et cette nomination n'est que le prélude à la lutte qui doit entraîner la défaite de cet adversaire. Le *Canadian* ? Oui, bien sûr mais dans un sens tout opposé que celui prêté aux indépendantistes par leurs adversaires. [...] Nous ne luttons pas contre les " anglâs " [...]. Nous voulons bouleverser les structures de *la situation " canadian "* pour produire celles *d'une situation " québécoise "* [...][2]. »

La dépossession que Chamberland appelle de ses vœux serait jusqu'à un certain point analogue à un désensorcellement. Comme s'il fallait absolument quitter la zone d'influence invoquée par le sujet aliénant (l'identification du colonisé au colonisateur provenant de cette intériorisation de références sociales et culturelles) afin de pouvoir retrouver ce que Chamberland appelle « la naissance de l'homme québécois[3] ».

La désaliénation peut être entrevue comme une rupture violente, le fait de substituer à un univers référentiel — dont le dominateur anglophone est l'ordonnateur — un autre univers qui, par le recours à la lutte politique, permet une genèse : « la naissance de l'homme québécois ». C'est en ce sens que l'opposition de Chamberland aux tenants de l'universalisme abstrait (*Cité libre*), ou la proposition d'une praxis politique décolonisatrice, contribuent à faire de l'étranger la figure représentative d'une aliénation primordiale.

Ainsi : « Comme eux [les pays en voie de décolonisation tels l'Algérie et le Congo], nous sommes livrés, dans notre être profond, à la dépossession et à la dépersonnalisation exercées sur les petites communautés par les grands ensembles ; comme eux, nous faisons les frais de l'universalisation présente qui n'est qu'*uniformisation*, *déshumanisation* et *cosmopolitisme*[4]. » Face à la menace de cette uniformisation, Chamberland oppose la valorisation « d'une dialectique vivante de l'universel et du spécifique[5] ». Il n'en reste pas moins cependant que cette lutte de libération nationale, invoquée au nom du « souci pratique de l'aménagement d'une société, d'une culture[6] », contribue à expulser — selon l'expression utilisée à maintes reprises par Chamberland lui-même — tout élément n'assurant pas le maintien de cette identité propre.

L'urbanisation est ainsi présentée dans la majorité des textes de cette époque comme une entreprise de soumission à un référentiel étranger[7]. La justesse de l'analyse menée par Chamberland, eu égard au contexte politique du début des années soixante, ne devrait pas faire oublier cependant que, sous ce refus du cosmopolitisme ou de l'uniformisation, apparaît la tentation de « l'autochtonie » liée au concept d'espace national.

On peut se demander après coup en quoi cette fondation du territoire implique le refus de l'étranger. La dépersonnalisation est en effet accompagnée d'une volonté de règlement, achèvement de l'incapacité à fixer l'origine et la cause de cette aliénation. La plongée dans l'univers urbain correspond à une intégration du sujet aliéné à un corps étranger. Seule la réappropriation symbolique de l'habitat peut permettre au sujet aliéné de fonder les contours du territoire familier. En somme, l'étranger représente cette persistance d'une aliénation à laquelle il faut échapper. D'où la nécessité d'opposer à la crainte d'une perte de l'identité, ce que les théoriciens du mouvement Parti pris nomment dépersonnalisation, le souhait d'une reconquête.

Ainsi le point de vue énonciatif dans les romans partipristes (parole du « je » associé au « nous » autochtone, laissant parler ce qui est perçu comme l'expression de citoyens en voie d'insoumission) fait appel à une temporalité (le temps du cri, de la scansion, de la révolte) qui serait du même coup tentative de reconquête d'un espace aliéné. Cette réappropriation symbolique, si elle peut être considérée comme un aménagement de l'espace, est d'abord la réalisation d'une stratégie discursive où le temps de la parole correspond au désir de lier « mots » et « choses ».

Parole qui cherche, sans qu'il faille ici en négliger toute la dimension mythique, à reconstituer, malgré la fragmentation, l'unité de la *polis*. Peur de la désagrégation face à ce qui pourrait être entrevu comme menaçant et qui serait la confirmation, soudainement intériorisée, d'une aliénation constitutive de l'identité. Cette temporalité de la parole collective est définie comme authenticité. La fondation du sens est simultanément fondation du territoire nommé, intensité puisque la violence du cri, de la déjection vocale (voir à ce sujet *Le cassé*) est l'expression d'une révolte qui comble un manque d'espace, la certitude d'un enfermement, d'être confiné à l'intérieur d'une réserve ethnique : l'Est montréalais étant envisagé comme lieu de retour à un originaire sécurisant et aliénant, mais aussi à la manière d'un lieu clos, claustrophobique, avec ce que cela peut impliquer d'inamovibilité, de fermeture.

Cette intensité de la parole — un éclatement énonciatif comme s'il fallait violemment mettre en relation corps et parole, aliénation et réappropriation — est en soi une démarche ambiguë. Elle tente d'instituer, grâce à la distinction entre le « même » et « l'autre », une distance et le signe fugitif de son abolition. La fondation du territoire, aménageant un espace approprié, habitable, suppose toujours la mise en œuvre d'un certain nombre de tensions discriminatoires créatrices de limites. Tout comme le territoire, malgré son apparent caractère homogène et abstrait, implique la présence de l'Autre qui en constitue dès lors l'extériorité dynamique.

La parole collective montréalaise, pour prendre ici l'exemple des romans du mouvement Parti pris, ferait usage de la temporalité afin de pouvoir faire intervenir latéralement une difficile réappropriation de l'espace. Ou pour le formuler autrement, le locuteur montréalais dans le roman partipriste n'a pas accès à l'espace dans sa dimension d'ouverture, mais seulement à son caractère rigide comme marqueur territorial d'une identité minoritaire. Celle-ci est perçue comme quelque chose d'imposé par l'Autre (principalement l'anglophone) car la parole — qu'il s'agisse du cri ou de l'énonciation revendicatrice — s'égrène dans le temps, y dessine une enveloppe protectrice, se voudrait projection spatiale mais hésite à s'y engager. Ambivalence de la temporalité, ou plutôt d'une saisie de l'espace à travers la seule durée de la parole comme si l'énonciation des romans de cette époque s'apparentait à un soliloque d'autant plus paradoxal qu'il est vécu comme un fait collectif, une rumeur.

Cette énonciation de la rumeur montréalaise dans les romans partipristes est le fait d'une dispersion. L'aliénation que connaît le personnage « arrivant en ville » produit la déréalisation des choses qu'il voit ou qu'il touche, de même qu'une indécision quant au statut pronominal de celui qui se voit octroyer la parole. Comme si l'*incipit* de ces divers romans devait se traduire par une interrogation : qui suis-je ? Interrogation fondatrice *a contrario* d'un destin puisque le « je » n'est pas seul ici convié à répondre d'un engagement politique individuel[8].

Il n'y a pas à proprement parler dans ces récits d'éclatement polyphonique de la forme dialoguée de façon à laisser entendre les multiples inflexions de voix de ce peuple montréalais en état d'insoumission. Un personnage devient plutôt l'agent de cette rumeur dont on ne sait plus trop quel est le lieu d'énonciation. Parole d'un personnage solitaire qui prétend laisser place à la pluralité des voix de cette rumeur publique mais qui en est aussi paradoxalement le représentant (c'est le cas entre autres des romans d'André Major).

Le soliloque est ainsi une rumeur publique. La parole s'éprouve à la fois solitaire et collective : mise à nue dans la revendication énonciative d'un être aliéné, mais du même coup portée (mais d'où ?) vers son crescendo. Le soliloque, prototype de l'aliénation, du repli sur soi, de l'inféodation à un Moi qui pose de façon désordonnée les questions et se donne les réponses, appelle une rupture de la clôture spatiale. Dans le roman partipriste, la rumeur publique pourrait bien représenter l'intrusion de cette rupture, venant tout à coup scinder, faire éclater la solitude de l'énonciateur romanesque.

Une parole autre est donc entendue. Celle de l'humiliation des pères et des mères. Personnages d'une lignée quittant le cadastre rural pour aller se perdre en ville, sans pouvoir y substituer les anciennes parleries plus homogènes mais aussi plus circonscrites dans la valeur des échanges qui y sont effectués. L'arrivée en ville apparaît comme une démarche ambiguë. Elle suppose la rencontre de l'Autre dominateur, ce qui prend la forme d'une identification aliénante du colonisé au colonisateur. Mais l'arrivée en ville est aussi désir de rompre l'intégrité sociale et territoriale. Ce qui implique, à la suite de la conquête de la parole, après que le peuple romanesque se soit entendu et reconnu dans cette réconciliation du soliloque et de la rumeur, la découverte du cosmopolitisme.

Que l'on reprenne les propos de Paul Chamberland quant au cosmopolitisme entrevu comme uniformisation, abstraction à prétention universalisante et l'on comprendra mieux comment la reconquête des choses par la parole implique une interruption de cette interrogation angoissante : « Tel paraît bien être ce " pays incertain " selon l'expression de Ferron. Or n'en doutons pas, cette incertitude inhérente, au plus secret de nos fibres, trahit *une hésitation fondamentale sur notre être*. Un problème *d'identité*, ou *d'identification*[9]. »

Mettre un terme à cette domination sur les choses produite par un sujet dominant qui opacifie la réalité, voilà le leitmotiv des analyses menées par les tenants du mouvement Parti pris. On y retrouve l'apologie du « fondamental », du « virtuel », de la réconciliation de « l'individuel » et du « collectif », de façon à abolir cette perception de l'identité comme fait d'attribution imposé. Sur ce point, l'analyse de Chamberland est évidemment tributaire des textes classiques de la décolonisation (Jacques Berque, Frantz Fanon...) qui sous-entendent que la réussite de la décolonisation provoquera une rupture radicale, soit la substitution, à l'intériorisation des attitudes coloniales, d'un nouveau mode d'aménagement social.

Dans cette perspective, le « fondamental » ou le « virtuel » correspondraient à un fonds symbolique qu'il s'agirait simplement d'actualiser conséquemment à la disparition de l'ancien ordre colonial. Ambiguïté cependant tout à fait troublante de cette démarche puisqu'à la dynamique socialement constituante du « faire » politique s'ajoute au même moment, sans que les contradictions politiques de cette convergence ne soient perçues, une esthétique du dévoilement du « fondamental ». La praxis politique implique un « faire » mais aussi un aménagement symbolique, ce que Paul Chamberland mentionne en parlant de « la naissance de l'homme québécois[10] », soulignant que cette « catharsis historisante[11] » fait appel à un investissement d'ordre sémantique[12].

La préférence nominative (parler du Québécois au lieu du Canadien français) n'est pas un choix sans conséquences. Au contraire, elle sous-tend une modification radicale du « contenu » de l'interpellation symbolique. Ce qui ne signifie pas cependant que l'interpellation disparaisse comme assignation d'un sujet à une identité collective, sous prétexte qu'être Québécois serait assimilable à ces catégories du virtuel et du fondamental que j'évoquais précédemment. Là réside à mon sens la principale faille conceptuelle des écrits de cette époque. La nécessité d'une réappropriation ou d'un aménagement du symbolique est sans cesse aiguillonnée par l'emprise qu'exerce l'Autre dominant, ce qui suppose une confrontation où le Maître doit être terrassé de façon à laisser voir la vérité de l'autochtonie [13].

Coexistence de la praxis et du choix originel, c'est seulement à faire tenir plus ou moins adroitement les modalités de ce parcours que le peuple québécois se voit investi, sous le mode du désir (« pouvoir de se faire être selon son désir » dit Chamberland), d'une capacité révolutionnaire de transformation. « La vérité première » correspond ici à la maîtrise d'un destin. Mais la praxis politique n'en reste pas moins toujours soumise à ce dévoilement fondamental de la « vérité première » qui assure une antécédence concrète de la signification (être Québécois n'est pas dans cette perspective être Canadien français). Le rejet de l'étranger dominateur justifie la mise en œuvre d'une expulsion permettant la configuration sécurisante d'un aménagement symbolique sans failles.

De fait, la tonalité des écrits théoriques du mouvement Parti pris emprunte à cette valorisation du fondamental. Le souci pour l'autoréférencialité y est constamment présent (l'être québécois), ce qui par ailleurs amène une sous-estimation du caractère structurant de cette interpellation symbolique fondatrice de frontières et d'exclusions. L'euphorie qu'accompagne la recherche de la québécité s'apparenterait à la mise en retrait provisoire de toute figure sociale pouvant incarner une étrangeté n'assurant pas la maîtrise du territoire à nommer. Ce qui revient à proposer que l'étranger dans les écrits de cette époque ne peut être internalisé au cœur d'une réflexion sur l'identité puisqu'il est considéré comme un inconnu, extérieur à toute tentative d'aménagement symbolique.

J'ai indiqué précédemment, en faisant référence à des textes significatifs du mouvement Parti pris, de quelle façon la problématique de l'identité s'avérait extraordinairement complexe. Revendication du faire politique, d'une parole désaliénante laissant entendre un facteur social de transformation — une identité en devenir —, l'intérêt pour les thèmes des « origines », de la fondation, de la valorisation du « fondamental » et du « virtuel », se traduit par la recherche d'une ontologie. Contradiction ou peut-être plutôt paradoxe puisque la question de l'identité, tout au long de l'évolution du mouvement Parti pris, traduit ce qui semble être une hésitation.

Si l'on prend note des romans qui furent considérés comme des témoignages d'un engagement politique à l'époque du mouvement Parti pris, une première constatation peut être formulée. Dans ces textes, la constitution d'une autoréférencialité, identité s'élaborant fantasmatiquement sans recours à une instance interpellante, est une caractéristique dominante. L'étranger — l'anglophone est ce personnage qu'il faut bouter hors de la ville — incarne cette pulsion scopique, ce regard de l'Autre qui ne peut être qu'aliénant. Il faut échapper à ce regard, refuser cette interpellation, y substituer une autre identité purgée de tout corps étranger qui pourrait faire du Canadien français, puis du Québécois, un être bicéphale. Plusieurs thèmes récurrents dans le discours du mouvement partipriste sont ainsi évoqués. Ils ont nom dépersonnalisation et dépossession. Expressions qui désignent une privation, ou encore une séparation, un éloignement. Dans tous les cas le clivage est ce qui doit être refusé car il est la malheureuse condition de l'être minoritaire québécois. Les champs sémantiques inscrits dans l'élaboration du discours partipriste ont trait à la crainte d'une perte de substance, comme si le corps québécois, clivé, menacé par l'altérité devait, tel un phénix, renaître de ses cendres.

Ainsi, opérer une partition de l'espace, c'est du même coup séparer le corps, définir avec l'œil de l'anatomiste ou du cartographe les organes à disséquer, la découpe du territoire à quadriller. Cet anthropomorphisme définissant des limites dont le corps est le lieu d'extraction, il est nécessaire de pouvoir recomposer une unité, transcender en quelque sorte l'angoisse de la séparation en postulant la possibilité d'une réunification. Cette fragmentation, cet éparpillement n'est pas éprouvé, on le comprendra, comme une expérience satisfaisante. D'où les thèmes de la décolonisation, de la fondation qui impliquent en retour la réconciliation du sujet et de l'image de lui-même ainsi projetée. À la dépossession s'oppose la possession pleine et entière de soi.

La reconstitution d'une identité indivise suppose donc l'expérience du morcellement. Comme s'il fallait éprouver la crainte archaïque de la fragmentation afin de pouvoir exercer, par la mise en œuvre d'un puissant geste compensatoire, un rapatriement possible. Le fantasme d'une identité première, primitive ou archaïque (ces expressions ayant trait au désir d'une antécédence fondatrice) peut bien être désigné comme retour à l'originaire, il n'en reste pas moins qu'il est soumis dès le départ au clivage.

Ce qui soulève une autre interrogation. On a souligné amplement, à propos des divers discours sociopolitiques du mouvement Parti pris, la persistance d'une thématique de la dépossession et de la nécessité d'un ancrage territorial (le Québec étant souhaité comme État socialiste et laïque), d'une re-fondation de l'identité (le Canadien français devenant à la faveur de cette transformation Québécois). De fait, la plupart des commentaires ont mis l'accent sur ce mouvement de reconquête, volonté de mettre fin à une aliénation qui permettrait en retour « la naissance de l'homme québécois ». On n'est pas surpris d'ailleurs en lisant ces textes, je pense plus particulièrement à *De la damnation à la liberté* de Paul Chamberland, de constater la facture puissamment narcissique du discours proposé. À la suite du constat d'une coupure, d'une déchéance, en somme d'une expérience de descente aux enfers, ce que serait la dépossession du Canadien français, une remontée aux accents extatiques est rendue possible. L'enfer peut se transformer en paradis tout comme la déchéance est toujours accompagnée d'un souhait de purification.

On constate alors que cette reconquête de l'identité n'est pas un simple geste de réappropriation sans grandes conséquences. Qu'au contraire elle prend la forme d'un acte inaugural, en somme d'un discours fondateur, avec ce que cela implique de refonte de la temporalité historique au profit d'un investissement mythique. À la place d'une praxis décolonisatrice, un discours des origines tient lieu de fondation première. C'est ainsi que Chamberland oppose au caractère dérisoire de l'identité canadienne-française, interpellation aliénante fondée par le seul discours du colonisateur « canadian », l'urgence d'un retour au « fondamental » ou au « virtuel » qui évoque l'ambivalence, la réunification des contraires [14]. Comme si la praxis politique, sous-entendant une temporalité révolutionnaire de transformation, invitait du même coup à la « possession de notre terre et de nous-mêmes [15] ».

Ce pouvoir de transformation, de nomination renouvelée de la réalité, qui serait conféré à la temporalité révolutionnaire, est en quelque sorte annulé au moment de ce retour à l'originaire. Si Chamberland mentionne le caractère répétitif et cyclique de l'histoire coloniale des

Canadiens français — qui caractériserait une geste mythique de compensation quant à une temporalité historique spoliée — la re-fondation d'une identité, associée à des critères de complétude et d'unité, semble paradoxalement échapper à cette cyclicité aliénante. Comme si le regard hypnotique du Maître (l'anglophone colonisateur), engendrant cette immobilité paralysante, pouvait être détourné de façon à pouvoir justifier le sentiment océanique d'une identité retrouvée : « la naissance de l'homme québécois » (Chamberland) prenant la forme d'un accouchement purificateur.

Dans tous les cas, il s'agira de pouvoir quitter cette temporalité aliénante, mais aussi de mettre fin à la hantise de la coupure. Discours ambivalent puisqu'à la mise en œuvre d'une séparation (la substitution du « faire » révolutionnaire à une temporalité cyclique, répétitive) s'oppose un désir d'effacement des différences[16]. Chez Pierre Maheu l'analyse de la psychologie du colonisé s'organise autour du thème de la reconquête du symbolique. Celui-ci est à chercher du côté du Père, de « l'univers des objets durs, de la réalité objectale, des réalisations concrètes, du travail et de l'efficacité[17] ». Car ce symbolique n'existe pas encore, il est à constituer. Il faut qu'un Père puissant, fondateur, dépositaire des prohibitions et des interdits, institue son pouvoir afin que la société québécoise puisse être quadrillée par un autoritarisme unificateur.

L'articulation de la culture québécoise, comme ensemble référentiel, supposerait alors la référence obligée au Père mythique de la horde, ainsi que Freud l'entrevoit dans *Totem et tabou*. En refondant le corps social, en le structurant grâce aux contraintes imposées par l'intériorisation des interdits et des prohibitions (ce que Freud nomme « le renoncement aux pulsions »), il serait possible d'opposer à la menace de la dépersonnalisation qui hante la société québécoise la résurgence d'une identité forte.

Maheu ne dit pas les choses autrement lorsqu'il mentionne: «Les structures sociales essentielles qui pourraient intégrer l'individu, lui indiquer un rôle à jouer, les institutions diversifiées, efficaces, *paternelles*, nous manquent [...]. Notre crainte, notre hantise, c'est l'Informe, c'est d'être bouffés. Voilà jusqu'où nous a mené l'intériorisation de la défaite[18].»

Malgré l'appel à une praxis révolutionnaire, la nécessité d'une lutte de libération nationale (un Québec indépendant, socialiste, laïque), on retrouve dans ces divers discours l'existence de présupposés ayant trait au caractère originaire de l'identité québécoise. Non pas que ce fantasme d'élection soit particulier au Québec, il s'en faut de beaucoup. Toute communauté instituée de droit est aussi fondée fantasmatiquement par la solidarité imaginaire que ses membres tissent entre eux, rassemblés sous l'égide d'une figure fondatrice du lien social, mais aussi d'une extériorité agissant comme frontière, limite à partir de laquelle la communauté ne trouvera plus sens.

Cette unanimité, qui caractérise l'élaboration des discours de Chamberland et de Maheu, emprunte des voies divergentes qui cependant visent toujours la même volonté de réunification d'une identité perçue comme clivée. Chez Maheu, le Père symbolique introduit l'image du maître à penser qui pourrait offrir au peuple le fil d'une marche à suivre. Hantise d'une société asexualisée («pouvoir des mères» qui selon Maheu serait à l'origine de cette porosité symbolique propre à la société québécoise); mais surtout hantise d'une sexualité fondatrice du lien social[19] qui ne pourrait d'aucune façon être régulée, canalisée par l'exercice d'interdits dont le Père symbolique serait l'ordonnateur. Chez Chamberland, le symbolique n'est pas revendiqué comme instrument d'une Loi sociale instituant des normes et des conduites à observer. En fonction de cette unanimité, il s'agit cependant de retourner à une origine première, autorisant à travers les figures du soliloque et du délire collectifs (ainsi *L'afficheur hurle* mais aussi *Le cassé* de Renaud et certains textes d'André Major) la rencontre avec soi[20].

La redécouverte d'une identité entrevue comme originaire serait ainsi le fait d'une idéologie de la fausse conscience. Sous l'opacité des conduites du dominateur « *canadian* » peut être entrevue, pour Chamberland, une fondation archaïque : le retour au limon d'origine autorisant l'exercice d'une métamorphose ; ou encore, chez Maheu, la création d'une société des Pères. Dans tous les cas, le rapport à la figure de l'étranger est des plus ambivalents car il s'inscrit difficilement dans la perspective de cette relation spéculaire où le sujet tente de trouver l'origine de son lieu de fondation. Rapport d'autant plus difficile qu'il ne se constitue pas, sauf quelques rares et notables exceptions, à la faveur d'une figure de l'étranger qui serait hétérotopique. L'étranger est dans la plupart de ces textes une figure intériorisée, associée à un discours aliénant (la parole de l'Autre) qui fait du sujet un être étranger à soi[21].

Cette intériorisation de l'étranger (qui prend l'aspect, on le verra plus loin, de l'incorporation d'un corps vécu comme étranger) ne peut qu'être douloureuse et susciter en retour un mouvement d'expulsion. Comme s'il était possible de fonder un corps — et une identité — soudainement purifiés par une catharsis qui serait purgation des passions. Plusieurs motifs viennent d'ailleurs appuyer cette image de l'expulsion. Les thèmes de la société bicéphale, de l'internalisation des attitudes et conduites du dominateur, le concept de « nationalisme minoritaire » proposé par Chamberland dans *De la damnation à la liberté*, sont différents jalons d'un cheminement dont l'enjeu est bien de définir une littérature s'élaborant sous le mode du spéculaire. L'Autre est toujours ce double angoissant et sécurisant — combinant proximité et distance — qu'il faut arriver à pouvoir tuer, ou du moins à cantonner à un salutaire éloignement, ce qui permet en retour la constitution d'un discours possédant de fortes connotations narcissiques d'autosatisfaction. Une fois l'étranger intériorisé mis à mort, le discours du « je » peut enfin advenir sans crainte inutile d'une mutilation ou d'une dégradation provenant du monde extérieur. Si l'Autre est ce Père symbolique (pour reprendre la terminologie de Pierre Maheu dans *L'œdipe colonial*) appelé désespérément par la société québécoise afin que le lien de la communauté puisse trouver sens, l'étranger peut aussi tenir lieu de bouc émissaire.

Les « fables » théoriques de fondation, que l'on retrouve élaborées différemment dans les discours de Chamberland et Maheu, n'en possèdent pas moins quelques similitudes. On retrouve tout d'abord la référence constante à une psychologie sociale, aux lieux communs empruntés à une version simplifiée du discours psychanalytique. D'où l'importance de l'inconscient collectif et des valeurs précises qui lui seraient associées : castration, autodénigrement, masochisme... Une temporalité empruntant à la fois à l'histoire (c'est l'événementiel de l'oppression québécoise à travers ses dates fétiches : la Conquête de 1760 ; la révolte des Patriotes) et au mythe (le Canadien français étant défini essentiellement comme un être bicéphale, masochiste, manichéen...) justifie la création d'un inconscient collectif, sorte de Panthéon où la condition du sujet aliéné peut ainsi être fondée à la faveur de critères d'universalité. Cette omnipotence des valeurs aliénantes propres au Canadien français est justifiée par l'attribution à l'Autre (étranger) d'un pouvoir corrupteur, échappant à cette universalité des valeurs mythiques, ce qui permet de sauvegarder une unanimité sociale. La valorisation du sens « propre » ou du semblable suppose en retour que l'Autre soit différent, permettant ainsi d'éviter la violence d'une remise en question. Les idéologèmes proposés par le mouvement Parti pris laissent ainsi entendre que le conflit, la confrontation proviennent toujours d'ailleurs. La fondation du nom propre « Québécois », l'exercice d'une catharsis qui, après la purgation des passions, permet de retrouver un Moi non altéré, sont tous des éléments de ce dispositif.

L'étranger comme passeur

Face à cette idéologie de la fondation de la québécité, entrevue comme retour à un originaire, initiatrice d'une nomination sociale chez Chamberland, ou façonnement d'un symbolique fortement structuré par l'élaboration de valeurs paternelles chez Maheu, *La nuit* de Jacques Ferron me semble soulever des questions autrement plus complexes quant à la problématique de l'étranger. Il est vrai que l'étranger occupe une position somme toute mineure dans les textes que je viens brièvement de commenter. Absent du dispositif social, sauf à être cantonné à la figure de l'anglophone dominateur, l'étranger — ou encore celui que l'on pourra appeler « différemment » de façon toujours boiteuse : l'allophone ou encore le néo-Québécois — n'est jamais intégré comme part constituante de cette réflexion sur l'orientation d'un Québec indépendant et socialiste.

C'est à ce roman de Ferron publié en 1965 qu'il faut retourner pour avoir une vision plus globale de l'inscription romanesque de cet « étranger fictif[22] ». Fait à noter, le récit de Ferron laisse une place importante à la représentation de la ville, en l'occurrence Montréal, de façon telle que le milieu urbain n'est plus entrevu uniquement comme un espace clos, claustrophobique — comme dans tant d'autres textes émanant du mouvement Parti pris — mais plutôt comme un espace interstitiel. La structure inédite de l'espace urbain me semble particulièrement significative puisque c'est en fonction de ce caractère intercalaire, discontinu de l'organisation spatiale, qu'une mise en place de la figure de l'étranger pourra s'intégrer.

Je rappelle brièvement le motif principal du roman de Ferron. François Ménard, citoyen de Ville Jacques-Cartier, banlieusard établi sur la Rive-Sud devant l'Île-de-Montréal, reçoit de mystérieux appels téléphoniques la nuit. Ces téléphones proviennent de Frank Archibald Campbell, un personnage aux nombreux attributs : à la fois voisin d'enfance de Ménard, incarnation du Diable, supérieur du sergent Wagner, responsable de la répression lors d'une manifestation communiste contre le Pacte de l'OTAN. François Ménard, à la suite des invitations répétées de Campbell, acceptera de se rendre à la morgue municipale afin de l'y rencontrer, ce qui rendra possible, au fil du récit, l'utilisation du registre du merveilleux afin de faire de Montréal une ville déréalisée.

C'est Alfredo Carone[23], Italien originaire de Sicile, chauffeur de taxi de son métier, qui fait office de passeur car l'étranger permet le franchissement des lieux. Une structure d'échange est ainsi instituée puisque passer de la vie à la mort, c'est quitter Marguerite endormie, l'épouse du narrateur, pour rencontrer Frank Archibald Campbell, à la fois mort et vivant, Diable et complice. Sans négliger l'établissement d'une structure topologique puisque ce franchissement temporel (passer de la vie à la mort) est aussi dimension spatiale : François Ménard quitte la Rive-Sud dans le taxi d'Alfredo Carone et se rend à Montréal, à la morgue municipale, au 455 de la rue Saint-Vincent.

La mise en scène du franchissement, rendue possible par la division de l'espace urbain, de la Rive-Sud à Montréal, est néanmoins source de nombreuses ambiguïtés[24]. Elle implique une partition en même temps que la possibilité d'une transfiguration. À la faveur de la nuit, le narrateur quitte sa femme Marguerite [25] et retrouve Barbara, la prostituée noire de l'Alcazar. De la même façon, la tombée de la nuit et la déambulation, de la Rive-Sud à Montréal, permettent à François Ménard de reconquérir son âme volée dix-sept ans plus tôt par Frank Archibald Campbell, lors de cette manifestation communiste rue Saint-Laurent [26].

Dans tous les cas, la structure topologique propre à ce roman reprend à son compte la dimension d'une intertextualité mythologique. La reconquête de l'âme perdue aux mains de Frank Archibald Campbell [27] suppose la déambulation au cœur de la ville, royaume des ombres. C'est ainsi que l'espace urbain est présenté dans ce récit comme un lieu déréalisé, échappant au quadrillage disciplinaire invoqué dans les essais de Chamberland et Maheu.

Si le rapport de force entre François Ménard et Frank Archibald Campbell n'est pas sans laisser penser à cette relation duelle colonisé/colonisateur, selon le principe d'une fascination spéculaire, cependant le personnage d'Alfredo Carone permet d'entrevoir la mise en scène d'une figure hétérotopique. Dérive qui caractérise la représentation de Montréal, créant ainsi un espace déréalisé. D'où l'importance, dans ce récit, du labyrinthe qui suggère une déambulation malheureuse puisque le marcheur, errant dans la ville, est dépossédé de son identité ; Ferron insistant sur la vacuité de la fuite : « […] sous la lumière, dans les décombres de la nuit et le labyrinthe des rues [28] ».

On sait que le labyrinthe est entrevu comme un espace à forte valeur discriminatoire puisqu'il a pour fonction première d'interdire l'accès à un centre, qu'il s'agisse de la cité, du tombeau ou du sanctuaire [29]. Dans ce roman de Ferron, le labyrinthe peut être défini comme un marqueur territorial qui intègre de fortes valeurs prescriptives. S'aventurer dans ce labyrinthe qu'est la ville, ce n'est pas seulement être soumis à une limitation territoriale, mais être consigné à un espace disposant un ensemble de parcours qui tous prétendent mener à un centre. Le labyrinthe aurait par conséquent une valeur initiatique, car il permettrait, à la faveur d'une errance savamment entretenue par ces divers passages emboîtés, de quitter la périphérie pour retrouver un centre : lieu d'une sacralisation du sens.

Qu'en est-il plus précisément du roman de Ferron eu égard à ce jeu de la périphérie et du centre ? La ville est dans un premier temps un labyrinthe. Alfredo Carone, le passeur, celui qui ignore la cristallisation territoriale, le dit bien en parlant de « la nuit ce grand marché de dupes ». Déambulant, les personnages de ce roman affrontent la ville, espace déréalisé, à la recherche d'indications territoriales qui permettraient d'instituer une séparation, c'est-à-dire une prise de conscience des limites. Carone mentionne à ce sujet : « [...] un marché où il y a les vendeurs d'illusions et leurs victimes, lesquelles se divisent à leur tour, en néophytes et initiés, les uns qui s'attendent à mille merveilles, les autres, les roués, qui savent, pour l'avoir appris à leur dépens, qu'il n'y a rien à tirer de la nuit mais continuent de la hanter dans l'espoir de retrouver l'émoi qu'ils éprouvaient quand ils ne savaient pas [...] [30] ».

La ville dans ce roman est un espace polycentré mais à la recherche d'un quelconque centre mythique qui pourrait fournir la possibilité d'une réconciliation de la vie et de la mort. Pour y arriver, il faut cependant s'affranchir, c'est-à-dire quitter temporairement la périphérie afin d'accéder au cœur de la ville. D'où l'importance du franchissement dans *La nuit* de Ferron. Si le labyrinthe représente cet espace fortement sélectif qui accrédite la possibilité de se perdre — l'errance étant ici une métaphore de la perte d'identité —, il est nécessaire que des voies de passage soient tracées, effectuant une mise en relation de la périphérie et du centre.

La rue et le pont dans *La nuit* possèdent tous deux cette fonction d'être des voies de passage qui justifient l'abolition des distances, se caractérisant par l'établissement d'une relation de contiguïté. Il s'agit sans aucun doute, à la suite du refus d'une esthétique du vraisemblable qui se contenterait de décrire la ville, d'associer la disposition de ces voies de passage à une intertextualité à fortes connotations mythologiques. La rue ou le pont[31] seraient dans cette perspective semblables à l'Achéron ou au Styx que traverse Charon : ils permettraient d'autoriser le franchissement du royaume des vivants au royaume des ombres. Ainsi, la rue dans *La nuit* de Jacques Ferron joint des contenus symboliques antinomiques de la même façon qu'elle autorise, à la faveur d'une subite rétractation de l'espace, un franchissement des limites[32].

Ce refus d'une toponymie réaliste qui ferait du « lieu » la délimitation d'un sens, identifié par le recours à une désignation territoriale, on en retrouve une autre manifestation avec ce passage : « — Je me suis rendu compte tout à coup que j'étais garé au milieu de la rue. Cela n'avait aucune conséquence : la rue était arrêtée[33]... » Question essentielle en effet. Qui du parcours ou du marcheur introduit le véritable cheminement ? Est-ce le passage qui fraie un chemin aux pas du marcheur, sentier déjà tracé à celui qui veut bien l'emprunter ; ou la déambulation qui force l'ouverture et la nomination du territoire ? En somme, le fait de marcher, de laisser des empreintes de cette déambulation est-il constitutif d'une catégorisation du territoire ou plutôt un simple geste transitoire, sans conséquences, puisque le déplacement est déjà orienté par une marche à suivre[34] ?

Le roman de Ferron apporte une réponse partielle à cette interrogation puisqu'il fait du parcours un acte de transgression eu égard à une catégorisation territoriale qui serait trop rigide. De ce point de vue, *La nuit* possède certaines affinités avec d'autres romans tributaires de l'idéologie du mouvement Parti pris. La ségrégation du territoire est entrevue comme un lieu de fondation négatif puisque la ville est dominée, appropriée par un personnage dominateur, colonisateur. Rompre le quadrillage disciplinaire, pouvoir s'évader, franchir à volonté la périphérie pour joindre le centre, dilater ou contracter l'espace selon son désir, voilà par contre diverses stratégies qui déterminent un acte de transgression si, comme le mentionne Cassirer, la pensée spéculative est soumise à un travail de découpe et de séparation.

Ce pouvoir de rupture, en fonction d'un espace ségrégué, nul doute qu'on le retrouve quant à la constitution des identités actorielles dans ce roman de Ferron. Alors que l'espace dans *La nuit* est simultanément indifférencié et délimité, une des caractéristiques de ce récit étant que l'aménagement de la spatialité ne répond pas à des impératifs naturalistes, il en est de même pour l'identité des acteurs du récit, ce qui suppose la mise en œuvre de facteurs d'hybridation. On en retrouve une première confirmation avec cette longue description de Frank Archibald Campbell : « Si, cette fois, enfin j'avais repris contact avec lui, je m'étais quand même abusé sur son compte, le prenant pour un Franc-Maçon, le président de la Banque, un ivrogne, un mauvais plaisant, un millionnaire, l'ambassadeur de l'univers ; pour tout sauf ce qu'il était : l'artisan habile et le témoin malicieux de mon reniement[35]. »

L'hybridation actorielle est ici le fait d'identités parcellaires qui trouvent cependant matière à réunification dans cette figure de l'étranger, dont la dimension exogène est en quelque sorte justifiée par le caractère massif et englobant de l'identité ainsi créée. Ferron ne nous le cache pas d'ailleurs puisque Frank Archibald Campbell est présenté comme un personnage diabolique possédant semble-t-il le don d'ubiquité. Il n'est pas rare que les modalités de représentation de cet « étranger fictif » soient associées à la mise en scène d'un acteur au narcissisme tout-puissant, cumulant les attributs de la singularité et de l'universalité, de façon à présenter un personnage aux pouvoirs autres qu'humains. *Le matou* d'Yves Beauchemin est à situer dans la même veine mais la représentation de l'étranger y est constamment soumise à un discours de la stéréotypie qui fait de cette figure de l'étranger un personnage menaçant l'intégrité de la communauté sociale.

Au contraire, le caractère novateur du roman de Ferron, eu égard à la problématique de l'étranger, provient de ce que ce dernier est défini comme un passeur, un acteur initiant ce que j'appellerai ici une migration intradiscursive. Alors que le texte de Beauchemin fait du personnage périphérique qu'est l'étranger un être à l'ubiquité inquiétante, à la fois « ici » et « ailleurs », qui peut envahir la communauté sociale, le passeur Alfredo Carone, dans *La nuit* de Jacques Ferron, laisse entrevoir la possibilité de rencontre de l'étranger.

Il n'en reste pas moins que cette faculté de migration — de transgression des ancrages territoriaux — que le personnage du passeur pourrait représenter est, dans un premier temps, soumise à un anonymat dépersonnalisant. Le motif du labyrinthe est un trait déterminant du récit qui permet de comprendre l'espace comme un lieu fortement discriminé mettant en œuvre des stratégies d'évitement[36]. La salle des Pas-Perdus de la gare Windsor suppose l'annulation du caractère progressif de la marche, au profit d'une formulation répétitive des déplacements gestuels.

En ce sens, on peut y voir la mise en scène de cette thématique de l'errance labyrinthique, obsédée par la recherche d'un centre invisible qu'il s'agit précisément, après maintes corrections du trajet, de circonscrire. La salle des Pas-Perdus est ce lieu où le voyageur laisse filer le temps entre une arrivée et un départ : lieu qui fait appel de plus à la convergence temporaire de la mobilité et de l'immobilité. Marcher en un lieu défini, dont on ne peut s'échapper, se perdre au fil d'une marche qui ramène inlassablement sur ses propres traces, tel est le motif de cette errance qui amène le narrateur François Ménard à se mêler à la foule des étrangers.

Il est dit, dans ce passage: « Je sortis du Palais comme un immigrant de la gare Windsor. Ma vie recommençait à zéro [...] » À la faveur de la condamnation de François Ménard, quittant le Palais de justice de Montréal tout en rêvant aux clochers de son village natal, et du nouveau départ des immigrants, en quête de leur certificat de naturalisation, un malaise est certes sensible. On retrouve en effet dans ce segment du roman de Ferron la persistance d'une pensée du malentendu qui est d'ailleurs une constante des textes écrits sous le mouvement Parti pris.

Maintien de l'incommunicabilité, des limites infranchissables, d'une déréalisation de la communauté sociale (les idéologues du mouvement Parti pris se référant quant à eux à la dépossession, inspirés des écrits de Jacques Berque), l'étranger n'existe pas comme individualité. Tout au plus peut-il être entr'aperçu dans cette foule des étrangers qui envahit le Palais de justice: « Hongrois ou [...] Japonais, je ne saurais dire. », foule parlant anglais et amenant le narrateur à entériner un plurilinguisme dérisoire: « Je n'arrêtais pas de dire: " Sorry Sir " à mes camarades concitoyens, tous des Anglais. »

On retrouve ainsi à plusieurs reprises dans le roman de Ferron ce motif de l'incommunicabilité qui, peut-être paradoxalement, prend valeur de pacte discursif. L'argument principal du récit tient en effet à ce passage de l'interlocution refusée au dialogue établi. François Ménard, recevant la nuit des appels téléphoniques de Frank Archibald Campbell, y répond contrairement à son habitude: « J'avais bien changé. Naguère j'aurais répondu: " Sorry,

Sir, you have the wrong number", et serais revenu me coucher comme un somnambule[37]. » À la suite de cette validation discursive de la parole de l'Autre, au choix d'une langue véhiculaire sanctionnant l'établissement d'un pacte communicatif, Frank Archibald Campbell, au cours d'une seconde conversation téléphonique « [...] s'exprimait cette fois en français, lentement, en détachant toutes les syllabes, avec l'accent anglais d'Europe, exactement comme le diable, diplômé — je me l'étais laissé dire — de Cambridge[38] ». Ce choix d'une langue véhiculaire se traduisant d'ailleurs par une réunification soudainement permise d'univers référentiels antinomiques. Ainsi François Ménard : « Frank, que serons-nous aux yeux de cet homme nouveau, sur le point d'apparaître ? Verra-t-il une différence entre un Écossais et un Canadien français ? J'en doute, et si j'ai peine à te haïr, c'est peut-être que ma haine est déjà périmée[39]... »

Il est ainsi question dans ce roman de Ferron d'une hybridation actorielle devenue possible, à la faveur de la nuit, hybridation entrevue comme possibilité de rencontre de l'étranger. La différence culturelle dans ce récit est perçue, peut-être encore confusément, mais c'est justement cette confusion qui autorise le partage de contenus symboliques apparemment irrémédiablement distincts. La valorisation d'une langue véhiculaire (le français), le refus de la haine de l'Autre « déjà périmée », sont tous des éléments de ce parcours faisant en sorte que l'étranger est perçu comme individualité possédant des connotations euphoriques, et non plus seulement comme foule composée de personnages anonymes.

En somme, *La nuit* de Ferron hésite entre deux perceptions radicalement différentes de l'étranger. Soit l'entrevoir à la manière d'un double de soi, complément narcissique d'une identité revendiquée comme centrale selon le principe d'une figure isotopique. Ou encore le percevoir comme figure hétérotopique, représentation ternaire échappant au ravissement de la relation duelle. Ce motif du double, empruntant à la relation spéculaire colonisateur-colonisé, est particulièrement fréquent dans la pensée du mouvement Parti pris. Il s'agit toujours dans cette perspective de faire de l'Autre le porte-parole d'une aliénation fondatrice de l'identité du sujet dominé. Prédomine ainsi, à la suite de cette coagulation d'identités confondues dans ce miroitement narcissique fascinant et paralysant, la haine de soi savamment entretenue par la haine de l'Autre. La situation est cependant sensiblement modifiée dans le roman de Ferron puisque l'on assiste à un renversement d'alliances. L'éloignement se révèle en fait proximité. Le différend — la haine de l'Autre — devient réunification des contraires [40].

Cette hybridation actorielle, on peut la comprendre dans un premier temps comme l'expression d'une indifférenciation, ou encore d'une négativité. Indifférenciation toute particulière puisque l'étranger est celui qu'on ne reconnaît pas, personnage indistinct, membre d'une foule qui ne fait que communiquer au sujet aliéné — François Ménard — le sentiment d'une déréalisation [41].

L'étranger peut donc être affecté d'un statut radical, mettant en scène un phénomène d'indifférenciation particulièrement angoissant — en quoi l'on pourrait parler d'une inquiétante étrangeté puisque les coordonnées spatiales semblent définitivement disjointes. Cette négativité est le fait d'une hybridation actorielle. Comme si le cumul de multiples identités ne pouvait faire jouer, au delà de la partition ainsi opérée quant au postulat d'une identité normative, une reconnaissance de l'Autre. Un segment de *La nuit* de Jacques Ferron est riche d'informations à ce sujet. Il s'agit de la scène où le narrateur François Ménard participant à une manifestation du Parti communiste canadien est assommé par le Sergent Wagner et se met à rêver [42].

Dans ce passage, l'hybridation actorielle est parodique car la multiplicité des identités revendiquées se caractérise par une fragmentation ne sous-entendant pas en retour une possibilité de centralisation. Ici les attributs de l'identité sont clairement désignés mais la volonté d'universalisme — ou d'internationalisme — est absence de communication car l'indifférenciation devient négativité. La pluralité des identités ainsi mises en scène et la multiplicité des contenus référentiels distincts produisent un imaginaire déréel. L'étrangeté, cette confusion des points de repère spatiaux, est perçue comme menaçante puisqu'à la fragmentation ne peut être opposé un désir de formulation unitaire.

L'hybridation actorielle est toujours la caractéristique de l'étranger. C'est lui qui doit « incarner » la différence et la fragmentation de façon à laisser au narrateur, personnage centralisateur, la possibilité de s'identifier en différé à une figure hétérotopique. D'où finalement l'ambiguïté profonde du roman de Ferron. L'hybridation actorielle est le fait de l'Autre. Elle peut être souhaitée mais lorsque François Ménard souligne le peu de « différence » entre un Écossais et un Canadien français, il rend compte d'un vœu de rapatriement de la différence autour d'une identité commune.

De la même façon, Alfredo Carone est cet acteur qui autorise le passage d'un lieu à un autre. Mais ce droit de passage accordé à l'étranger prend l'allure d'une intercession. L'étranger en somme fait figure de personnage médiateur puisqu'il permet la traversée d'univers différenciés. Ce faisant, il institue de l'étrangeté (Carone, le chauffeur de taxi, est aussi ce personnage abolissant les distances entre la ville et la banlieue lointaine).

On peut se demander à cet égard s'il n'y a pas à l'œuvre, du fait de cette mise en scène de l'étranger, une volonté de centraliser la différence, de façon à éviter son reflux, ce que serait un polyphonisme ou un métissage culturels. En donnant au personnage étranger le statut d'intercesseur, on justifie la cohabitation de contenus référentiels distincts (la vie/la mort ; la banlieue/la ville), mais on reste pris au piège d'une définition rigide de l'identité, essentiellement attributive. En somme, si l'étranger circule, fait jouer un facteur de contiguïté culturelle, il n'en reste pas moins celui qui introduit de la mobilité à des contenus référentiels extrêmement figés.

L'étranger, passeur ou intercesseur, est ce « voyageur potentiel » dont parle Georg Simmel. Mais parce qu'il circule, il donne l'impression que la communauté sociale majoritaire est elle-même en mouvement. Là réside l'illusion. Dans un récit comme *La nuit* de Ferron, l'hybridation actorielle est souhaitée en autant qu'elle fasse de l'étranger cet acteur qui condense des attributs hétérotopes. Le métissage culturel n'y est pas encore vraiment envisagé. Seul le franchissement des limites est défini comme lieu d'action de l'étranger sans que le bornage territorial soit lui-même contesté.

Ce discours du franchissement, il faut l'entendre d'abord comme l'élément d'un ensemble topique caractérisant l'étranger. Les romans que nous verrons plus loin intègrent cette figure de l'étranger pareil à un personnage ambivalent puisqu'il est perçu comme un acteur autorisant ou refusant l'établissement d'une communication de la périphérie vers le centre. Dans ce texte de Ferron, la dimension topique est accompagnée d'une inscription topologique, car l'appartenance à des univers référentiels distincts implique une mise en scène de l'espace. Le bornage territorial a ainsi pour fonction de légitimer l'inscription de contenus antinomiques.

Cette jonction est malgré tout rendue possible dans *La nuit*. Le passeur, Alfredo Carone, permet le franchissement des limites territoriales et symboliques (la nuit/le jour ; la mort/la vie ; la périphérie [la banlieue]/le centre). Ce qui me semble important et annonciateur dans le roman de Ferron, c'est que l'établissement de limites (la discrimination établie quant à une extériorité) suppose d'abord la problématique du passage ou du franchissment. L'identité dans ce récit n'est pas perçue uniquement comme fait d'attribution. Elle échappe à une délimitation territoriale rigide puisque c'est le mouvement, le passage, qui détermine la constitution de l'identité.

Il ressort comme conséquence première que l'élaboration d'un espace discontinu — la problématique du franchissement — implique la transgression des limites territoriales, ce qui, à la fin du roman de Ferron, produit un nouvel aménagement symbolique. Le retour à Ville Jacques-Cartier, après le séjour dans la nuit montréalaise, se caractérise par une correction indicielle[43]. Cette correction (faire disparaître l'anglais d'un poteau indicateur) correspondrait, à la faveur du jour retrouvé, à un processus de réappropriation symbolique. De sorte que le passeur dans ce roman de Ferron scelle une alliance avec le narrateur François Ménard. En permettant à ce dernier de franchir l'espace séparant Ville Jacques-Cartier de Montréal, il autorise cette correction indicielle. Renommer définissant une nouvelle expérience de désignation, une nouvelle façon d'appréhender l'espace. Ainsi, la complexité du roman de Jacques Ferron, eu égard aux idéologèmes de fondation propres au mouvement Parti pris, réside dans le fait que la ville peut vivre le dénouement (le franchissement des limites), plus particulièrement par la référence au personnage du passeur Alfredo Carone, et mettre en place un processus de renomination territoriale.

La réflexion de Georg Simmel quant à la problématique de l'étranger me semble importante sur ce point, permettant de saisir avec plus de finesse la fonction du passeur. L'étranger n'y est pas défini à la manière d'un être vivant une errance, une dérive sans cristallisation territoriale. Il est plutôt perçu comme celui qui, par sa place même dans l'organisation sociale, est re-connu comme étranger. Selon Simmel : « La distance à l'intérieur de la relation signifie que le proche est lointain, mais le fait même de l'altérité signifie que le lointain est proche [44]. » Il apparaît donc que l'étranger puisse annihiler cette distinction spatiale entre intériorité-extériorité. Il en représenterait, non pas le lieu neutre, car on est toujours l'étranger de quelqu'un, mais l'oscillation entre une inscription topique (l'élément singulier serait que l'étranger est perçu comme « étranger », non pas parce qu'il vient d'ailleurs mais plutôt parce qu'il n'est pas d'ici) ou hétérotopique : il définirait un « inconnu » culturel s'intégrant bon gré mal gré à la société d'accueil.

Si l'on s'en tient à ces remarques de Simmel quant à la modification des coordonnées spatiales (« Le proche est lointain mais le fait même de l'altérité signifie que le lointain est proche »), il est frappant de constater que la mise en situation de l'étranger permet de moduler des stratégies cheminatoires par l'exercice d'une identification projective. L'étranger devient en effet l'acteur qui détermine l'établissement des limites territoriales par cet aller-retour de l'intérieur à l'extérieur. À ce titre, il mérite pleinement son nom de « voyageur potentiel » (Simmel). *La nuit* de Ferron me semble s'insérer dans le cadre de cette problématique puisque le passeur Alfredo Carone a justement pour but de situer la trame de ce déplacement incessant. Beaucoup plus que Frank Archibald Campbell qui peut être entrevu comme l'expression d'une figure dédoublée du narrateur — c'est cette problématique de l'Autre définissant l'enjeu d'une relation spéculaire — le passeur Alfredo Carone représente une figure hétérotopique.

L'une des caractéristiques fondamentales du récit de Ferron vient du fait que ce roman modifie radicalement la mise en scène d'un espace abstrait, à prétention universalisante. L'espace dans ce roman est l'enjeu d'une tension continue puisqu'il est socialisé. C'est dire que le processus d'identification dont j'ai indiqué à grands traits les modalités produit une ségrégation, une fragmentation de l'espace en instituant autant d'ancrages territoriaux. En ce sens, *La nuit*, mais aussi d'autres récits tributaires des idéologèmes du mouvement Parti pris, peuvent être définis préliminairement par ce primat de la discontinuité sur la continuité. Ils rompent avec l'illusion d'un espace panoptique qui prétendrait fournir un modèle spatial représentatif et unifiant.

Le retour au quartier des origines

La constitution de l'espace dans ces romans ne peut donc être envisagée comme l'aboutissement d'une neutralisation panoptique. La représentation spatiale y est signifiante parce que créatrice de limites, de tensions territoriales. De ce point de vue, le roman du mouvement Parti pris se caractérise par cette hésitation entre la nécessité de faire abstraction des limites — de parcourir la ville dans sa totalité — et le retour nécessaire au quartier des origines.

L'ambivalence est particulièrement forte dans les romans d'André Major, *Le cabochon* et *La chair de poule*. Dans ce dernier récit, la déambulation du narrateur respecte scrupuleusement les frontières délimitant l'Est de l'Ouest. Il ne peut être question de cheminer hors des sentiers battus. Dans « Hiverner » : « Au début de chaque saison, c'est toujours à recommencer. La même histoire : *changer ses habitudes, changer de lieu*, de gens et de rêves [...]. C'était un soir de semaine, un mardi, non, un jeudi plutôt, ah ! je ne sais plus [...] Ma décision était prise : *tout abandonner et partir vers l'est de la ville, seul, pour y passer l'hiver*[45]. » D'autres segments peuvent être cités, provenant des nouvelles de Major, quant à cette volonté de ségrégation de l'espace. Ainsi dans « Le grand tata » : « Pour Archibald, alias le grand tata, Montréal n'est pas une île : à peine une odeur de saleté, une ruelle, une cuisine, une cave[46]. » Une autre nouvelle de Major est significative à cet égard. Dans « Mental test pour toute la gagne », les personnages vont attendre en vain sous la Croix du Mont-Royal un de leurs amis, arrêté par la police pour « activités terroristes » : « Il me prend le bras, m'arrache du sol, de la bonne terre fraîche, il court comme un fou. Pas si vite, Pierre, j'vas me casser la gueule ! Enfin, l'auto... *On embarque... Il démarre... La route... La lumière de la ville... Elle brûle notre ville... Pleine de feux... La croix disparaît*, petite tout à coup [...] — Y est temps qu'on revienne en ville ! La ville... *Notre appartement*, rue Ontario [...] ça sera pas long. On arrive. Saint-Laurent... Saint-Denis... Descends... Ontario [...][47]. »

Ces diverses citations indiquent bien la persistance d'une opposition entre des lieux entrevus comme sécurisants et d'autres qu'il est impossible de franchir véritablement. Hors du quartier, l'espace possède de fortes connotations allogènes. Menaçant, dépersonnalisant, il fait fonction de non appropriable culturellement. Dans cette perspective, passer les limites du territoire familier, c'est être condamné à l'anonymat. Il est frappant en effet de constater, entre autres dans les textes de Major, comment la ville correspond à un quadrillage disciplinaire : le quartier est un ghetto dont il faut absolument partir mais où il fait aussi bon vivre.

La notion d'injonction paradoxale, appelée aussi double entrave, utilisée dans l'analyse psychanalytique des groupements institutionnels, est à cet égard particulièrement intéressante. L'injonction paradoxale est cette condensation, à la faveur d'un seul énoncé, de deux propositions paradoxales, ce qui amène le sujet confronté au caractère indécidable de l'énoncé à ne pas pouvoir choisir. De fait, l'injonction paradoxale, comme mode d'énonciation initiateur d'un effondrement psychique, se retrouve dans le vécu des psychotiques. La famille, scellant le contrat narcissique entre les individus soumis à la Loi de la filiation et de l'exogamie, fait appel à l'injonction paradoxale de façon à interdire au sujet psychotique la possibilité de quitter son lieu d'origine tout en l'expulsant « de l'intérieur » puisqu'il lui est demandé de rejeter son appartenance au groupe.

L'injonction paradoxale, dans les romans de Major, n'est pas sensiblement différente. Elle pourrait prendre l'aspect de cet énoncé. Soit : 1. a) Reste ici avec nous. Tu es bien. b) À vivre la misère, la déchéance... 2. a) Échappe-toi ailleurs dans la ville. b) Mais où aller ? L'injonction paradoxale correspondrait d'ailleurs à la fonction du soliloque dans ces récits. Parole aliénante, le discours solitaire serait assez semblable au « monologue de l'aliénation délirante » (Miron). La question principale posée avec insistance dans ces divers romans est la suivante : Comment convoquer le peuple montréalais à cette prise de parole collective lorsque chaque citoyen du ghetto est soumis au quadrillage disciplinaire d'une ville déréalisée ?

Il y aurait ainsi une sorte de pétrification angoissée à l'œuvre dans ces récits puisque la problématique de l'identité est soumise à une relation duelle paralysante liant le colonisé au colonisateur. Cette fascination haineuse laissant place à l'alternative à partir de laquelle se jouera l'élaboration de l'injonction paradoxale : 1. Rejeter l'Autre totalement (ce qui caractériserait le déni de toute interpellation symbolique) ; 2. Ou encore, adhérer sans restriction au discours de l'Autre : ce qui caractériserait l'inféodation à un porte-parole discursif.

L'impasse ainsi énoncée pouvant se résumer aux propositions suivantes qui, rappelons-le, sont intégrées à un seul énoncé provoquant le déchirement de ne pas pouvoir choisir. Soit : 1. Rejeter l'Autre, rejeter toute interpellation considérée de fait comme extérieure au sujet ; rejeter en définitive tout processus identificatoire. L'Autre n'existe plus car je suis ce que je suis. Mais quel est ce *je* ? Soit : 2. Adhérer au discours de l'Autre, c'est-à-dire se soumettre à un discours aliénant. Adhérer au discours de l'Autre (vouloir devenir « autre chose » ou un « autre que soi ») se traduisant par la haine de soi.

Cette dimension paroxystique de l'identification me semble pouvoir être modifiée radicalement par la mise en scène de l'étranger. J'ai souligné précédemment ce que signifiait ce passage de l'altérité à l'altération. Rupture de l'idéalisation — et de la distance ainsi créée entre le sujet et l'objet de l'identification — au profit d'une proximité angoissante. La mise en situation de l'étranger supposant cette possibilité de quitter le registre du spéculaire : à entendre comme relation duelle, archaïque d'identification. En ce sens, l'étranger définirait l'intervention d'un tiers laissant place à une symbolisation qui échappe à la pétrification angoissée du spéculaire. Cette logique ternaire caractériserait la capacité à comprendre l'étranger, non plus semblable à un « autre imaginaire », ce qui suppose la permanence d'un phénomène d'identification lié à la figure du double, mais comme facteur d'inscription symbolique. En somme, que l'étranger soit nommé dans sa distance, qu'il soit perçu comme différent et à ce titre qu'il puisse interroger en retour de façon dynamique le lien social de la communauté québécoise comparable à une communauté d'accueil[48].

D'où le retour à cette proposition de Simmel quant au « voyageur potentiel » — qui vit en terre d'accueil depuis un certain temps — dont la pérégrination est achevée, mais qui est néanmoins considéré comme l'étranger du lieu où il s'est arrêté. Selon Simmel, l'errance est analogue à une rupture du bornage territorial. Mais il serait seulement partiellement juste de percevoir l'étranger comme ce personnage sans lieu de résidence. L'étranger n'est pas qu'un voyageur soumis à l'errance. Il représente pour la communauté sociale à laquelle il est intégré ce que Simmel nomme le « voyageur potentiel ». L'étranger est celui qui, tout en étant membre de la communauté sociale, symbolise, malgré sa sédentarité récemment acquise, la possibilité d'un nouveau départ. Parce qu'il ne faisait pas partie de la communauté à l'origine — bien que cette antériorité soit le propre d'un discours idéologique de fondation —, l'étranger est entrevu comme un personnage hétérotope, susceptible d'échapper au groupe.

Alfredo Carone dans *La nuit* est à ce titre un personnage médiateur, permettant la traversée d'univers symboliques distincts. L'étranger dans ce récit introduit une mobilité, une problématique du passage même si la communauté d'accueil est encore perçue comme sédentaire, justifiée par un discours de fondation. Un autre point de vue est cependant possible qui caractérise plus adéquatement la représentation de l'étranger. Dans les romans et essais associés au mouvement Parti pris, l'étranger peut être défini comme celui qui domine la ville (l'anglophone), cette domination territoriale étant accompagnée d'une suprématie symbolique. La toponymie, comme nomination du lieu urbain, met en place une référence désignative, réaliste qui découpe des univers revendiqués comme distincts.

Ce qui explique la facture paradoxale de ces récits. Une dynamique de retotalisation est mise en œuvre car l'univers montréalais est perçu comme déréel. Explorer la ville, c'est fatalement rencontrer l'étrangeté linguistique (l'anglais défini comme facteur corrosif, dominateur) et les habitants de ces quartiers à l'Ouest de la rue Saint-Laurent. Quant aux autres, ces étrangers des arrière-mondes, ils n'existent pas encore. La composition ternaire que j'ai cru retrouver dans le personnage du passeur, Alfredo Carone, est malgré tout une innovation romanesque marginale. La problématique des deux solitudes et la fascination haineuse éprouvée pour l'Autre dominateur et aliénant (le Canadien anglais) interdisent alors la possibilité de passer à l'élaboration d'une configuration ternaire. L'étranger comme figure hétérotopique est encore à définir.

C'est dire que le fantasme d'élection[49] oriente dans tous ces récits la détermination des figures actorielles associées au centre et à la périphérie. En d'autres termes, la problématique des deux solitudes suppose une confrontation symbolique afin que les coordonnées spatiales soient modifiées : que le sujet dominateur — possesseur des valeurs d'universalité — soit confiné à la marge, perdant ainsi son statut d'être aliénant ; que le sujet dominé puisse reconquérir le centre et devenir à son tour un acteur recevant en propre la spécificité de ce fantasme d'élection. On le voit donc, la confrontation met à jour ce que j'ai appelé précédemment un mouvement de réappropriation symbolique.

Chaque personnage, représentant un actant culturel, cherche à devenir un sujet élu, singularisé, qui cantonne l'autre minoritaire à la périphérie. Ce mouvement de réappropriation symbolique implique une confrontation : la fascination liée à la haine, la jalousie associée au ravissement étant des motifs fortement et contradictoirement investis d'affects qui tendent vers une douloureuse séparation. Le leitmotiv de ces romans pouvant bien être qu'il faille se défaire de l'interpellation douloureusement assujettissante de l'Autre, sans que cela soit d'ailleurs réellement possible. C'est ainsi que l'étranger dominateur (Canadien anglais) dans ces récits — dont il faut expulser la trop grande présence — est cet Autre dont le sujet aliéné a internalisé conduites et comportements. La dimension spéculaire violemment narcissique de cette relation faisant en sorte que le semblable devient l'extrême différent, à l'exemple de Frank Archibald Campbell dans *La nuit* qui prend l'aspect du Diable.

Au cœur de cette lutte menant à la réappropriation d'une identité volée, l'étranger de l'arrière-monde, sauf chez Ferron, est absent. Dans ces romans, le territoire urbain est convoité par deux peuples qui se considèrent élus. Légitimité socio-économique d'appropriation du territoire québécois chez les Anglo-Québécois ; légitimité symbolique faisant appel à l'adéquation du « nommant » (le citoyen devenu Québécois et non plus Canadien français) et du « nommé » (le Québec comme territoire souverain).

Dans la mesure où l'espace romanesque est l'enjeu d'un conflit entre deux sujets énonciateurs prétendant s'approprier un territoire revendiqué comme légitime, le motif de l'étranger ne peut ici qu'être ténu. J'ai mentionné précédemment que les romans du mouvement Parti pris associaient très souvent la figure de l'étranger à celle du colonisateur. Dans cette perspective, le personnage aliénant fait de l'autre dominé (le Canadien français) un acteur qui internalise un corps étranger, s'attribuant ainsi le plaisir-déplaisir d'être à la fois victime et bourreau[50].

En témoigne la persistance d'une re-fondation territoriale (et d'une consolidation défensive de l'identité) qui puisse permettre d'échapper à cette opposition oscillant entre la haine de soi et la haine de l'autre. Échapper au caractère douloureux de cette identification, s'arracher à l'image que nous renvoie l'Autre dominateur, voilà ce qui est entrepris dans ces divers textes. Je propose qu'un des motifs discursifs permettant de symboliser cet arrachement douloureux prend l'aspect d'une ontologie de la déchéance. Il est quelque peu paradoxal de parler ici d'ontologie puisqu'il s'agit, à la faveur de la déchéance, d'une perte de l'originaire. De ce point de vue, l'être comme lieu de fondation de l'originaire est déjà dessaisi d'une unité première puisque l'espace est revendiqué comme dissocié, de la même façon que la temporalité introduit un facteur de dégradation, de discontinuité.

On remarquera à ce propos l'importance des motifs associés à l'abjection: « le limon d'origine » chez Chamberland devenant « l'enfer canadien-français » ; l'étouffement maternel, la hantise de l'informe étant souvent revendiqués chez Maheu comme une des caractéristiques de la pensée asymbolique du Canadien français. De la même façon, le joual chez Jacques Renaud : « Vous voulez avoir mon avis ? Le joual, c'est, je crois, alternativement, une langue de soumission, de révolte, de douleur. [...] Mais moi, je n'arrive pas à me révolter dans la langue de Camus. *Ni à y souffrir*[51] ».

Associée à cette abjection, la ville, dans les romans du mouvement Parti pris, définirait un lieu où la perte de l'âme, de l'être serait possible : la reconquête d'une identité perçue comme plénière s'avérant nécessaire afin de pouvoir conjurer la déchéance. À cet égard, la thématique de *La nuit* de Ferron est tout à fait exemplaire. Mais cette réappropriation symbolique, on s'en doute bien, ne va pas de soi. L'aménagement symbolique et culturel auquel se réfère Chamberland dans *De la damnation à la liberté*, et cet appel à « l'habiter » et à la « fondation », sous-entendrait tout d'abord pour les citoyens montréalais des romans partipristes un non-habiter lui aussi fondateur.

D'où le caractère intensément paradoxal — et douloureux — de la réflexion menée par Chamberland quant à cette aliénation fondatrice de l'identité. Cet étranger dominateur, s'il est dans un premier temps garant d'une interpellation symbolique et de l'existence même du langage comme pacte d'interlocution, ne peut que préexister à la fondation du sujet se vivant comme aliéné. En d'autres termes, expulser l'étranger dominateur (l'anglophone), c'est tout aussi bien expulser une part constituante de son propre être. Dans cette perspective, il n'y a pas d'étranger que l'on puisse extérioriser comme mauvais objet puisque nous (l'ensemble des sujets aliénés) sommes tous des étrangers déambulant dans une non-ville ; la dépersonnalisation étant aussi perte du sens de l'espace urbain, incapacité à pouvoir nommer les choses et leur assigner un référent défini.

Cette déambulation, ou encore cette errance, est une constante des romans du mouvement Parti pris. Qu'on pense à Alfredo Carone, le passeur, ou à François Ménard, personnage errant à la recherche de son âme dans le récit de Jacques Ferron. Aux itinérants et chômeurs dans les nouvelles d'André Major ; au *Cassé* de Jacques Renaud mais aussi au *Journal d'un hobo* de Jean-Jules Richard. La déviance ambulatoire est en quelque sorte le symptôme d'une difficile appropriation de l'univers urbain. Semblables au voyageur potentiel défini par Georg Simmel, ces personnages errants sont des étrangers de l'intérieur. Ils se situent en un lieu circonscrit pour s'y ressentir étrangers, mettant en situation un nomadisme malheureux, ce que j'ai appelé précédemment une ontologie de la déchéance. Ne pas pouvoir s'approprier un espace dans la ville, c'est ainsi être condamné à une fuite en avant. Face au nomadisme, le Canadien anglais représenté dans ces divers romans institue une sédentarité dominatrice qui contribue à légitimer une fondation territoriale. L'Est de la ville s'oppose alors à l'Ouest ; le ghetto ouvert à l'avilissement, à l'espace protégé de la bourgeoisie anglophone. En somme, les Montréalais francophones dans ces romans ne peuvent être autre chose que des passeurs [52].

Une esthétique de rupture ambiguë

Une légitimité symbolique ayant trait à l'appropriation du territoire urbain est ainsi esquissée. L'étranger, tel qu'il apparaît dans les romans partipristes, n'est pas l'absent ou le dominé. Il n'est pas défini comme un être minoritaire sauf à entendre le Québécois francophone comme un « étranger à soi ». La dynamique de retotalisation prend évidemment de forts accents narcissiques comme si la perte d'une identité stabilisée devait être colmatée.

D'où la nécessité de rejeter au loin cette étrangeté intériorisée, qu'elle s'appelle chez les théoriciens du mouvement Parti pris dépossession ou dépersonnalisation. En somme, la crainte d'une fragmentation de l'identité, à laquelle le sujet québécois francophone serait confronté, doit trouver une forme de compensation satisfaisante. La dépersonnalisation doit devenir aliénation. L'étrangeté linguistique, le flou territorial sont des facteurs d'indétermination tellement angoissants qu'ils ne peuvent être attribués qu'à un Autre dominateur.

Voilà qui explique le caractère très particulier de la représentation de l'étranger dans ces romans. S'il l'on exclut le roman de Ferron où Alfredo Carone fait figure de personnage médiateur, il est facile de constater la quasi-absence, par ailleurs signifiante, de l'étranger. *Ethel et le terroriste* de Claude Jasmin qui ne fut pas publié aux Éditions Parti pris, ou le *Journal d'un hobo* de Jean-Jules Richard, sont bien des témoignages de cette représentation de l'étranger mais qui s'effectue néanmoins sous le signe de la transhumance (chez Richard), de l'extraterritorialité new-yorkaise (chez Jasmin). Au contraire, l'étranger dans le roman partipriste est celui qui ne bouge pas, cantonné au quant-à-soi territorial. L'anglophone dans ces récits est l'acteur qui prétend incarner des valeurs d'universalité s'opposant à la singularité dégradée des Canadiens français.

De ce point de vue, le roman partipriste apparaît bien comme une configuration symptomatique. Montréal est à la fois un lieu corrompu et reconquis. L'étranger est d'une part le Canadien français, incapable de saisir la trame de son historicité et les leurres produits par un imaginaire aliénant. Mais cet étranger de l'intérieur peut aussi vivre la tentation de l'expulsion : attribuer à l'Autre le statut de dominateur, c'est faire d'un personnage étranger le porte-parole de l'aliénation. D'où l'ambiguïté profonde de ces récits. La dépersonnalisation y est évoquée de façon à mettre en scène une esthétique de rupture. L'utilisation du joual chez Renaud, la valorisation de la violence urbaine sont des éléments de ce dispositif. Mais la dépersonnalisation définie comme étrangeté, indétermination territoriale devient aliénation, en somme quête d'un porte-parole aliénant.

Sous cet aspect, la représentation de l'étranger témoigne d'une ambiguïté. La réappropriation, pour qu'elle puisse s'affirmer réussie, doit se soumettre au caractère puissamment narcissique d'un discours du Moi. Le sujet aliéné, à la recherche d'une identité perdue, doit produire une énonciation suffisamment structurée pour exorciser toute possibilité de retour à cette indifférenciation angoissante qu'est la dépossession. Le joual, dans cette perspective, correspond à un enjeu contradictoire. Il peut signifier une déstructuration, le refus de l'idéal d'un français normalisé. Ainsi chez Renaud, le joual est très souvent entrevu comme la sémantisation d'un affect prélinguistique. Assimilé au cri, à la déjection, à un bas-langage associé à une socialité vulgaire, le joual est à comprendre comme une pathologie.

Face à un discours socio-institutionnel que représente pour Renaud la littérature française[53], le joual est à la fois une infralangue destructrice, fragmentant la structure prédicative, et l'objet d'un réinvestissement référentiel. La pathologie linguistique est alors revendiquée comme une nouvelle norme, autorisant l'adéquation entre l'énonciation et l'énoncé produit, justifiant l'idée que le joual correspondrait à cette valorisation du « spécifique » et du « concret », qu'il désignerait puissamment un univers référentiel qu'il s'agirait simplement d'actualiser.

Il est par conséquent plus ou moins juste de parler d'élaboration composite lorsqu'il est fait mention du joual dans le contexte du mouvement Parti pris. On ne retrouve jamais dans ces récits l'expression formelle d'une hybridation, actorielle ou linguistique, interne au discours romanesque. Comme je le mentionnais précédemment, un acteur au statut privilégié devient l'agent de cette rumeur publique retotalisant la révolte du peuple montréalais, permettant l'homologie établie entre un personnage représentatif de cette aliénation et la parole diffuse, peu articulée de la communauté en colère.

Nommer une réalité concrète qui subsumerait, dans sa mise à jour immédiate, le travail d'écriture, donner à cette réalité une plausibilité grâce au joual qui rendrait compte d'une tonalité plus juste, voilà différents motifs qui reviennent avec insistance à l'époque du mouvement Parti pris. Comme si l'adéquation entre l'énonciation et l'énoncé, les voix des personnages et le statut énonciatif du narrateur, devait assurer d'emblée une convergence. Le joual dans cette perspective compense l'incapacité à nommer adéquatement un référentiel aux significations aléatoires et plurielles. Il institue une syntaxe et un vocabulaire de l'aliénation qui prétend reprendre possession du réel.

J'ai indiqué précédemment cette association récurrente du cri et de la parole articulée chez les écrivains et poètes associés au mouvement Parti pris. De Jacques Renaud à Paul Chamberland, un désir violent de sortie hors des cadres d'une langue normalisée est exprimé. Le cri offre les conditions d'une autoréférence de la parole, un discours du commencement, une *archè* fondatrice[54]. Une déstructuration de la langue est certes revendiquée. Chez Chamberland, la déraison du poète — héritage rimbaldien — est souhaitée lorsqu'il affirme « je est un autre ». Mais cet écartèlement du sujet, la dépersonnalisation[55] que le délire actualise, est entrevu comme une distance pathologique entre un « réel » qu'il faudrait bien arriver à nommer et les « mots » qui ne suffisent pas à la tâche. D'où le recours à la « dépoétisation » chez Chamberland[56] qui devient éloge de la « banalité de la vie quotidienne[57] », discours de « l'absence de préméditation[58] ». Le cri du sujet aliéné et révolté devant permettre, à la suite de la rupture avec un académisme rigide et fétichisé, de dire avec plus d'authenticité la réalité. Ce recours au réel dépoétisé, ainsi que la déstructuration d'une langue normalisée, l'éloge de la « banalité » revendiquée du quotidien, sont autant de points de repère accréditant le retour à une esthétique associant le singulier et l'universel. Ce que Césaire nomme « le retour au pays natal », thématique que Chamberland reprend à son compte en proposant la coïncidence du « je » et du « nous », correspond à ce désir de rassemblement.

La dépersonnalisation, ce trouble de l'identité qui, chez Chamberland, est amplifié jusqu'à sa plus extrême tension doit trouver, une fois la conscience des limites éprouvée, une possibilité de compensation. L'improvisation, l'appel au cri, à la déjection vocale, le recours à la langue considérée comme pauvre et incohérente du Canadien français, sont autant de stratégies d'accès à une parole à la fois abjecte et magnifiée. C'est parce que l'énonciation est définie comme pathologique qu'une « descente aux enfers » est nécessaire afin de confronter le sujet à sa propre vacuité, jusqu'au moment où la conscience du néant deviendra paradoxalement singularité.

Il y a bien dans cette prise de position de Chamberland revendication d'une étrangeté constitutive de l'identité par l'apologie lancinante de la dépersonnalisation ou de la dépossession. Un tel travail de contestation est encore entrevu uniquement sous son aspect négatif. Mais la langue pathologique, aberrante qu'est le joual pour Chamberland, offre aussi la condition d'une quête d'autant plus magnifiée qu'elle implique une certaine transcendance. Redécouvrir « l'inhumain, l'instructuré qui nous définit en tant que canadien-français[59] », c'est à la fois s'avouer sujet incohérent, déraisonnant et trouver dans cette « folie élémentaire » un « *limon d'origine*, matière de la création[60] ». En somme, l'identité canadienne-française est facteur de dissociation mais aussi, à la suite de cette perception de l'abyssal, élément dynamique de reconstitution d'une unité.

Ce que propose Chamberland, à partir du registre de la langue poétique, est partie prenante d'un discours qui justifie l'homologie entre une réalité discursive (le pouvoir des mots) et un univers référentiel. D'où le caractère mimétique, monologique de la majorité des propositions théoriques qui tentent de valider l'utilisation du joual. Il s'agit toujours dans cette perspective d'authentifier par l'écriture une réalité préexistante. Le joual est défini comme un hors-texte social n'ayant droit de cité que de façon problématique dans le discours littéraire. Il est vrai que l'utilisation du joual, dans le contexte socioculturel des années soixante, met à jour une violente polémique. Mais cette actualisation du joual, si elle est un fait nouveau, revendicatif, prend rapidement l'aspect d'un procédé nominaliste. Le joual comme langue décrivant une pathologie urbaine peut dire la réalité montréalaise, accréditer ce désir d'une incarnation du référentiel dans la langue. En même temps, cette énonciation pathologique est attribuée au pouvoir déstructurant et aliénant d'un Autre dominateur, étranger dans la langue. Le bilinguisme est défini comme une aliénation linguistique que le joual actualise, langue pathologique, symptôme d'un malaise discursif qui nomme l'étranger dans son for intérieur.

D'où le caractère polémique, conjoncturel, du recours au joual comme mode d'énonciation littéraire. L'un des premiers objectifs était certes de mettre en scène, par l'appel à une dégradation linguistique, le statut de l'étranger dans la langue : l'anglais s'immisçant, érodant les structures syntaxiques, s'installant à demeure dans le vocabulaire. Le joual de ce point de vue s'apparentant à l'inoculation d'un vaccin porteur des germes de la maladie. Langue pathologique, le joual ne pouvait être vaincu que par l'administration d'une surdose. La corruption, poussée à son extrême limite, devrait offrir les conditions d'une guérison. Une fois l'étranger nommé et circonscrit dans la langue, il était loisible d'expulser, en faisant appel au joual, la honte et la culpabilité associées à cette dégradation. Geste cathartique, cette mise en situation d'une expulsion, d'une purgation signifiait la reconnaissance d'une impureté de l'énonciateur — le joual : pathologie du Canadien français — mais aussi le succès d'un exorcisme.

À l'étrangeté linguistique correspond également l'étranger comme acteur romanesque. J'ai mentionné précédemment la faible fréquence d'apparition de personnages étrangers dans les romans du mouvement Parti pris. *La nuit* de Ferron laisse place à une figure hétérotopique, le passeur Alfredo Carone, mais il s'agit là d'une innovation marginale, par ailleurs ambivalente. L'étranger dans ce récit permet de joindre des contenus référentiels distincts. Engendrant une opération de contiguïté, il transporte (du grec : *metaphorai*) François Ménard, le narrateur, permettant d'assurer le passage de la banlieue à la ville, de la vie à la mort.

L'étranger est un acteur romanesque qui dans *La nuit* permet une certaine mobilité à l'encontre du caractère prescriptif de la cartographie. Mais cette mobilité est elle-même illusoire. Le cadastre du territoire n'est pas modifié, les frontières ne sont pas abolies. Seul le mouvement de l'étranger maintient l'illusion que la communauté d'accueil est mobile, capable d'échapper à la rigidité des ancrages territoriaux.

Nostalgie des quartiers d'origine, lieux de déambulation circonscrits par des frontières : *no man's land* que représente, par exemple, la rue Saint-Laurent distinguant l'est de l'ouest montréalais. Ces divers paramètres ont tous pour fonction de quadriller l'espace urbain. Il semble que les romans du mouvement Parti pris n'apportent sur ce point que peu d'innovations, substituant à l'aliénation éprouvée un désir de refonte de la ville qui fait appel à un souci de maîtrise. Cette cartographie, prenant forme grâce à la réappropriation symbolique de l'espace montréalais, est une stratégie défensive. Elle correspond au désir d'instituer de nouvelles limites, d'accréditer le sentiment d'une légitimité territoriale faisant alors de Montréal un lieu habitable.

La dépersonnalisation, motif de la pensée partipriste, est en effet un phénomène urbain. Et il n'est jamais facile de déceler, dans l'analyse du contexte montréalais faite par les porte-parole de ce mouvement, ce qui, de l'étranger, perçu comme sujet aliénant, relève de l'analyse politique conjoncturelle ou de considérations plus générales. En somme, qu'en est-il de l'étranger occupant l'espace montréalais, une fois exorcisées la crainte de l'aliénation, la menace d'une dépossession ? Est-il condamné à demeurer un personnage produisant à bon compte de l'altérité, suscitant en retour un mouvement de rejet, une stratégie de repli ?

L'élaboration cartographique que l'on retrouve dans les textes du mouvement Parti pris est à cet égard particulièrement rigide, témoignant d'une telle volonté de reconquête que la réappropriation symbolique laisse en suspens cette problématique de l'étranger. La pérégrination dans ces romans est aussi la hantise d'un lieu de séjour à formuler. Cartographier la ville, manifester, souvent de façon fort ambivalente, le désir de quitter le quartier des origines pour revendiquer la totalité de l'espace urbain. Faire appel au joual, langue de l'urbanisation et de la pathologie linguistique, tous ces actes de rupture quant à une situation coloniale sont aussi le témoignage d'une légitimité territoriale récemment reconquise.

Les romanciers partipristes étaient ainsi condamnés à une oscillation douloureuse que la conjoncture politique ne permettait pas de rompre. Soit faire de l'étranger un Autre aliénant, sujet à terrasser de façon à pouvoir affirmer une liberté de mouvement, une identité dégagée de toute entrave. Ou encore se soumettre au discours de l'Autre agissant à titre de porte-parole : étranger dominateur faisant du Canadien français un être minoritaire.

1. Paul Chamberland, « De la damnation à la liberté », *Parti pris*, n°s 9/10/11, été 1964, p. 82.
2. *Ibid.*, p. 81
3. *Ibid.*, p. 78.
4. *Ibid.*, p. 84. Je souligne.
5. *Ibid.*
6. *Ibid.*, p. 82.
7. « De fait, industrialisés et urbanisés, nous sommes plongés *sans ressources propres* en plein univers anglo-saxon ; *tout ce qui constituait les raisons et les valeurs de notre univers a cessé de se nourrir à un soi qui soit nôtre*. Le phénomène de dépersonnalisation se généralise... » (*Ibid.*, p. 73. Je souligne.)
8. « J'accomplis ce que Césaire appelle un « retour au pays natal ». C'est alors que s'inaugure une étrange mais vigoureuse conjugaison : celle qui enferme le *je* et le *nous* en un seul mouvement » (Paul Chamberland, « Dire ce que je suis — notes », *Parti pris*, vol. II, n° 5, janvier 1965, p. 38).
9. Paul Chamberland, « De la damnation à la liberté », *loc. cit.*, p. 64.
10. *Ibid.*, p. 78.

11. *Ibid.*
12. « Désormais, dans le cours de cet article, nous utiliserons les termes *Québec* et *québécois*, de préférence à ceux de *Canada français* et de *canadiens français*. [...] La suppression du [...] canadien-français signifie clairement celle de l'être minoritaire, de cet homme ou de cette communauté écartelés entre deux mondes, deux ordres de valeur (scission qui était la négation de son être, de son identité [...]. » (*Ibid.*, p. 78)
13. « La vérité première de l'indépendance n'a pas à être justifiée au préalable par une série de raisons claires, à être approuvée "scientifiquement" [...]. Il s'agit là d'une *vérité première*, objet d'un choix originel qui précède toute discussion. [...] Et lorsque je dis existence, je n'entends pas le simple fait d'*être là*, mais d'exister comme liberté, comme projet, comme maîtrise de son destin et pouvoir de se faire être selon son désir. » (*Ibid.*, p. 82)
14. Ainsi : « Nous n'avons pas été dépossédés à un moment précis de notre histoire, nous l'avons été incessamment ; nous *sommes* des dépossédés. Nous vivons dans un territoire, un pays qui est aux mains des étrangers... » (*Ibid.*, p. 72) « Dans cet univers immobile de nature éternelle et de faute métaphysique, les forces du mal sont les "maudits anglâis", "les maudits juifs" et les "maudits émigrés". [...] Ce *dualisme primaire et rigide* nous enlevait le souci d'envisager la possibilité de luttes effectives qui nous rendent en possession de notre terre et de nous-mêmes [...] il y aura toujours quelque étranger pour venir tout jeter par terre. » (*Ibid.*, p. 75) À retenir dans ce dernier passage la lucidité politique d'un Chamberland qui perçoit le danger de définir l'étranger, à la faveur du processus politique de décolonisation, comme bouc émissaire.
15. *Ibid.*, p. 75.
16. Ainsi Pierre Maheu : « La colonisation est vécue comme séparation, coupure. Séparation d'avec autrui, à cause de cette sécheresse d'êtres désexualisés, dépersonnalisés, séparation d'avec soi, d'avec nos origines qui nous échappent dans ce passé mythique [...]. Nous vivons en une culture désintégrée, une vie éparpillée, réduite en miettes. » (Pierre Maheu, « L'œdipe colonial », *Parti pris*, n°s 9/10/11, été 1964, p. 27)
17. *Ibid.*, p. 24.
18. *Ibid.*, p. 27.
19. Voir à ce sujet de Freud : *Psychologie collective et analyse du Moi*. La cohésion de la foule ou du groupe est assurée par un lien d'amour inconscient de nature homosexuelle puisqu'il s'agit toujours de se plier à la figure idéalisée d'un maître ou d'un chef.
20. « La boue. Oui, la boue qui est aussi *limon d'origine*, matière de la création [...]. Mal écrire, c'est descendre aux enfers de notre mal vivre, en tirer l'Eurydice de notre humanité québécoise... » (Paul Chamberland, « Dire ce que je suis — notes », *loc. cit.*, p. 36-37)

21. « Nous avons fait de l'autre une partie vivante de notre être, qui dévorât plus sûrement l'autre partie. Non contents de jouer le rôle de la victime (qui conserve intacts les germes de colère et de révolte), nous avons délivré l'autre de l'odieux : nous nous sommes faits nos propres bourreaux. » (Paul Chamberland, « De la damnation à la liberté », *loc. cit.*, p. 67)

« En intériorisant les forces qui nous désintégraient — par lâcheté ou par impuissance — nous avons changé le ressentiment contre l'autre en culpabilité (haine de soi), transformé la révolte et le désir de liberté (instinct de vie) en soumission masochiste et en délire de persécution (instinct de mort). » (*Ibid.*, p. 67)

22. Une version retravaillée, de plus grande ampleur, est parue en 1972 sous le titre *Les confitures de coings*.

23. Alfredo Carone, le chauffeur de taxi transportant François Ménard de la Rive-Sud à Montréal, est aussi par résonance onomastique Charon, personnage de la mythologie grecque : nautonnier attitré des Enfers, vieillard dur et intraitable. On devait lui présenter, afin de s'embarquer, une obole sinon Charon chassait impitoyablement l'ombre si peu au fait des usages. Celle-ci était alors condamnée à errer sur les rives désertes sans jamais trouver de refuge.

24. C'est ce que dit Alfredo Carone : « — Le jour, cette ville, j'ignore ce qu'elle est ; trop complexe, je m'y perds. Mais la nuit, c'est simple : elle devient un grand marché de dupes. » (Jacques Ferron, *La nuit*, Montréal, Éditions Parti pris, 1965, p. 37)

25. « Elle avait beaucoup vieilli, ces dernières années, surtout du visage ; sa vue ne me rajeunissait plus, mais la nuit, elle avait la peau aussi douce qu'au début de notre ménage... » (*Ibid.*, p. 10)

26. « Il y a dix-sept ans, j'ai reçu de Frank Archibald Campbell un coup de poing au visage. J'ai voulu le digérer, il m'est resté sur le cœur : il me fallait le rendre. » (*Ibid.*, p. 125)

27. « Je vivrai désormais à l'abri du monde, au centre de moi-même et au centre de tout, derrière l'oculaire de l'instant qui a trouvé son point définitif, plus présent à moi-même et plus présent à tout que si je me fuyais sous la lumière, dans les décombres de la nuit, en parcourant les quartiers de la ville et le labyrinthe des rues. » (*Ibid.*, p. 122)

28. *Ibid.*

29. Mircea Eliade, dans son *Traité d'histoire des religions* (Paris, Payot, 1979), fait part de cette dimension prescriptive sous son double aspect militaire et religieux. Le labyrinthe devait tout d'abord interdire la pénétration de l'ennemi ne connaissant pas les plans des ouvrages défensifs. Mais il refusait aussi l'accès à la cité aux esprits du dehors et de la mort. Le centre du labyrinthe, accessible aux seuls initiés, représentait selon un principe cosmogonique l'univers lui-même.

30. Jacques Ferron, *op. cit.*, p. 37.

31. Voir «Le pont», *Contes du pays incertain*, Montréal, Éditions d'Orphée, 1962, p. 95-103.
32. «Toutes les maisons dormaient, seule la nuit veillait. Alors que celles-là semblaient écrasées, à demi ensevelies, rapetissées d'autant, elle luisait noire sous le soleil jaune des lampadaires, et, débordant les trottoirs et les pelouses attenantes [...] serpentant avec des détours dans l'ombre et des retours à la vue, montait vers la ville illuminée, traversait le pont, montait jusqu'au sommet du Mont-Royal.» (Jacques Ferron, *La nuit, op. cit.*, p. 26)
33. *Ibid.*, p. 103.
34. Le mouvement même de la pensée spéculative a été associé à cette problématique de la fondation territoriale et de la structuration de l'espace. Cassirer mentionne dans *La philosophie des formes symboliques* que *péras* et *apeiron* s'opposent chez Platon et les pythagoriciens. Bien et mal, forme et informe, déterminé et indéterminé représentant autant de contenus symboliques liés à cette interrogation sur le sens de la limite. Il en est de même, toujours selon Cassirer, de l'expression latine *contemplari* signifiant, par l'étymologie et le contenu, l'idée de *templum*, fragment d'espace où l'augure peut examiner le ciel. La racine *-tem* (couper) indiquant le fait de délimiter.
35. Jacques Ferron, *La nuit, op. cit.*, p. 60.
36. «J'enfilai le corridor, traversai la salle des Pas-Perdus. Une foule d'étrangers, de Hongrois ou de Japonais, je ne saurais dire. En tout cas, aucun d'eux n'avait remarqué les clochers. Je n'eus pas de mal à passer inaperçu. Je sortis du Palais comme un immigrant de la gare Windsor. Ma vie recommençait à zéro. [...] Je n'arrêtais pas de dire: "Sorry Sir" à mes nouveaux concitoyens, tous des Anglais.» (*Ibid.*, p. 73)
37. *Ibid.*, p. 18.
38. *Ibid.*, p. 24.
39. *Ibid.*, p. 81.
40. «Enfin il avait ajouté, sans doute après mon départ de l'Alcazar pour la rue Stanley, en grosses lettres carrées, maladroites et enfantines: "JE SUIS UN TARLANE. ADIEU. J'AI VÉCU DU MAUVAIS CÔTÉ DU MUR. JE DEMANDE PITIÉ." Il devait maintenant se trouver à la Morgue, pitoyable oui en effet, pauvre homme et cher Frank!» (*Ibid.*, p. 130)
41. Il s'agit du segment où François Ménard sort du Palais de justice «comme un immigrant de la gare Windsor».
42. «C'est Smédo, c'est le capitaine Smédo devenu contrebandier. Je lui crie: "Capitaine, voyez-moi: Je suis Indien, je suis Malais, je suis communiste, je suis Chinois: prenez-moi dans votre équipage!" Mais il est Grec, lui: il parle anglais et fume du tabac russe dans une pipe hollandaise» (*Ibid.*, p. 51)
43. «Quelques maisons déjà étaient éclairées, où l'on préparait le matin et le petit déjeuner. Un laitier me dépassa, qui s'en allait chercher du lait. Et

puis, au dernier détour du chemin, près du carrefour où débouche ma rue, quand j'imagine déjà ce que sera mon entrée à la maison, je tombe sur un garçon qui ne m'attendait pas et reste interloqué, le pinceau à la main, comme il s'apprêtait à effectuer quelques corrections aussi nécessaires que clandestines à un poteau indicateur». (*Ibid.*, p. 128) Et: «Comme toute conclusion est sommaire, je finis par me contenter d'une formule: à grande nuit, beau jour. J'en remettais la suite aux années qui me restaient à vivre. Au bout de la rue le poteau indicateur portait correction.» (*Ibid.*, p. 134)

44. Georg Simmel, «Digressions sur l'étranger», *L'école de Chicago: naissance de l'écologie urbaine*, textes traduits et présentés par Yves Grafmeyer et Isaac Joseph, Paris, Éditions du Champ Urbain, 1979, p. 54. On consultera avec profit un autre texte de Simmel traduit dans le même recueil: «Métropoles et mentalités» (1904), p. 61-76. Pour une compréhension plus globale de l'œuvre de Simmel, voir *The Sociology of Georg Simmel* (textes réunis et traduits par Kurt H. Wolff, Glencoe [Illinois], Free Press, 1950).

45. André Major, «Hiverner?», *La chair de poule*, Montréal, Éditions Parti pris, n° 3, 1965, p. 67. Je souligne.

46. André Major, «Le grand tata», *ibid.*, p. 127.

47. *Id*,, «Mental test pour toute la gagne», *ibid.*, p. 80-81. Je souligne.

48. Eugène Enriquez a sur ce point une réflexion très juste: «Mais éloignement et/ou proximité [à propos de l'antisémitisme] produit le même effet chez les protagonistes: la fascination qu'entraîne toute apparition du double. Si l'autre est le même, si l'autre est semblable à nous, il peut nous absorber complètement et il provoque en nous l'horreur. Mais, simultanément, il nous attire, nous appelle, nous fait signe d'aller avec lui de l'autre côté du miroir, car en lui réside la puissance que nous cherchons vainement en nous-mêmes.» (*De la Horde à l'État: essai de psychanalyse du lien social*, Paris, Éditions Gallimard, 1983, p. 414 sq)

49. Voir à ce sujet de René Major, *De l'élection: Freud face aux idéologies américaine, allemande et soviétique*, Paris, Aubier, 1986.

50. «C'est dans ma vie de tous les jours que j'éprouve jusqu'à la nausée, jusqu'au délire, que pas une dimension de ma vie, de ma pensée, de mon amour n'échappe à l'enfer canadien. La passion de l'intégrité, du désintéressement! S'échapper du bourbier! Du merdier collectif! Le croire, ce n'est qu'y retomber plus à fond.» (Paul Chamberland, «Dire ce que je suis — notes», *loc. cit.*, p. 37)

«Non, il ne s'agit pas de tourner le mépris en une vinasse édifiante, mais de haïr, en nous et hors de nous, ce qui nous déshumanise. Il importe seulement que je m'englobe dans ce mépris.» (*Ibid.*, p. 35)

51. «Le journal du Cassé», *Le cassé et autres nouvelles*, Montréal, Éditions Parti pris, 1977, p. 151.

52. «Devant Morgan, c'est toujours le même manchot, les yeux plissés, qui tourne la manivelle de l'orgue de barbarie, et sur l'orgue, sur une

nappe de cuir gris-fer, des trente-sous, des dix cents, des cennes, des regards, du vent d'hiver, et sur les cannes, des empreintes digitales, des microbes, des efforts, de la sueur, des grèves, *et sur la Catherine, des passants, des repassants, toujours les mêmes...* » (*Ibid.*, p. 117. Je souligne.)

53. « Mais moi, je n'arrive pas à me révolter dans la langue de Camus. Ni à y souffrir. » (« Comme tout le monde ou le post-scriptum », *Parti pris*, vol. II, n° 5, p. 23)

54. Ainsi Chamberland : « Lorsque j'oppose le mal écrire au bien écrire, je ne me propose pas d'abattre la syntaxe au profit du hoquet. Je constate que *le dire* et *la chose à dire* se situent dès le départ au niveau du hoquet. Un langage ne peut être vrai que s'il *colle* étroitement à la chose à dire. *Sa vérité, c'est sa transparence.* » (Paul Chamberland, « Dire ce que je suis — notes », *loc. cit.*, p. 36. Je souligne.)

55. « *Je* n'existe pas, pas encore ; *je* n'est qu'une torture, un *point* dérisoire, affolé dans le grouillement d'une sous-humanité déboussolée, d'un *nous* forcené et pantelant. » (*Ibid.*, p. 37)

56. « Je ne souffre *aucun décalage entre la poésie et la vie quotidienne...* » (*Ibid.*, p. 40)

57. *Ibid.*

58. *Ibid.*, p. 41.

59. *Ibid.*, p. 36.

60. *Ibid.*

Chapitre IV

L'Amérique ossuaire

L'exploration du territoire

Cette problématique de l'étranger, dès qu'on ne l'envisage plus sous son angle mimétique, fait donc intervenir la perception d'une différence. À partir du moment où la représentation de l'étranger n'est pas uniquement le complément strictement narcissique de l'identité du narrateur, elle permet de remettre en question les critères de centralité qui lui sont associés. Alors l'étranger cesse d'être entrevu comme un bouc émissaire, le porte-parole d'une aliénation, ou d'une dépossession qui pourrait menacer l'intégrité de ce sujet confronté à la possibilité d'une corruption. Cette perception de l'acteur étranger, comme figure hétérotopique, clairement soulignée chez Ferron, peut laisser place à une extraterritorialité, perçue d'une façon positive, génératrice de situations inédites, et faisant jouer une étrangeté culturelle.

La mise en scène d'une identité définie par la reconnaissance de ses marges est puissamment exprimée dans *Volkswagen blues*, roman de Jacques Poulin. Une des conséquences de ce phénomène est la fonction de l'extraterritorialité dans ce roman à la faveur d'une dérive continentale qui mène de Gaspé à San Francisco. Parler d'extraterritorialité reviendrait par conséquent à supposer que la littérature, à la manière d'un champ d'expérimentation, puisse s'exiler d'un espace originaire, se faire déplacement, mouvance. Cette notion d'extraterritorialité, qui permet la création d'un pacte interculturel, s'avère donc particulièrement importante.

Il est vrai que cette mise en scène d'une extraterritorialité n'est pas un phénomène récent. On en retrouve des indications nombreuses à divers moments de la constitution de la littérature québécoise. Mais on peut avancer que cette extraterritorialité (par exemple la menace de l'exode rural dans le contexte du roman du terroir) suscite un phénomène de repli défensif, une volonté de refonder un espace restreint qui serait associé à une identité stabilisée. Dans ce roman de Poulin, l'extraterritorialité n'échappe pas toujours à une consolidation défensive. L'étranger ne peut qu'être extérieur, situé à la marge du texte romanesque, de façon à préserver le maintien des coordonnées déictiques qui distinguent avec soin « l'ici » de « l'ailleurs ». Malgré tout, la problématique est beaucoup plus complexe dans *Volkswagen blues*. Plutôt que la seule constitution d'univers territoriaux nettement circonscrits, cette problématique du déplacement, du cheminement définit un dynamisme narratif. Traverser, franchir des espaces aux frontières contraignantes, c'est bien évidemment s'affranchir d'une inertie. Ainsi, dans ce roman de Poulin, la problématique du continentalisme réactive le désir de nomadisme, la fascination pour « l'ailleurs » californien.

Ce déplacement est à la fois rupture avec l'espace clos d'un territoire contraignant (le Québec qu'il faut quitter) et départ vers un ailleurs n'étant pas totalement inconnu puisque la masse continentale ne peut être scindée, constituant un socle à partir duquel la totalité, ou le caractère partiel de l'expérience spatiale, pourra être appréhendé. En somme, l'extraterritorialité s'élabore ici à la faveur d'une fascination éprouvée pour les marges. Le désir de transhumance prend la forme d'un parcours exhaustif du continent américain : cheminement qui contribue à mettre en scène une volonté d'appropriation et de nomination du territoire, en même temps qu'est révélée l'insuffisance notoire de cette appropriation. L'étude de *Volkswagen blues* de Jacques Poulin est à ce sujet particulièrement révélatrice. De la Gaspésie à la lointaine Californie, la masse continentale se déploie, une transhumance est souhaitée, faisant appel à la toponymie laissée par les premiers explorateurs français (Saint Louis, Détroit...) alors que le désir de redécouverte du continent américain est aussitôt déçu, remis en question, indiquant le caractère ambigu de cette quête. Le périple en terre américaine de Jack Waterman, écrivain, est profondément troublant. La recherche de Théo inaugure une quête, la tentative de cerner l'itinéraire parcouru par le frère disparu, bien que cette poursuite prenne bien vite l'aspect d'une dérive énigmatique.

Le cadre diégétique met tout d'abord en place les signes d'un tracé, d'un balisage, d'un mode d'orientation dans l'espace qui aurait été perdu et qu'il aurait fallu reconquérir, fouler à nouveau grâce à la fondation d'une cartographie. On pourrait parler de la fonction d'un codex (recueil de ces tracés et balisages) agissant comme savoir référentiel si l'on veut définir l'organisation des stratégies textuelles dans ce roman de Poulin. Les traces de la dérive américaine de Théo — renvoi possible à la relation complexe entre les frères Van Gogh — sont bien sûr perceptibles mais la clé du récit est justement d'en rendre le dévoilement problématique. En somme, de faire de la désorganisation de l'espace le motif d'une réflexion sur la quête d'une identité fragmentée quoique toujours tentée par un désir de fusion. La trame diégétique se caractériserait ici par un pouvoir de synthèse, d'étalement syntagmatique, de façon à pouvoir faire abstraction du caractère énigmatique de la quête de Théo. Ce désir de réappropriation est cependant insuffisant. La trame diégétique peut bien prendre l'aspect d'une inscription cartographique, le sens du parcours à effectuer demeurera toujours lacunaire.

Ce renvoi à un codex agissant comme savoir référentiel, on peut en définir différentes modalités qui s'inscrivent dans le cadre d'une économie scripturaire, système dominé par l'élaboration d'une cartographie. La carte postale que Théo expédie à son frère, oblitérée à Gaspé, signe le début de cette quête. En ce sens, elle fait office de rébus puisqu'elle incorpore les fragments d'un autre texte plus ancien, à déchiffrer, soit l'extrait de la relation originale du premier voyage de Jacques Cartier. Première manifestation de ce codex, les indices qui soulignent *in absentia* l'existence du frère disparu prennent la forme de la reproduction d'un texte de découverte. On peut voir dans l'intégration diégétique de la « relation du premier voyage de Jacques Cartier » la mise en œuvre d'une stratégie autoréférentielle. La carte postale, oblitérée à Gaspé, qui reproduit un extrait de la relation de Cartier, est un indice cartographique. Mais cette formulation d'un parcours, selon le modèle de la mise en abîme, demeure malgré tout énigmatique. Jack Waterman, recevant la carte postale, expédiée de Gaspé par Théo, n'en retrouve pas pour autant son frère. Cet indice ne contribue qu'à matérialiser le sens de la quête à effectuer en faisant débuter le périple à Gaspé, lieu où est réellement exposé l'extrait, reprographié par Théo, du texte de Cartier.

Oblitérée à Gaspé, cette carte postale fait coïncider de façon énigmatique les figures de la présence et de l'absence, du familier et de l'étranger. Jack Waterman quitte Québec pour Gaspé, à la recherche de son frère. Ce faisant, il ne trouvera que les traces de son passage, en somme l'inscription d'un parcours dont il lui faudra formuler le cheminement. Cette transhumance, dérive en terre américaine, nécessite donc des indices. La trame diégétique de *Volkswagen blues* en est l'indication manifeste. À la cartographie du territoire américain que le voyageur Jack Waterman doit en quelque sorte actualiser afin de retrouver Théo, s'ajoutent les multiples indices disséminés, agissant comme autant d'embrayeurs du déplacement. L'originalité du roman de Jacques Poulin tient à ces facteurs conjugués. Mais la mise en scène d'une cartographie est malgré tout insuffisante. Le cadre explicite de la quête, l'univers spatial sous-jacent, est lui-même fragmenté par le rapport ambigu qu'entretient Jack Waterman avec sa propre écriture. Comme si ce dernier, romancier, impuissant devant la page blanche, incapable de faire appel au savoir-faire associé à son travail d'écrivain, se contentait de devenir cartographe d'un récit déjà existant dont il s'agirait de trouver la clé, le mode d'orientation (les traces laissées par Théo). Cette quête cartographique caractériserait une tentative d'appropriation sécurisante, la disposition des indices du passage de Théo tout au long du parcours permettant de contrer la dimension fortement anxiogène d'une dérive éclatée. À la cartographie, au pouvoir tout-puissant du codex, magnifié par la quête du frère Théo, s'oppose le désir d'un espace ouvert, non contraint, échappant à l'emprise référentielle.

En témoigne ce court passage au chapitre quatre [1] où le geste d'écrire s'accompagne d'un enfermement, d'un isolement dans le monde clos et sécurisant que représente le Vieux-Québec. Description d'un désir où l'écriture serait un geste librement consenti, permettant le surgissement d'une pensée créatrice. Pourtant ce fantasme ne peut être réalisé. À la recherche d'une écriture qui ne soit pas entravée s'oppose la dure réalité du travail scripturaire, la nécessité d'un passage à l'acte, fait de corrections et de ratures. L'écrivain Jack Waterman aura beau s'enfermer dans un espace aux contours définis, espérant ainsi favoriser l'apparition d'une pensée créatrice, le recours à la sédentarité sera vain. S'isoler à Québec, rue d'Auteuil, afin d'y vivre la proximité rassurante que serait l'immédiateté de l'inspiration, s'avère un pis-aller insatisfaisant. Jack Waterman devra partir, voyager étant une forme de compensation, fuite en avant afin de retrouver ce frère nomade, double fascinant parce qu'idéalisé, écrivant lui aussi à sa façon: des fragments, des bribes de parcours qu'il s'agira, à la manière d'une carte inconnue, d'interpréter.

L'idéalisation de Théo laisse place à une dimension d'inconnu (Jack Waterman se demande ce que son frère a bien pu devenir au cours de toutes ces années) en même temps qu'elle fait appel aux traces laissées par d'autres fondateurs. L'architexte que représente dans ce roman de Poulin *La pénétration du continent américain par les Canadiens français* de Brouillette est à cet égard déterminant puisqu'il consacre le modèle référentiel de la quête: revendication d'une exploration détaillée du continent américain, fantasme d'appropriation et de nomination totalisante du territoire.

On est ainsi en mesure d'apprécier à sa juste valeur la complexité de ce roman de Poulin puisque la quête continentale n'échappe pas au sentiment d'une détresse mélancolique. Le parcours du frère Théo que Jack Waterman formule après coup est l'aveu d'une élaboration cartographique décevante. Ces traces, bribes de sens laissées par Théo, se caractérisent par leur discontinuité. Le parcours y est dessiné en pointillé, de façon toute fragmentaire. L'identité, sous cet aspect, ne peut être que le résultat d'une démarche négative. Au désir d'une totalité qui serait continuité de la signification s'oppose la détresse mélancolique.

Cette détresse, ressentie au moment de la perte du frère, brouille les pistes, les parcours imposés. D'où l'ambiguïté de cet architexte dans le roman de Poulin qui tente de recomposer la continuité du parcours en même temps qu'est avoué le caractère dérisoire d'une telle quête. C'est le cas de *La pénétration du continent américain* de Brouillette: récit fondateur d'une appropriation française du continent nord-américain. Voyage vers le Middle-West, puis le Sud que Jack Waterman reprend à son compte, fabule, à la suite des explorateurs français, ce qui permet d'envisager la possibilité d'une quête territoriale qui échapperait au repli nordique caractéristique de beaucoup de romans québécois. La quête territoriale est accompagnée d'autres livres qui font office de cartes : *The Golden Dream* de Chapman, *Explorers of The Mississippi* de Timothy Severin. Architextes qui composent une mémoire des voyages passés et qui justifient autant de revendications patrimoniales. Le rappel du parcours du continent américain par les explorateurs de Nouvelle-France est à cet égard déterminant. Il suppose le retour à une *archè* fondatrice, à l'antériorité du parcours que Jack Waterman invoque au moment de sa propre quête. Mais cet architexte n'est pas uniquement transmission conservatrice de valeurs patrimoniales. En témoigne le parcours des immigrants, de la côte est au Pacifique, relaté dans *The Oregon Trail Revisited.* L'exploration du territoire est dans ce cas associée à la mort et à la famine, à une douloureuse colonisation du territoire.

Le roman de Jacques Poulin s'intègre de façon toute singulière au cadre de cette étude sur le cosmopolitisme littéraire. D'abord, par le recours à l'extraterritorialité qui compose différents parcours en terre américaine, produisant une sédimentation de cheminements divers, qu'il s'agisse des explorateurs français ou des immigrants de l'Oregon Trail. Le cosmopolitisme prend ici l'aspect d'une dérive en terre américaine avec ce qu'elle comporte de parcours entremêlés. La perspective du cosmopolitisme apparaît à la faveur de cette préoccupation pour l'extraterritorialité qui suppose une interrogation sur le devenir « continental » de l'identité québécoise. Roman d'ouverture, *Volkswagen blues* de Poulin pose à mon sens la problématique de l'identité québécoise en la débusquant dans ses différents fantasmes de fondation. Symptomatique à cet égard l'absence de Montréal dans ce roman de Poulin. La quête ignore en effet Montréal, commençant à Gaspé (avec l'érection de la croix de Jacques Cartier et l'acte de nomination du territoire), suivant l'Oregon Trail, jusqu'à l'arrivée à San Francisco : fin du continent, ouverture sur le Pacifique.

Déliement qui n'ignore pas d'ailleurs une certaine mélancolie en rappelant la présence française en Amérique, nostalgie quant à cette antériorité de la nomination. En témoigne, parmi d'autres exemples, le long séjour à Saint Louis, point nodal du récit, ville fondée par Pierre Laclède et Auguste Chouteau. Est-ce la préservation de cette nostalgie qui amène le romancier-écrivain de *Volkswagen blues* à éviter Montréal ? S'agirait-il ici d'un souci d'affirmation patrimoniale qui permettrait d'échapper à la violence de la dérive en terre américaine, proposant une fabulation régressive où le rappel du passé glorieux de l'exploration française laisserait supposer une mémoire non altérée ? Montréal étant absente symptomatiquement dans ce roman de Poulin, la problématique de l'identité n'est pas éprouvée dans toute la complexité de ses alliances socioculturelles.

Le cosmopolitisme prend donc la forme d'une réflexion sur le double, gémellité à la fois fascinante et honnie. La quête du frère Théo permet de mieux situer le cadre de cette réflexion en privilégiant les motifs de l'éloignement et de la détresse mélancolique. À vrai dire, l'étranger n'existe pas encore vraiment dans ce roman, sauf peut-être sous la forme de ce dédoublement. Peut-être faudrait-il parler ici de la recherche d'un proto-étranger tant la quête, associée à la figure de Théo, est constamment déterminée par l'image du double. La dérive spatiale est dans cette perspective le complément nécessaire d'une durée métaphorisée en éloignement. Partir à la recherche de Théo, c'est bien tenter une impossible fusion, essai d'abolition du temps écoulé pour retrouver le double en soi. Cette quête du double est fortement influencée par des motifs associés à la réfraction, au miroitement, à la symétrie. *Volkswagen blues*, nous l'avons vu, prend l'aspect d'une sédimentation de parcours entremêlés à travers la quête du double qui lie Jack Waterman au frère Théo. La dérive continentale est aussi un séjour onomastique en terre étrangère par la diversité des toponymes rencontrés qui racontent de façon toujours énigmatique l'identification d'un « lieu » et d'un « nom ». L'intérêt du roman de Poulin, malgré la nostalgie de cette présence française, ne résidant pas dans la recherche d'une quelconque *archè* fondatrice, initiatrice d'une nomination originaire, mais plutôt dans la sédimentation plurielle des parcours entremêlés.

Ainsi en est-il du pseudonyme Waterman que Théo a attribué à son frère écrivain afin qu'il en fasse un nom de plume. Nom qui implique la transmission d'un patronyme ambigu : désignation qui rappelle l'enfance heureuse du romancier-écrivain, le rêve de l'écrivain idéal et aussi l'inconnu américain[2]. Le passage de la désignation, telle qu'entendue dans la langue maternelle (Jacques, ce qui suppose une ambiguïté autobiographique avec le statut de l'auteur), à sa traduction anglaise, qui fonde du même coup un patronyme inédit, celui de l'écrivain Waterman, amène, dès la transmission du nom, la conscience d'une modification à l'œuvre. Quitter le Québec pour entreprendre ce périple en terre américaine n'est pas chose aisée. L'appropriation n'est pas une donnée immédiate du parcours puisque celui-ci permet l'observation de la diversité des passages en terre américaine : immigrants, Amérindiens, explorateurs. Cette dérive est aussi l'occasion de repérer une hétérogénéité linguistique. Sous la présence uniformisante de l'anglais, langue véhiculaire, d'autres codes peuvent être découverts. Détroit, Saint

Louis… pour ce qui est des explorateurs français. Starved Creek, Fort Laramie pour ce qui est de la « traduction » des massacres des populations aborigènes. En somme, Jack Waterman, écrivain, à la recherche de son frère Théo, fait l'expérience, au cours de ce périple américain, de l'altérité dans ses dimensions territoriale et linguistique. Partir du Québec sécurisant de la rue d'Auteuil, c'est affronter un espace qui n'est pas circonscrit d'emblée, offert dans son immensité. C'est aussi, confronté à la diversité des toponymes, faire la rencontre d'une pluralité culturelle. La dérive en terre américaine est quête d'une étrangeté envoûtante et fascinante, mais aussi, ce qui n'est pas à négliger, profondément aliénante lorsqu'elle fait appel à la figure du double.

Théo représente de ce point de vue l'idéalisation de la transhumance, en même temps que la rupture du bornage territorial auquel l'écrivain Jack Waterman reste profondément attaché (le Québec de la rue d'Auteuil). Deux figures dessinent ici une stratégie contrapuntique. D'une part, l'écrivain qui à défaut d'écrire cherche la définition, le sens résiduel de traces antérieures laissées par son frère (cartes postales, fragments de livres, registres…) qu'il s'agit de déchiffrer. D'autre part, Théo, indiquant le sens de la quête à effectuer à travers le caractère lacunaire des traces données à interpréter. Double mythique opposant à l'immobilité de l'écrivain le nomadisme d'une écriture en cours d'invention : rébus d'une identité que Jack Waterman croit à première vue retrouver (qu'est devenu Théo ?) pour découvrir enfin, grâce à la dimension excessive de la quête américaine, que l'autre est définitivement distinct, que la mort ou l'incommunicabilité sont les seules conclusions possibles dans ce pays mythique, aux signes en voie d'éclatement : la Californie.

Il me semble que Jacques Poulin décrit ici avec justesse l'envers d'une certaine idéalisation de l'américanité. La quête amorcée par Jack Waterman peut bien être grandiose. Elle se conclut cependant par la perte de l'objet désiré. Théo est paralysé, silencieux. La relation entre les deux frères est condamnée à demeurer ambivalente. Jack Waterman, sédentaire, écrit dans son appartement de la rue d'Auteuil alors que son frère Théo part à l'aventure. Il faudra la disparition d'un Théo mal-aimé pour que l'écrivain accepte lui aussi de marcher sur les traces de ce frère omniprésent. L'idéalisation de la découverte, de l'appropriation laisse alors place à la désillusion. Quête des immigrants au passé effacé, ou encore en attente d'un futur dans la seule contemporanéité de la transhumance. Spectre d'une Amérique ossuaire, cannibale, Moloch ventru qui enferme en son sein. On peut proposer à cet égard que le roman de Jacques Poulin fait de l'écriture, à entendre globalement comme institution scripturaire fondée sur des traces représentantes diverses, la matrice signifiante permettant d'associer la présence et l'absence, la vie et la mort. En somme, ces traces représentantes permettent d'orienter la dérive en terre américaine, spécifient les modalités du déplacement. Le codex, auquel je faisais référence précédemment, peut être compris comme la sédimentation de ces traces représentantes : livres que consultent Jack Waterman et la Grande Sauterelle, indices et rébus que Théo disperse tout au long de ses pérégrinations.

Qu'il s'agisse de la visite à Fort Laramie, témoignage du massacre d'une tribu cheyenne en 1854, ou de la visite à Ash Hollow[3] afin d'entrevoir les pistes laissées par les chariots des émigrants en route vers la Californie, le roman de Poulin semble se constituer sous un angle commémoratif comme s'il s'agissait de pouvoir redire (renommer) ce qui se cache sous cette présence matérielle, muette mais pourtant évocatrice. Entre la cartographie imaginaire du personnage-écrivain, à la recherche de son frère, et la découverte de la

« présence silencieuse » de ce dernier, l'Amérique s'installe à la fois comme pérégrination et pèlerinage. La quête est parcours, déplacement, fuite en avant, oblitération du passé, mais aussi retour obsessionnel vers les traces d'une première occupation humaine.

La thématique du double recoupe cette pérégrination sans pourtant la résoudre. L'Autre, le frère, non pas exilé, mais tout simplement disparu, en quelque sorte hors-texte, reprendrait à son compte la dimension tragique du rêve américain, sa naissance sous la forme d'une communauté, ni rousseauiste ni utopique, mais plutôt éminemment violente. Dans ce roman de Jacques Poulin, ce sont les émigrants, dont les traces témoignent de la mobilité de l'occupation humaine, qui fondent et affrontent l'Amérique. Dimension tragique et violente puisque la volonté de peuplement ne s'est effectuée véritablement qu'au prix d'une mort quotidiennement affrontée.

Le parcours de l'Oregon Trail est donc le témoignage d'une geste héroïque, mais aussi la révélation de ce qu'il a englouti de vivant, ce qui peut-être par pudeur chez Poulin n'est dit que sous la forme d'une résonance mortifère. Le roman semble insister de façon toute particulière sur cette dimension commémorative. C'est le cas du parcours de l'Oregon Trail qui s'effectue dans la foulée de ces nombreuses traces laissées par les émigrants : ornières des chariots creusées dans le roc, pierres tombales... De même, l'environnement *beat* est décrit par Ferlinghetti comme un univers éclaté. La mort est encore à l'œuvre. C'est ce que Ferlinghetti semble suggérer lorsqu'il tente de situer la silhouette évanescente de Théo : « Je crois qu'il demeurait à North Beach... ou bien il avait une amie qui habitait dans le quartier, je ne me souviens pas exactement. Ça fait plusieurs années... Il y a beaucoup de gens qui sont partis ou disparus, vous savez [4]. » San Francisco au premier abord n'est pas comme l'imagine la Grande Sauterelle «cette ville où les races semblaient vivre en harmonie[5]», mais plutôt un lieu dispersé produisant ses propres déchets: déclassés qui traversent le Chinatown et «[...] vont échouer dans le bout de la rue Market[6]». Encore une fois, la dérive américaine se caractérise par cette frénésie ambulatoire, comme si les fantômes de la rue Market continuaient à errer mais sans communauté d'intentions. Paradoxe de ce roman de Jacques Poulin, ou peut-être indication du caractère spécifique que revêt ici la transhumance, la ville est la plupart du temps perçue comme une plaque tournante qui oriente le déplacement des protagonistes sans pourtant influencer profondément le sens du cheminement. De Toronto en passant par Saint Louis, le séjour en milieu urbain définit un parcours énigmatique. Qu'il s'agisse des modalités de l'arrestation de Théo à Toronto, de la reconstitution du vol d'une carte intitulée «plan de Westport[7]» à Kansas City, quelqu'un, témoin (policier, journaliste), a cru voir Théo. Ou caractéristique encore plus troublante, le regard, le témoignage ne suffisent plus à authentifier cette présence. Dès lors, ce sont d'autres traces: procès-verbaux, extraits de chroniques judiciaires qui viennent attester du passage de Théo. Dimension violente, excessive de cette quête.

Théo représente bien de ce point de vue l'idéalisation de la transhumance, la faculté de pouvoir s'affranchir des lieux circonscrits. Lorsque Jack Waterman mentionne à propos de son frère cette dimension quasi héroïque, il fait évidemment référence en retour à sa propre sédentarité difficilement acceptée. À cet égard, la remarque de Jack Waterman, alors qu'il quitte à peine un état profond de prostration et de mutisme (qu'il nomme «l'épisode du scaphandrier»), est particulièrement significative:

> Mon frère Théo, je ne l'ai pas vu depuis une vingtaine d'années, alors il est à moitié vrai et à moitié inventé. Et s'il y avait une autre moitié...

Il eut un petit rire nerveux.

— La troisième partie serait moi-même, c'est-à-dire la partie de moi-même qui a oublié de vivre. Comprenez-vous ce que je veux dire[8] ?

La thématique du double est encore une fois au rendez-vous. Être sédentaire, se blottir au creux de l'abri territorial, écrire, en pensant que l'écrivain voyage au gré des pages noircies quand ce sont les signes qui défilent et qui donnent l'illusion de la dérive, tous ces éléments seraient des traits du complexe du scaphandrier. Être hors-la-loi ou hors-texte comme le signe violemment Théo par les traces qu'il laisse lire, c'est contester le pouvoir de remémoration du récit et la vanité du scripteur prétendant créer des simulacres de vie par l'écriture.

Mais la problématique de l'écriture ne peut être restreinte à sa seule dimension littéraire. Elle possède une portée beaucoup plus vaste dans la mesure où elle signifie l'ensemble des traces représentantes (laissées par Théo), la diversité des parcours en territoire américain (l'Oregon Trail, les trajets des premiers explorateurs français...) qui tiennent lieu de savoir référentiel. Cette économie scripturaire, agglomérat de traces représentantes, caractérise tout aussi bien dans *Volkswagen blues* le désir, exprimé par Jack Waterman, d'une œuvre littéraire à constituer, que l'existence d'une cartographie faisant simultanément l'objet d'un parcours et d'une transgression.

Complexité de ce roman puisque le recours aux traces représentantes (à une orientation, un infléchissement du déplacement) est toujours l'aveu différé d'un échec. Suivre les indices transmis par Théo, se contenter du pouvoir restreint de l'écriture avec ce qu'il implique d'immobilité et de renoncement, alors que le frère Théo traverse librement l'Amérique : ces actes supposent une volonté d'accumulation, de thésaurisation, de façon à ce qu'un sens du parcours (et de l'interprétation) soit malgré tout préservé. Écrire, mais aussi savoir lire les traces laissées par Théo, cela reviendrait à privilégier un principe de fermeture, d'interprétation totalisante, ce que Jack Waterman appelle, en référant à son inhibition et à ses propres crises créatrices « le complexe du scaphandrier ». Écrire signifierait alors être en mesure d'interpréter les indices de l'absence (la disparition de Théo) sans pour autant participer véritablement au voyage inauguré par le frère idéalisé.

La thématique du double est particulièrement importante dans ce roman de Poulin puisqu'elle permet de situer quelques oppositions significatives. En témoigne d'abord la relation entre Jack Waterman et Théo qui suppose proximité et distance. De ce point de vue, la nécessité de s'orienter, par l'observation de nombreux indices laissés par Théo, autorise la création d'une mémoire du parcours qui demeurera cependant lacunaire. Cette problématique de l'identification, mise à jour par l'amour fraternel entre Théo et Jack Waterman, laisse entendre la possibilité d'une réunification, à la faveur de l'image du double, bien que celle-ci soit constamment freinée dans son accomplissement. La révélation gémellaire, que représente ici la recherche du frère, désirée mais aussi fortement redoutée, correspond en somme au désir d'une aperception : vœu d'une confirmation par le regard que ne viendrait corrompre aucune faille de la mémoire. Jack Waterman, cherchant désespérément son frère Théo, est sans doute, au même moment, en quête de lui-même. Mais, fait particulièrement significatif, cette recherche qui emprunte aux motifs du cheminement et de la pérégrination, est du même coup tentative d'élaboration d'une mémoire dont l'objectif est de remplir de signes ce qui a été perçu comme l'absence angoissante de Théo.

La quête de Jack Waterman reprend, comme le remarque Saul Bellow[9], l'héritage patrimonial des Louis Jolliet, du père Jacques Marquette et de Robert Cavelier de La Salle. Il s'agirait d'une quête violemment exprimée par la frénésie du déplacement, mais dont l'objet de désir (la découverte de Théo) serait pour ainsi dire forclos. C'est en effet l'absence de Théo, son statut atopique, qui justifie la disposition des indices, la constitution du parcours. Figuration du double particulièrement complexe car elle fait appel à une problématique de l'identification, activée par l'absence du frère. On peut imaginer que la conclusion de cette quête est déterminée par la découverte de Théo, encore que cette révélation doive être comprise comme permettant tous les retours régressifs à des désirs de fusion narcissique et d'indifférenciation. Mais la problématique de l'identification n'est pas totalement circonscrite par cet amalgame narcissique que représente la relation duelle. Mise en œuvre d'un mécanisme de défense particulièrement violent qui prend la forme de l'expulsion, de l'extermination, Théo, dans cette perspective, ne constituerait pas le simple complément narcissique de Jack Waterman. Il en définirait plutôt la face cachée, ce qui doit impérativement être mis à l'écart, contribuant ainsi à réaffirmer chez Jack Waterman l'ambivalence du processus d'idéalisation.

Voilà pourquoi Théo ne peut être qu'un personnage légendaire aux attributs exceptionnels : personnage nomade, absolument fascinant, qui contribue à mettre en relief la sédentarité malheureuse, inhibée de Jack Waterman. La dimension contraignante de l'idéalisation est à ce prix qu'elle doive laisser à l'écart tout ce qui pourrait apparaître comme négativité, insuffisance. D'où le recours au clivage, à la forclusion, qui sauvegarde l'intégrité psychique de Jack Waterman, justifiant l'idéalisation du frère et la pérégrination en terre américaine. C'est seulement à partir du moment où l'idéalisation de Théo laisse place à une perception plus élaborée qu'est reconnue la dimension ambivalente de cette relation. À la fascination est opposée le doute angoissant. Théo était-il seulement un délinquant (un « bum »), un hors-la-loi, quelqu'un en somme de beaucoup plus prosaïque que ce qu'avait imaginé Jack Waterman ?

Dans tous les cas, l'articulation discursive du roman de Poulin est particulièrement importante quant à cette problématique du cosmopolitisme. Le motif de la pérégrination permet de faire jouer l'ambiguïté de la relation duelle qui associe Jack Waterman à son frère Théo. La perception de cette extraterritorialité obéira à des injonctions apparemment contradictoires : à la fois dépaysement et étrangeté angoissante. Le cosmopolitisme, perçu comme hétérotopie, ne va pas de soi. À la diversité des cheminements, sédimentation de ces multiples parcours en terre américaine, s'oppose une cartographie défensive, obnubilée par l'inscription d'un patrimoine, quête qui cherche à circonscrire de façon rigide l'orientation du déplacement.

Parmi ces stratégies, il faut noter tout d'abord le recours à la nomination fondatrice des ancêtres qui institue un savoir-interpréter (principalement à la lecture de *La pénétration du continent américain* de Brouillette) se transformant en un savoir-parcourir : suivre les traces des premiers explorateurs français comme le fait par ailleurs Théo. Encore faut-il remarquer que la persistance de ce discours de fondation, supposant une origine raciale commune, est contesté au moment même de son affirmation. N'est-il pas dit par ce Brouillette, auteur de *La pénétration du continent américain par les Canadiens français* : « Partout où il se fait de la traite, on trouve les traces des Canadiens français, au sang pur au début de la période, au sang mêlé plus tard[10]... » Le savoir-interpréter, valorisant un fonds génétique commun, est de ce point de vue bel et bien désavoué.

Il y a une superposition de parcours dans *Volkswagen blues*. D'une part, une volonté d'appropriation qui est en fait re-découverte d'un territoire déjà arpenté par des explorateurs qui font ainsi jouer le fantasme d'une filiation, de la transmission d'un patrimoine. Dans cette perspective, Jack Waterman ne fait que suivre à la trace les indices qui lui permettent d'accréditer l'antériorité fondatrice des périples entrepris aussi bien par les coureurs des bois que par ces explorateurs qu'on nommait les Montréalistes. D'autre part, la marche à suivre que sous-entend chaque parcours, délimitation très précise d'un mode d'orientation dans l'espace, est toujours infléchie par d'autres parcours qui composent un lacis de cheminements dont il n'est plus possible à vrai dire de savoir lequel a préséance.

Cette nomination fondatrice du territoire est en somme un phénomène marginal. Bien qu'il y ait à l'œuvre ce désir d'une authenticité patrimoniale, par le rappel de la nomination du territoire parcouru, une pluralité de signes, créant un métissage des cheminements, contribuent à rendre illusoire toute tentative d'appropriation. Le statut de Jack Waterman, personnage écrivain dans *Volkswagen blues*, est à cet égard évocateur. La volonté d'écrire est présente chez ce dernier mais demeure néanmoins latente, en proie à l'inhibition. La frénésie ambulatoire s'oppose à la passion d'écrire : la dérive en terre nord-américaine prenant l'aspect, d'une redécouverte, d'une composition graphique.

La dispersion de nombreux indices, abandonnés par Théo, s'apparente de ce point de vue au désir de filer une intrigue. La dispersion est aussi le motif essentiel de ce roman de façon telle que la recherche de Théo, loin de se conclure de façon satisfaisante, est expérience de l'absence, aperception toute négative. Théo, paralysé, ne reconnaîtra pas son frère pour qui il aura d'ailleurs incarné un double idéalisé. Ces indices : cartes postales, procès-verbaux, photographies, témoignages oraux… ont un statut paradoxal puisqu'ils actualisent une absence. De même, les signes laissés par d'autres explorateurs du territoire tracent les contours d'un parcours essentiellement mortifère :

> D'une façon ou d'une autre, ils n'avaient pas tenu le coup et leurs os blanchis reposaient quelque part au bord de la piste. On leur avait fait une pierre tombale avec une inscription, ou encore une croix ou un monticule de pierres, ou bien on les avait ensevelis dans une fosse anonyme [11].

D'où la nécessité de réévaluer la signification de la transhumance dans ce roman de Poulin, celle-ci n'étant pas toujours associée à des valeurs positives. L'exploration du territoire, les traces offertes à déchiffrer pour d'autres voyageurs sont le témoignage d'une mort à l'œuvre, d'un passage du temps qui ne laisse que des indices à interpréter. Ainsi, l'écriture dans ce roman, à entendre dans le sens global de trace représentante, est définie comme un processus corrupteur. Opposition violemment exprimée entre un travail d'élaboration scripturaire déterminé par une volonté d'appropriation territoriale et le désir d'une épiphanie visuelle (les retrouvailles avec Théo) qui échapperait à la scansion graphique.

La recherche de Théo est le motif prédominant de cette quête et la fascination que Jack éprouve pour ce frère, associé au double idéalisé, caractérise une épiphanie par ailleurs violemment contestée au moment du périple en terre américaine. Partir à la recherche de Théo, c'est faire jouer une écriture de la découverte qui pourrait accaparer l'altérité par le recours à la dimension progressive, itinérante du cheminement. À cette volonté d'appropriation sont attribuées des valeurs de continuité, de répétition. Le désir de fusion avec le frère disparu est bien sûr fortement souhaité afin de mettre fin à l'écoulement du temps ainsi qu'à l'éloignement, il n'en reste pas moins toujours assujetti au pouvoir de ces traces représentantes qui créent l'orientation du cheminement. L'euphorie propre à cette écriture de la découverte n'est que provisoire. Elle laisse supposer la possibilité de s'approprier l'altérité, de suivre fidèlement les traces disséminées par Théo. Elle permet surtout de croire au dénouement de la quête, au pouvoir tout-puissant de ces indices qu'il s'agit de lire et d'interpréter. La conclusion du roman est à cet égard particulièrement forte puisque les signes, indices et traces représentantes diverses, métaphorisent l'absence : la lente agonie du frère devenu inconscient.

Du métissage

Il semble ainsi que le cheminement en terre américaine soit décevant, le parcours de Jack Waterman se caractérisant par la prise de conscience douloureuse d'une incomplétude. Mais le roman de Poulin n'est pas cependant entièrement circonscrit par cette dimension mortifère du cheminement. Si la découverte de Théo peut être envisagée comme le difficile apprentissage du principe de réalité, par cette association de la maladie et de la dégénérescence, du passage du temps et de l'éloignement, la présence de la Grande Sauterelle fait intervenir la problématique du métissage. Pour cette dernière, le parcours en terre américaine ne se conclut pas par la rupture de toute idéalisation, à l'exemple de Jack Waterman retrouvant son frère malade et silencieux. Il fait plutôt appel au métissage : stratégie se plaisant à associer l'éclatement cosmopolite (le séjour à San Francisco) aux diverses pérégrinations d'un personnage amérindien : « [...] elle pensait que cette ville, où les races semblaient vivre en harmonie, était un bon endroit pour essayer de faire l'unité et de se réconcilier avec elle-même[12] ». Problématique du métissage, qui me semble contribuer à rompre violemment la dimension gémellaire présente dans la relation entre Jack Waterman et Théo; thématique du double qui autorise d'ailleurs le cheminement. Contrairement à Jack Waterman, recherchant son frère Théo, la Grande Sauterelle n'est pas en quête d'une figure gémellaire qui oriente la destination du parcours.

En ce sens, la poursuite d'une unité, bien que formulée par la Grande Sauterelle à la fin du roman, au moment de l'arrivée à San Francisco, est une caractéristique secondaire de cette quête. Faire l'unité avec soi-même est, en effet, une proposition qui coïncide avec la conclusion du périple sans que le retour sur soi prenne la forme d'une configuration narcissique sécurisante. Jack Waterman est au contraire un acteur pour qui cette quête de l'unité est un *a priori* qui déterminera l'orientation du cheminement, motivé grâce aux nombreux indices laissés par son frère Théo. La rupture de l'idéalisation — la rencontre du frère malade, amnésique — sera d'autant plus violente qu'elle est constamment nourrie par ce vœu d'unité, de fusion.

Deux quêtes dont les justifications semblent totalement différentes viennent ainsi à s'entrecroiser, dressant les contours d'une cartographie imaginaire. Pour Jack Waterman, l'espoir d'une effusion narcissique, ce que représente ici le motif du double, est définitivement remis en question au moment de l'arrivée à San Francisco et de la rencontre de Théo. C'est que la dérive en terre américaine définit pour Jack Waterman une expérience où domine la désillusion. Le souci de continuité, manifesté par cette stricte obéissance aux indications laissées par le frère Théo, caractérise une quête dont la progression est entravée par le constat d'une fusion impossible. Dès lors la discontinuité, comme incapacité à faire l'unité, contribue à rendre inutile, dérisoire cette disposition de points de repère justifiant la recherche du frère idéalisé. Quant à la Grande Sauterelle, la problématique de l'extraterritorialité peut être entrevue sous un jour différent. Nulle recherche de l'uniformité ou de la fusion gémellaire au moment de la dérive américaine. Le métissage est au contraire le fait d'une pluralité de parcours et de généalogies entremêlés. La quête d'une origine pouvant assurer fondation est au tout début du parcours, soit à Gaspé, une exigence aussitôt désavouée. La Grande Sauterelle, plus que tout autre acteur dans ce roman de Poulin, est un personnage qui incarne un espace socialisé selon les règles de la transhumance. Ainsi, le métissage revendiqué (mise en place d'une différence, d'une marge signifiant du divisible, du sécable sans aucune possibilité de retourner à l'unité) se cherche, dans *Volkswagen blues*, une place, un lieu d'inscription :

> Vous dites que vous êtes « quelque chose entre les deux »... Eh bien, je ne suis pas du tout de votre avis. Je trouve que vous êtes quelque chose de neuf, quelque chose qui commence. Vous êtes quelque chose qui ne s'est encore jamais vu. Voilà c'est tout [13].

Le métissage est présenté non pas comme la simple faculté de modification de l'identique (ce qui pourrait être entrevu sous la forme du /ne pas être Indienne/ ou /ne pas être Blanche/), mais plutôt à la façon de « quelque chose » qui n'est pas dit, exprimable, phénomène se caractérisant par son indécision ; d'où l'utilisation par Poulin d'une locution indéfinie, à valeur non déterminative. C'est dans cette perspective qu'il faut comprendre le désir d'unité exprimé par la Grande Sauterelle. Le métissage y prend la forme d'une indécision salutaire quant à la possibilité de statuer sur les valeurs de permanence, d'authenticité attribuées à l'identité. L'arrivée à San Francisco ne signifie pas pour la Grande Sauterelle l'arrêt de cette interrogation, mais plutôt sa suspension toute provisoire. Après avoir parcouru le continent américain, fait la connaissance de ses points d'arrêt commémoratifs (Ash Hollow, Fort

Laramie…), le génocide amérindien doit être pour ainsi dire exorcisé, compensé par l'affirmation d'un métissage dont témoigne à mon sens le personnage de la Grande Sauterelle.

Cette problématique du métissage est d'autant plus importante qu'elle suppose, pour la Grande Sauterelle, la menace d'une acculturation. D'où cette indécision formulée par Jack Waterman quant au statut de ce métissage : « quelque chose entre les deux […] quelque chose de neuf, quelque chose qui commence. Vous êtes quelque chose qui ne s'est encore jamais vu. Voilà c'est tout ». Simplicité apparente de la proposition qui masque néanmoins une articulation complexe. L'indétermination (quelque chose entre les deux) est affirmation d'une différence, relation binaire qui peut aussi, par le fait d'une osmose, devenir réalité inédite : « quelque chose de neuf ». La problématique du métissage est donc complexe. Revendication d'une identité qui privilégie l'instabilité, l'impureté, ce métissage n'échappe pas toujours au désir d'une unité, d'une abolition des contraintes. Le dissemblable se transforme alors en fantasme d'une nouvelle naissance, régénération salutaire : ce « quelque chose entre les deux » rendant compte d'une situation à la fois inconfortable et stimulante.

Le périple de la Grande Sauterelle est lui aussi un cheminement commémoratif. La mort pour la Grande Sauterelle est partout à l'œuvre. Elle hante la trame du parcours puisque le constat du génocide est présent dans les moindres replis de cette Amérique traversée. C'est ainsi qu'il faut entendre ce désir possible de réunification avec soi-même : une tentative peut-être dérisoire afin de colmater la douloureuse mémoire du génocide. L'identité métissée, telle qu'exprimée par la Grande Sauterelle, porterait en elle la complexité des sédiments de l'histoire américaine. L'appropriation territoriale suppose le génocide de même que le parcours — qui nécessite une nomination, une lecture des lieux traversés — est entrevu par la Grande Sauterelle comme un cheminement mortifère. Réunifier serait ici synonyme d'une tentative de réparation : assimilation de la douleur du génocide, retissage d'une identité clivée afin de continuer à vivre autrement que dans la détresse mélancolique.

Cette identité métisse, je la qualifie de ternaire puisqu'elle contribue à remettre en question la coalescence narcissique qui lie Jack Waterman à Théo. L'idéalisation du double, la constitution d'une mémoire patrimoniale qui fait du territoire parcouru un fait d'appropriation, peuvent être comprises comme autant de manifestations d'un retour à l'unité au détriment du métissage. D'où l'importance de la représentation de l'indianité dans ce roman. Les Amérindiens sont bien sûr les premiers occupants de l'Amérique, Jacques Poulin ne l'oublie pas, lui qui associe la transhumance des explorateurs de Nouvelle-France à une geste inaugurale certes, mais dans le cadre d'un univers symbolique qui met les Amérindiens en réserve. La mère de la Grande Sauterelle, Montagnaise de La Romaine et femme de ménage au Musée de Gaspé, la visite à Fort Laramie : autant de témoignages du génocide autochtone, portraits d'une culture aborigène soumise à un cadre restreint, emprisonnée dans ces réserves de la basse Côte-Nord, ou commémorée par ces stèles funéraires marquant la victoire du colonisateur. La mémoire amérindienne révèle ainsi la face cachée d'une autre Amérique. Dans une perspective assez semblable, le désir d'un territoire librement parcouru, redécouvert au moment des périples successifs de Théo et de Jack Waterman, ce désir est ramené à de plus justes proportions :

> — Et puis il paraît que les Indiens sont venus de l'Asie et qu'ils sont arrivés en Amérique par un pont de glace qui recouvrait le détroit de Béring. On est arrivés par l'Ouest

et vous êtes arrivés par l'Est. Il y a 7000 kilomètres qui nous séparent[14] !

Cette quête américaine dont Théo et Jack Waterman sont les instigateurs, faisant jouer la thématique du double, est encore une fois contestée par ce rappel d'une occupation antérieure du territoire. Inversion de l'exploration dans le sens ouest/est afin d'affirmer le caractère gratuit de toute légitimation nominative qui chercherait à définir un mouvement d'appropriation. À nouveau des parcours totalement divergents s'intègrent à cette mémoire américaine de façon à en montrer les contradictions. La mise en réserve des Amérindiens, leur génocide commémoré contribuent à rendre dérisoire cette volonté héroïque de traverser le continent américain sans jamais être entravé dans le choix du parcours. De la même façon, le rappel de l'occupation précolombienne souligne la multiplicité des cheminements et des appropriations culturelles.

La Grande Sauterelle est la fille d'une Amérindienne et d'un Blanc. Elle est de sang mêlé. Nulle mélancolie d'une origine raciale clairement définie. Peut-être est-ce pour cette raison que la *mètis* au cours de l'Antiquité grecque caractérise aussi la ruse, la capacité à détourner les significations de leurs inscriptions référentielles premières. Ainsi le cheminement de la Grande Sauterelle déjoue la mise en scène savamment orchestrée de la transhumance qui, au cours de la quête du frère Théo, s'appuie sur une multiplicité d'indices : lettres, livres, documents et témoignages. Ces indices agissent à la façon d'inscriptions topographiques qui orientent le parcours, donnent sens à la pérégrination constamment informée — et justifiée — par les traces du passage de Théo.

D'où la déception lors de l'arrivée à San Francisco. Ces indices que Jack Waterman croyait avoir correctement interprétés sont trompeurs puisqu'ils mènent au frère paralysé et inconscient. L'absence que ces indices permettaient d'interroger n'est plus temporaire. Elle acquiert un caractère de permanence. Tout autre est le parcours de la Grande Sauterelle. Le cheminement de la Montagnaise métisse est rusé, sinueux : il consiste à traverser le continent américain afin d'en éprouver la violence silencieuse, mortifère pour tenter, en fin de parcours, cette réconciliation avec soi-même. San Francisco représenterait de ce point de vue un lieu urbain ambigu puisque la pérégrination doit obligatoirement s'arrêter face au Pacifique. La fusion gémellaire semble impossible car ne subsiste, après la découverte de Théo, qu'absence et crainte de la mort. Plus d'altérité, seulement la conscience d'une dégradation inéluctable, le constat de cette discontinuité qui entrave tout désir d'aperception. Théo à San Francisco ne reconnaîtra plus son frère. Pour Jack Waterman, parvenir à San Francisco, c'est peut-être devoir affronter dans sa nudité cette déchéance de Théo et ce qu'elle entraîne de questionnement quant au rôle de l'idéalisation au moment de la recherche du double.

Volkswagen blues de Poulin apparaît ainsi comme un roman énigmatique dans la mesure où l'interprétation des nombreux signes, permettant l'orientation du parcours, est insuffisante à assurer une lisibilité sans faille du cheminement. Il y a en effet dans ce roman de Poulin le désir de faire obstacle à l'angoisse de l'absence — que représente la disparition de Théo — par le recours à une emprise référentielle. Jack Waterman, au début du périple, obéit à une injonction : la carte postale reproduisant un extrait de la première relation de voyage de Jacques Cartier est oblitérée à Gaspé. Cette interprétation « à la lettre » est de fait analogue à une désignation déictique puisqu'il s'agit de déterminer avec soin où pourrait se trouver Théo. Tentative dérisoire cependant, car les nombreux indices à interpréter se révèlent insuffisants. L'espace à parcourir est bien sûr peuplé de ces signes qui laissent croire à l'actualisation d'une présence, mais la conclusion du roman est, du moins pour Jack Waterman, décevante.

La désillusion est tout ce qui reste après la découverte du frère inconscient et paralysé. Le désir d'une aperception est condamné à l'échec. Jack Waterman peut bien rêver la présence de Théo, être en attente d'une transfiguration, d'une épiphanie sensorielle qui ferait obstacle à l'angoisse de mort, rien de cela n'est réalisé. Rêver la présence de l'autre, sa soudaine proximité, correspond à un fantasme narcissique de réunification immédiatement brisé. Il ne subsiste, après l'expérience de la perte, que l'éparpillement de tous ces signes sur l'ensemble du territoire parcouru.

J'ai parlé précédemment du statut de l'extraterritorialité dans ce roman de Poulin. S'agit-il simplement de la recherche et de l'affirmation subséquente d'une identité pleine, sans ambiguïté aucune ? L'analyse que je viens de mener démontre, je crois, la fragilité de cette altérité. Théo est poursuivi anxieusement par son frère dans une Californie lointaine. L'extraterritorialité est un motif essentiel de ce roman. Mais la transhumance ne laisse voir, en fin de parcours, qu'une altération de l'identité. Ce qui suppose toute une série de questions élaborées en prenant en considération la thématique du double. Qui suis-je ? Qui est-il ? Autant d'interrogations sur la constitution fragile de l'identité en regard du mouvement d'idéalisation qui lui offre prise. L'identité n'est pas une certitude, une réalisation dont l'accomplissement ne saurait être remis en question. La thématique du double, la problématique du métissage culturel, l'ensemble de ces préoccupations témoignent de la précarité de cette identité en formation.

Il en est de même pour la configuration spatiale dans ce roman. La quête inaugurée par Jack Waterman correspond à un mouvement affirmatif. Il s'agit de retrouver Théo en s'orientant grâce à des indices qu'il faut interpréter. Cette quête permet l'instauration d'une continuité et circonscrit un espace à explorer. Mais elle caractérise aussi une appropriation territoriale constamment menacée par une désintégration, une fragmentation du sens du parcours. Un exemple peut être invoqué. Jack Waterman arrive à San Francisco à la recherche de son frère. Il aperçoit, placardée à un mur du Café Trieste, une photographie d'écrivains du mouvement *beat*, photographie où il remarque soudainement le visage de son frère. La légende de cette photographie, provenant du livre *The Beat Angels*, est cependant obscure. Les noms de tous les écrivains sont mentionnés sauf Théo: « *unidentified man* ». Ainsi en est-il de la quête démesurée entreprise par Jack Waterman à la découverte de son double. Elle rencontre l'absence, la perte de sens, l'impossibilité d'identifier clairement.

C'est ici qu'il faut faire appel à la fonction d'une structuration ternaire dans le roman de Jacques Poulin, inscription d'une différence qui ne se réduit pas à la fascination gémellaire. La recherche du double se conclut par un échec. Jack Waterman ne dit-il pas: « Je… l'idée qu'il vaut mieux ne pas revoir mon frère… j'ai accepté cette idée tellement vite que… maintenant je me demande si j'aimais vraiment Théo. Peut-être que j'aimais seulement l'image que je m'étais faite de lui [15]. » En somme, la volonté de fusion narcissique est contestée par l'apparition d'une négativité qui hante le discours romanesque. L'étrangeté, le non-familier seraient des caractéristiques de cette logique ternaire comme s'il fallait rompre l'aliénation captative qui inféode la constitution de l'identité au regard de l'autre. Non pas qu'il faille imaginer un sujet échappant à cette captation imaginaire, celle-ci étant garante de l'identification: reconnaissance qui permet de se savoir à la fois semblable et différent. Mais cette structuration ternaire définit une négativité, l'impossibilité d'en appeler à une synthèse unifiante, qui recoupe d'après moi la problématique du métissage telle que représentée par la Grande Sauterelle. Le refus d'une dimension symbiotique, fusionnelle, laisse place à une valorisation de la dissymétrie comme si la constitution de l'identité ne pouvait être que fragmentaire.

Le caractère subversif de cette structuration ternaire proviendrait du fait que la thématique du double se révèle notoirement insuffisante. Tout désir de réunification gémellaire, par le biais d'un désir concomitant de régression à l'unité, s'accompagne d'un vœu de symétrie. À l'encontre de cette identité constituée par réduplication, l'inscription d'un personnage tiers est définie par une autre logique. En somme, la métisse ne ferait ni un ni deux. À l'extrême elle pourrait représenter par son indécision un entre-deux, l'espace d'un choix, toujours en attente d'une réalisation. Fragmentation, ruse, morcellement de l'identité, tel serait son univers. Cette logique ternaire est le signe d'un excédent. Ni monade ni dyade, elle détermine l'extériorité de l'espace social. En fait, elle tient lieu de tiers-exclu. D'où le statut de la Grande Sauterelle, son métissage revendiqué comme une façon de rompre la trop grande rigidité de l'espace, ce qui correspond à un intérêt pour la marginalité, la périphérie.

Volkswagen blues de Poulin met ainsi en place les enjeux d'une vaste réflexion sur cette constitution de l'identité à la faveur d'une extraterritorialité qui intègre les motifs de la gémellité et du métissage culturel. La conclusion du roman est à cet égard révélatrice : le séjour à San Francisco s'apparente à la contemplation d'un univers éclaté, sans significations prescrites. Vivre dans cette ville revient à s'y perdre, à l'exemple du frère Théo, ou des vagabonds qui errent près de Market Street. Le cosmopolitisme apparaît ici dérisoire. Divers parcours s'enchevêtrent mais la volonté de leur assigner une conclusion demeure illusoire. Comme si l'arrivée en milieu urbain, que représente ici San Francisco, rompait l'illusion d'une continuité référentielle. La quête de Jack Waterman, toute entière déterminée par la recherche du frère Théo, trouve à San Francisco sa conclusion malheureuse.

Dès le départ de Gaspé, le parcours a été minutieusement balisé de façon à ce que la découverte du frère ne soit pas entravée. Mais à San Francisco les cheminements perdent de leur cohérence : une multitude de différences dérisoires peuvent être observées. La frénésie ambulatoire des *hobos* tient lieu de quête. Le cosmopolitisme prend l'aspect d'un acte commémoratif, sédimentation de parcours réclamant leur autonomie, mais qui se confondent dérisoirement sur le littoral du Pacifique. C'est que la revendication d'un discours fondateur est contestée au moment de l'arrivée à San Francisco. Il n'y a plus de sens premier, de savoir référentiel associé au balisage du parcours de Jack Waterman. La dimension commémorative de cette quête est toujours actuelle, sans qu'elle soit pour autant synonyme d'authenticité. L'itinéraire de Jack Waterman est dans un premier temps certifié par le trajet des explorateurs de Nouvelle-France. Mais, à San Francisco, l'écheveau du récit se défait. Les balises qui orientent la quête deviennent autant de signes dispersés. Seul le désir d'unité de la Grande Sauterelle permet l'expression timide d'une positivité. Comme si cette dernière, Montagnaise métisse, était le seul acteur pouvant créer de l'inédit. De façon à ce que la pluralité culturelle, affirmation d'une hétérotopie, échappe à ce désir régressif de retour à l'unité.

La tentation cosmopolite

Quels parallèles pourrions-nous tracer entre *Volkswagen blues* de Jacques Poulin et *Une histoire américaine* de

Jacques Godbout. Ces deux textes, d'ailleurs fort différents par leurs techniques d'écriture, font appel à une problématique extraterritoriale: la Californie y est représentée afin de permettre une réflexion sur l'américanité dont le Québec est lui aussi partie prenante malgré toutes les déclarations de malaise, d'hésitation. Du Québec à la Californie du Sud, un parcours est ainsi affirmé qu'il faut comprendre soit comme réappropriation d'une appartenance continentale ou revendication d'une singularité culturelle. Cette réflexion sur l'américanité est, on le voit, complexe. Elle traduit une interrogation hésitante sur ce qu'est ou pourrait devenir le Québec.

La mise en scène d'une extraterritorialité me semble tout d'abord correspondre à un phénomène de déplacement. À vrai dire la Californie est représentée dans ces romans parce qu'elle offre, eu égard au territoire québécois, la possibilité d'une projection équidistante. Cette Californie mythique chez Poulin et Godbout peut informer en différé sur ce qu'est, sera, ou ne sera pas le Québec. La mise en parallèle de deux espaces américains n'est pas gratuite: elle oppose le Nord et le Sud, distinguant deux territoires périphériques. Le littoral californien est bordé par le Pacifique, de même que l'éperon continental est fissuré par la faille de San Andréas. Interface de l'Amérique du Nord et de l'Asie, sans oublier la contiguïté de l'espace latino-américain, la Californie, dans ces romans de Poulin et Godbout, agit à la façon d'un révélateur.

Il n'est pas étonnant dès lors que ces romans y situent, avec sérieux ou ironie, la clé d'une interrogation sur l'identité à travers sa possible reformulation métisse. Quant au Québec, il n'est pas si éloigné de ces préoccupations. Il prend avant tout l'aspect d'un lieu de départ. Chez Poulin comme chez Godbout, il s'agit d'un espace nordique, territoire enchâssé dans cette immensité continentale qui apparaît désertique. Le Québec représente lui aussi une périphérie, s'apparentant par moments à un site isolé. Cette nudité, espace revêche à toute appropriation, est opposée à la société californienne dont Godbout et Poulin semblent surtout retenir l'affirmation d'une pluralité culturelle à la faveur d'un débridement — parfois angoissant — des significations. La Californie est entrevue comme un lieu d'arrivée, en somme l'équivalent d'une « *new frontier* » du roman québécois. Du Québec par contre, il faut partir, s'échapper parce qu'il donne le sentiment d'un emprisonnement : geôle alternativement sécurisante et inquiétante puisqu'elle est partie intégrante du continent américain, en même temps qu'elle autorise une certaine marge d'autonomie. Demeurer au Québec semble par conséquent une entreprise hautement périlleuse. Cette singularité peut bien devenir le signe distinctif d'une québécité (mais qu'est-ce au juste ?), les personnages principaux de ces deux romans n'en éprouvent pas moins un étrange sentiment de malaise. Le territoire où ils croient pouvoir vivre et circuler librement est en fait circonscrit, quadrillé de façon telle qu'il devient comparable à une « réserve » imperméable à l'influence extérieure. Partir c'est se libérer d'une contrainte pour constater beaucoup plus tard, à la fin du périple, que cette liberté était illusoire : la Californie apparaissant comme un gigantesque Luna-Park, condensé terrifiant de toutes les démesures.

Le personnage principal des romans de Poulin et Godbout est un sujet assiégé. Face à cette problématique de l'identité culturelle québécoise, le désir est grand de faire appel à la notion d'extraterritorialité, par le recours à cette Californie mythique, comme s'il était possible de formuler en un autre lieu les contradictions propres au Québec : espace à la fois fermé et ouvert, revendiquant une appartenance qui se cherche encore confusément, entre l'ethnicité canadienne-française et la définition ouverte, générique de l'identité québécoise.

La quête extraterritoriale implique donc un désir de symétrie clairement affirmé. Séjourner en Californie, c'est trouver, par la distance ainsi instaurée, quelques réponses quant à une identité québécoise qui semble si difficile à porter dans ces deux romans. Le séjour est l'occasion d'un constat : le cosmopolitisme ne peut être que le fait de l'Autre. Seulement en Californie peut-on, semble-t-il, être séduit, emporté par ce vertige d'un monde où l'espace et le temps se vivent en accéléré. Société où la problématique de l'identité ne paraît plus se poser de façon rigide. L'univers californien permettrait ainsi la rencontre du cosmopolitisme. Il y a d'ailleurs dans les stratégies narratives élaborées une certaine ambiguïté quant à ce rôle attribué à l'extraterritorialité. Le cosmopolitisme provient d'ailleurs comme s'il fallait préserver un espace natal de toute remise en question. L'étrangeté du cosmopolitisme n'étant sollicitée qu'à la condition d'être restreinte au périmètre californien, évitant une régression, un reflux qui pourrait devenir envahissant, mener à interroger, cette fois de l'intérieur, la constitution de l'identité québécoise.

Jusqu'à un certain point, cette Californie mythique dont parlent Godbout et Poulin — perception d'un désenchantement après la rupture de l'idéalisation — correspondrait à une volonté de projection. Le cosmopolitisme dans ces deux romans est « vu » de l'extérieur comme s'il fallait se situer temporairement en un lieu neutre. Peut-être parce que mettre à l'extérieur, situer hors d'un lieu défini, revient, tel le mécanisme de la projection en psychanalyse, à utiliser le cadre de la négation et à l'insérer dans une perspective spatiale. Partir, quitter le Québec, s'apparente dès lors à un geste de refus. La pérégrination en terre américaine, qui suppose, dans ces deux romans, aventure, fuite en avant, permettrait du même coup la consolidation imaginaire de l'identité québécoise, désormais sauvegardée.

Extérioriser, ce serait alors se protéger, sans doute paradoxalement, contre toute agression, reléguer à l'extérieur cette pluralité du cosmopolitisme afin de ne pas éprouver à son corps défendant la précarité de l'identité québécoise. Cette « histoire américaine » ne peut être qu'« autre ». À la limite, elle ne « nous » concerne pas. Le dépaysement, synonyme d'étrangeté, vient d'ailleurs. Il faut que cette étrangeté soit à son tour circonscrite, qu'elle fascine certes mais qu'elle demeure cantonnée à un espace lointain. Une fois quitté le Québec, « je » est un autre, disponible à la pérégrination et le trajet n'obéit plus à des règles préétablies. Se perdre devient possible. C'est le cas de Grégory Francœur (dont le patronyme français est, par l'adjonction du prénom, signe de l'ascendance maternelle irlandaise ; l'indication d'une identité bicéphale chère aux romans de Jacques Godbout) qui, au hasard de son exil californien, en arrive à dévier, à se perdre, au fil d'une intrigue qui cherche à se reconstituer à travers le journal de prison.

Le roman de Godbout différerait à cet égard de *Volkswagen blues* de Jacques Poulin dans la mesure où la pérégrination en terre américaine n'obéit pas à un balisage précis. Il n'y a pas, comme chez Poulin, de traversée du continent qui laisse voir la lente progression d'un cheminement dont l'objectif est la rencontre de Théo. Grégory Francœur arrive en Californie afin de se perdre en un lieu apocalyptique, aux significations constamment détournées de leur intention première. Grégory Francœur, professeur invité à l'American Association of Social Communicators, y connaîtra l'emprisonnement et Terounech, jeune Éthiopienne, qui, à la suite d'un quiproquo, l'impliquera dans une affaire de trafic d'immigrés clandestins. Le caractère dissocié, éclaté de l'univers californien s'opposant à la mélancolie du Québec natal. Le motif de l'étranger est bien présent dans ce roman de Godbout — préoccupation de longue date : *L'aquarium*, premier roman de Godbout, pouvait lui aussi se situer, selon les confessions de l'auteur, en un lieu ambigu, à la fois Éthiopie, Haïti ou Mexique, et *Le couteau sur la table* traite du mariage des deux solitudes — puisqu'il fait de Terounech un acteur au statut périphérique, mais qui n'en acquiert pas moins une importance fondamentale. Comme si le regard et le statut énonciatif de l'étranger, dans ce roman de Godbout, pouvaient contribuer à fragiliser les interventions narratives du personnage principal qu'est Grégory Francœur. Quitter le Québec pour la Californie, c'est mettre en scène une extraterritorialité dépaysante, faire jouer une tension qui permette la rencontre de l'altérité. En somme, l'étranger n'est plus entrevu ici comme un porte-parole aliénant ou dominateur, personnage menaçant pouvant coloniser l'identité considérée fragile du sujet québécois. Grégory Francœur ne se protège pas d'une possible invasion américaine. Il ne cherche pas à reconstituer un bornage territorial sécurisant, déterminé par les limites clairement définies du territoire québécois.

Ce roman de Godbout me semble favoriser, par la mise en scène de l'espace californien, une interrogation sur le sens de l'altérité. Mais on aurait tort de définir la quête romanesque par cette seule thématique. Bien sûr, Grégory Francœur n'échappe pas à l'idéalisation en aimant Terounech, y voyant peut-être la possibilité d'échapper à la mélancolie de son Québec natal. Cependant cette fascination pour l'extraterritorialité, aussi directe soit-elle dans sa manifestation principale qu'est le départ pour la Californie, n'échappe pas au clivage, à la séparation. En somme, l'idéalisation de l'Autre, qui correspondrait à cette fascination pour l'altérité, ne met pas pour autant de côté la menace de l'étranger. C'est ce dernier qui induit en retour l'angoisse du clivage de l'identité.

Le récit rétrospectif de l'incarcération que rédige Grégory Francœur après son arrestation est à ce titre un prétexte obsessionnel à naturaliser l'espace, à se l'approprier. Rien d'exceptionnel d'ailleurs, car dans cette passion pour l'extraterritorialité, plusieurs questions viennent à se poser. Qui suis-je ? Que sont les Californiens ? Autant de questions qui renvoient à une identité impossible. Le désir de rationalité faisant alors appel au bornage d'un espace par le recours à l'écriture[16] : inscription d'une graphie, permanence d'une mémoire que le geste de faire récit, par l'énonciation carcérale, inaugure.

Mais il n'est pas assuré que cette appropriation de l'espace soit d'emblée réalisée. L'euphorie ressentie à la faveur de la contemplation de l'étrangeté du lieu californien est évidente dans ce récit : « Assis dans le fauteuil à côté du chauffeur, j'avais une vue imprenable (en Technicolor) sur les eaux de la baie [...]. J'absorbais les paysages comme une cellule photoélectrique se nourrit de lumière[17]. » Seul le retour vers l'espace natal sera signe d'une défaite, l'identité étant soudainement rétractée aux contours du territoire familier. L'Autre (en l'occurrence Terounech) ne peut être perçu tel que dans la mesure où il échappe au cadastre québécois, que son étrangeté soit elle-même mise en exergue par l'intégration à un univers extraterritorial (la Californie).

Il semble qu'*Une histoire américaine* laisse place, peut-être plus que le roman de Poulin, à cette mise en scène d'un cosmopolitisme dérisoire se caractérisant par un brouillage des significations. En fait, l'unique stratégie défensive élaborée par Grégory Francœur consiste à tenter de rendre compte par l'écrit des motifs ayant présidé à son emprisonnement. Mais ce récit rétrospectif du séjour californien est inefficace. Raconter le passé, tenter d'expliquer, par le biais d'un discours rapporté, les particularités du séjour californien, c'est en quelque sorte faire jouer une causalité artificielle car l'écriture est entrevue ici comme une dynamique d'appropriation, d'aplanissement de l'altérité.

D'où cette présentation à la fois angoissante et séduisante de l'univers californien : territoire échappant, semble-t-il, à l'histoire, défini par un cumul constamment renouvelé des signes et des informations comme s'il était possible de situer une dépense sans négativité : « *Maybe you've become Californian crazy* » ? Cette litanie « sociétale [18] », marque distincte de l'univers californien, est couplée à la perception d'un espace semblable à un lieu de transit même si l'on pense éventuellement s'y implanter : « Elle prétendait être en Amérique, elle pourrait tout aussi bien, disait-elle, apprendre un métier à Los Angeles qu'à Berkeley. Elle rêvait de se fondre dans la foule, anonyme comme une enfant [19]. »

Ce qui caractérise à mon sens ce roman de Godbout, c'est justement la capacité à faire jouer d'une façon particulièrement efficace, inventive, les réseaux de l'oralité et de l'économie scripturaire. La fiction romanesque est sollicitée par la complexité d'une trame à laquelle Grégory Francœur se voit intégré à son corps défendant. Allan Hunger, éminent collègue d'université, médiéviste reconnu passant le plus clair de son temps à la bibliothèque universitaire, est à la tête d'un réseau tiers-mondiste dont l'objectif est la désinformation de l'univers médiatique américain. Nous sommes ici au cœur de ce fantasme « oral » qui suppose une immédiateté, une complétude de la signification, bien que celle-ci, dans le contexte californien, avoue son caractère dérisoire, à la faveur d'une stratégie de manipulation.

De même pour l'écriture, c'est-à-dire le récit carcéral que Francœur rédige afin de donner sens à son séjour californien. Écriture de l'isolement, écriture qui isole. L'économie scripturaire se caractérise par sa futilité. À l'exemple du prisonnier qui fait son temps, elle n'est qu'un commode substitut qui ramène vite le scripteur à la réalité première du code juridique des États qui, au nom du caractère impersonnel de la Loi, sanctionnent le sujet en faisant appel à une preuve falsifiée. Écriture de la « question », selon son acception rhétorique, la *quæstio* étant une « techné » dont l'enjeu est d'amener par la force physique — définie comme persuasive et coercitive — le sujet à prononcer des aveux complets. Écriture de la futilité qui cherche à reconstituer, dans le cadre romanesque, le simulacre d'une autobiographie. Comme si le pouvoir de la raison graphique pouvait désespérément réintroduire un fragment de rationalité, un sens de la durée qui puisse éclaircir, donner corps — corpus — à ce qui sera présenté comme fascination pour la consommation des signes de l'échange.

On assiste donc au refus de cette tentation cosmopolite, car la multiplicité des signes que propose l'univers californien — cette surstimulation constante produite par l'échange marchand — entraîne un brouillage, une sorte de déperdition de l'intention communicative. L'existence d'un patrimoine (les formes pouvant être variées : l'histoire, la tradition, le sens commun) assurant la possibilité d'une vraisemblance de la référence, par l'utilisation de codes tacitement reconnus, est contestée.

Il y a un paradoxe propre à cette extraterritorialité. Le babil californien ne peut être que le propre de l'étranger. Faire l'unité est l'expression de la Grande Sauterelle lorsqu'elle décide de demeurer à San Francisco. Mais cette unité est obtenue au prix d'un décentrement. En somme, cet étranger fantasmé, tel que nous le retrouvons dans les romans de Godbout et Poulin, possède la faculté d'adhérer à des situations inédites, d'inaugurer une pensée du parcours qui n'est hantée ni par l'obsession de la cartographie — territoire parcouru et cadastré — ni par ce lieu mélancolique que représenterait le Québec natal.

C’est pourquoi l’expérience californienne ne peut être que décevante pour les personnages québécois de ces deux romans, échec qui amorce un retour vers le Québec natal, analogue à un repli territorial. Le morcellement est, en effet, la hantise associée à la dérive californienne, et on peut comprendre dans cette perspective l’importance accordée au thème de la reconnaissance de l’identité. Paradoxalement, la possibilité d’une identité stabilisée, au cœur de cet espace californien, n’est envisageable que pour les seuls personnages définis comme périphériques : Terounech et la Grande Sauterelle. Recentrement cependant ambigu comme s’il permettait aux acteurs québécois des récits envisagés l’exercice d’une procuration. Fascination de l’étranger dans ces deux romans puisque le narcissisme rétracté de Grégory Francœur et de Jack Waterman, en quête d’un retour vers un Québec sécurisant, est modifié par la mise en œuvre d’une compensation. Cet « autre » étranger instituerait une position tierce, ni répétition d’une unité rigide (« je » assigné à son territoire cadastré) ni morcellement sans possibilité de recentrement tels ces clochards du Washington Square à San Francisco pris de frénésie ambulatoire. Cette représentation ternaire de l’étranger que j’ai proposée comme modalité du discours romanesque caractérise la possibilité de rompre un narcissisme rétracté. De façon à ce que l’enveloppe énonciative rigide qui définit les lieux d’intervention de Jack Waterman ou de Grégory Francœur soit abandonnée l’espace d’un instant par le recours à une idéalisation ambivalente. L’étranger étant ce personnage tiers, cumulant les qualifications exceptionnelles attribuées à cette extraterritorialité, assurant alors un déplacement vers l’extérieur qui évite du même coup la remise en question de l’identité québécoise.

Une histoire américaine de Jacques Godbout semble être particulièrement proche de cette dynamique. Le pouvoir tout-puissant de l'oralité (fantasme d'une parole « libre » sans assignation à un corps textuel, à un bornage et à une mémoire) y est présenté comme une caractéristique médiatique de l'univers californien : compulsion frénétique à signifier, à produire un cumul, jamais pourtant centralisé, de significations, utopie d'un cosmopolitisme marchand. La structure du roman en témoigne d'ailleurs. Hésitation maintenue entre l'élaboration discursive (la rédaction laborieuse du récit carcéral pouvant prendre la forme aussi bien de l'aveu que de la confession autobiographique) et la facture d'une description quasi photographique de l'espace californien. Grégory Francœur tente, en somme, par le recours à l'écriture, de reconquérir une mémoire des faits tronquée alors que s'exerce du même coup une plongée, à la fois séduisante et angoissante, au cœur de signes dépourvus de tout ancrage référentiel pouvant leur accorder une valeur de plausibilité.

La logophilie que l'on retrouve affichée dans *Une histoire américaine* (Grégory Francœur écrit afin de prouver son innocence, de rétablir la chronologie des faits) devient un succédané, la tentative d'échapper au gigantesque pouvoir de l'oralité. Le cosmopolitisme serait alors entrevu dans ce roman comme l'emprise insensée d'un brouillage, une parole qui ne peut être certifiée par l'écrit. D'où la persistance de cette pensée du malentendu [20] dans *Une histoire américaine*, car la frénésie des signes de l'échange ne permet pas de trouver un lieu d'apaisement, de relative stabilité.

De ce point de vue, l'économie scripturaire dans le roman de Godbout n'est d'aucune façon un adjuvant. Si elle autorise un recentrement diégétique (c'est l'élaboration du journal) ou fait l'objet d'une certaine parodie (la description d'Allan Hunger), l'écriture est vite confrontée à une perte de sens qu'il sera bien difficile de colmater. Il y aurait par conséquent, dans ce roman de Godbout, à côté de la figuration de l'étranger (Terounech), la représentation d'une étrangeté du lieu. Les indices abondent, facilitant le surgissement de cette étrangeté. Les *chammas* de la résidence californienne, la lettre au timbre oblitéré en Éthiopie permettent de faire le pont, de justifier cette imbrication des lieux, d'autoriser une pensée du malentendu qui jaillit grâce à la juxtaposition des souvenirs de Grégory Francœur, jeune professeur de philosophie à Addis-Abeba, soumis, trente ans plus tard, à l'égarement californien, entre complots et usurpations d'identités. L'étrangeté devient cependant angoissante dans la mesure où elle ne permet pas de circonscrire aisément ce qui fait office d'extériorité :

> Je devrai lui expliquer que nous ne ferons jamais partie, ni elle ni moi, des troupes de la nation la plus riche du monde. Cherche-t-elle une terre promise ? Je lui offrirai l'hiver, le temps gris, la gêne, l'instabilité, la forêt, je lui demanderai de m'épouser[21]...

Le Québec, territoire périphérique de l'empire américain, est donc un lieu de repli, repère de l'ambivalence comme le dit d'ailleurs si bien Godbout en parlant de « la gêne », car y prédomine le malentendu malheureux, le malaise. Semblable à *Volkswagen blues* de Jacques Poulin et à la réalité métisse (la Grande Sauterelle), la réalité tiers-mondiste (Terounech) est désirée sous la forme de l'union amoureuse, mais sans accomplissement durable. Tout retour vers ce Québec périphérique ne s'effectue que pour les personnages québécois. Alors que la Californie mythique, condensation du caractère cauchemardesque du rêve américain, reste le domaine de l'étranger.

Faut-il conclure à l'échec, à l'assertion, de nouveau proclamée dans le cadre romanesque, d'une endogamie, celle de ce « nous » fondé sur une forte homogénéité culturelle, et dont la fragilité ne lui permettrait pas l'exercice de l'acculturation, de l'intégration des « autres » ? Où peut-être faut-il voir dans la gêne, l'instabilité qu'évoque Godbout une position tierce, ambivalente, qui rend la confrontation avec l'étranger si fascinante : cette solidarité que tente de nouer Grégory Francœur entre le Québec des luttes politiques des années soixante et l'Éthiopie de la démocratie falsifiée, au nom du rejet de l'anachronisme monarchique. Solidarité cependant illusoire puisque le Québec s'y raconterait complaisamment le rituel de « sa » propre libération, de son « histoire américaine », alors que l'internationalisme n'aurait été vécu que de façon illusoire, sous un mode restreint.

C'est donc à une critique du cosmopolitisme que nous sommes confrontés, non plus envisagé du seul point de vue de l'ethnicité — une problématique multiculturelle ? — mais de façon plus générale quant à son statut comme valeur d'échange. La multiplicité des signes entraîne en effet le brouillage, une déperdition de l'intention communicative. Nous sommes dans cet espace californien au royaume de l'hétéronomie, compulsion frénétique à faire sens grâce à l'amalgame médiatisé de bribes de signification. Le cosmopolitisme dans *Une histoire américaine* est marchand, enjeu d'une spéculation comme ce trafic d'immigrants mis en place par Allan Hunger nous le rappelle. L'utopie californienne prend la forme d'un mythe, c'est-à-dire d'une idéalisation de l'altérité où l'identité ne se verrait plus seulement actualisée sous l'aspect du double (Grégory Francœur donne en effet un séminaire sur les deux solitudes canadiennes), ni de la pluralité (ce qui correspondrait à cette autre idéalisation de l'ethnicité comme différence), mais serait plutôt semblable à un simulacre :

> — Vous n'êtes pas mexicain ? s'enquit soudain Francœur, trouvant le cuisinier un peu pâle.
> — Évidemment pas, répondit celui-ci, je suis né à Bagdad de parents juifs ! Mais ici, pour gagner sa vie, il faut jouer

> un rôle. C'est celui que j'ai choisi il y a trente-cinq ans ! Quel est le vôtre[22] ?

> Je sous-louais d'un démarcheur, mi-concierge, mi-étudiant devant l'Éternel, qui rédigeait dans ses temps libres une thèse de maîtrise sur « l'idée de liberté dans les œuvres de Jacques et Raïssa Maritain ». C'est aussi lui qui sortait les poubelles deux fois par semaine, entretenait la pelouse et les arbrisseaux[23].

Ces quelques lignes ne prétendent pas à l'exhaustivité. Elles me semblent cependant mettre en situation des situations d'interlocution qui se caractérisent par des phénomènes de rupture, de fractures du sens commun. On ne peut ignorer l'ironie propre à Godbout qui provoque ces effets de surprise, de dégommage de la signification, mais je crois que, beaucoup plus que simple artifice rhétorique, ces exemples ne sont pas sans rappeler, cependant dans un tout autre contexte, ce que Pascal Bruckner nomme à propos de l'œuvre du romancier Naipaul « un cosmopolitisme du débris ». Il s'agirait d'une écriture déliée, racontant l'histoire d'un monde éclaté, à l'universalité dérisoire (V. S. Naipaul, d'origine indienne, est né à Trinidad et vit en Angleterre), écriture de l'itinérance, de la multiplicité des chocs culturels.

À vouloir parler de l'Autre, la narration s'embrouille, ne réussit plus à maintenir une distance, à représenter ce sujet étranger comme un être distinct. L'écriture de Jacques Godbout — sa constitution rhétorique — s'apparenterait ici à une forme de discursivité déliée, sans amarres. En exil certes, si l'on revient à la notion d'extraterritorialité, mais néanmoins soumise au rappel révélateur de certains signes qui font office de mémoire, qui ont en somme, de la même façon que dans *Volkswagen blues* de Poulin, une valeur indicielle. Ainsi cette surcharge significative (la mention de l'accent québécois par Mary

Wong, le souvenir de l'enfance catholique...) qui entoure les faits et gestes de Grégory Francœur :

> — Ma première expérience politique va te paraître ridicule peut-être, déclara Francœur dans un restaurant du bord de la route [...], je l'ai vécue à neuf ans au coin des rues Chambord et Laurier, dans le quartier Mont-Royal que j'habitais alors. À cette époque, même dans ce coin français de Montréal, l'on rencontrait parfois des Anglais, nos ennemis.
> — Pourquoi ennemis ? demanda Terounech, les Anglais ont libéré l'Éthiopie des Italiens fascistes en 1944[24] !

Cette pensée du malentendu, elle me semble caractériser les fragments textuels que j'ai cités précédemment. À cette différence qu'il convient de distinguer la mise en scène d'univers référentiels distincts — qui entraîne la perpétuation du soliloque, du monologisme — de la dissemblance énonciative, particularité du roman de Godbout où le dialogue, l'interlocution sont autant de simulacres qui font jouer une incompréhension commune, pourtant reconnue comme la preuve indirecte d'une intention communicative.

Le fragment que je viens de citer traduit bien ce phénomène que Bruckner associe, à propos de l'écriture de Naipaul, à un cosmopolitisme du débris : énonciation du malentendu, certitude de la croyance des personnages quant à ce qui fonde leur différence. L'ambiguïté sémantique (ici /les Anglais/) permet d'entretenir ce malentendu à l'exemple du souvenir de Grégory Francœur enseignant en Éthiopie :

> Le premier jour de classe, ils étaient quarante à se demander de quelle autorité ce jeune blanc-bec était monté sur l'estrade. Il s'approcha de la fenêtre avec anxiété, écrivit « A » au tableau noir, pour Aristote, se retourna et eut un blanc de mémoire. Que venait faire Aristote à Addis-Abeba ? La logique était-elle universelle[25] ?

Impossible cosmopolitisme, impossible universalité. Les stratégies textuelles d'*Une histoire américaine* viennent le confirmer. La confusion des statuts actoriels fait jouer une ambivalence qui prend plaisir à juxtaposer des catégories taxinomiques à première vue contradictoires, contestant ainsi la vraisemblance liée au stéréotype. Faut-il donner comme réponse que le stéréotype s'appuie sur l'opinable, faudrait-il en conclure que celui-ci est exemplifié dans ce roman de Godbout de façon à devenir simulacre de signification? Le lieu commun est lui-même émietté, doxa médiatisée, piégée par le bruissement d'une oralité somptuaire. Nul souci, dans cette Californie décrite par Godbout, d'une immédiateté communicative. Ici le contact phatique n'opère pas. Il est en butte à du fragmentaire, un malentendu énonciatif qui fait que « croyant » parler à l'Autre, on ne rencontre que parodie des statuts sociaux, absence d'universalité. Le cosmopolitisme est condamné dans cette perspective à être factice, ce que me semble dégager l'intrigue du récit:

> Vous avez peut-être remarqué, à l'écran de la télévision, qu'il y a ici des reporters de toutes les races? Nos ennemis commanditent les émissions et croient tout contrôler. Nous, nous agissons sur les informateurs. Chaque fois qu'un poste s'ouvre, nous plaçons dans les salles de rédaction des candidats que nous avons recrutés. Pour contrer le mensonge. Ce sont des amis que nous avons choisi un peu partout sur la planète. Je suis pour la suppression des frontières[26].

Retour du refoulé, de cette angoissante Éthiopie, de la famine qui s'inscrit sur l'écran sans profondeur de l'oralité médiatique américaine. Dimension dérisoire de la communication qui recourt au stéréotype de l'ethnicité. Il faut que les « autres » soient représentés, qu'ils imposent leur visibilité mais au prix d'un strict contingentement.

Faut-il cependant en conclure à l'insuffisance de ce cosmopolitisme ? À la nécessité d'un retour vers le réappropriable : figures diverses du local et du territorial. Dans les romans que je viens de parcourir, la transhumance se double d'un éclatement de l'identité, qu'il s'agisse de la pérégrination de *Volkswagen blues* ou du *no man's land* californien : espace ouvert à une multiplicité de signes, mais aussi désespérément fermé. Dimension carcérale de cet espace californien, simulant l'authentique et le reproduisant.

Le recours à cette discontinuité favorise de plus la mise en place d'une stratégie subversive. La topographie des lieux est modifiée par le « comment circuler », le va-et-vient de l'énonciation voyageuse. Caractéristique importante de ces deux textes, la problématique de l'identité abandonne l'unité du point de vue énonciatif (décrire d'un lieu déterminé le « comment ça se passe ailleurs ») pour ce motif de la transhumance. On y rencontre une empathie certaine pour l'étranger (l'« Autre » intériorisé au cœur de soi) alors que ce mouvement suppose simultanément l'exercice de l'identification — la possibilité de rencontrer chez un autre (un « plus-que-soi »), cette idéalisation/abjection de l'étrangeté qu'on pourra ainsi convoquer ou rejeter.

Cet impossible cosmopolitisme, s'il peut être narré, malgré la polyvalence signifiante de l'espace urbain chez Godbout, ou la sédimentation entremêlée des pèlerinages en terre américaine chez Poulin, n'est rendu possible qu'à la condition expresse qu'une stratégie réparatrice vienne reconfigurer cette angoisse du vide territorial. Théo et Terounech sont les faire-valoir ambivalents de cette stratégie réparatrice. Ils mettent en scène un exil que Grégory Francœur et Jack Waterman, hommes de plume, par leur retour à Montréal, chercheront à dénier. Écrire devient ainsi une façon de contrecarrer l'étrangeté du lieu, l'angoisse de la perte. Cela s'appelle faire récit.

Le recours à l'écriture, à la fixité énonciative qui permettrait de rompre l'appréhension du vide territorial, fournit donc l'occasion d'une stratégie réparatrice, tentative visant à repousser l'hétérogénéité culturelle. Revenir à Montréal, comme le font Grégory Francœur et Jack Waterman, déterminerait-il une posture plus sécurisante, s'efforçant de satelliser ce difficile cosmopolitisme ?

Qu'y a-t-il précisément sous la nécessité de ce retour, repli territorial qui cherche peut-être à colmater l'étrangeté/étranger ? La composition ternaire que j'ai évoquée à propos de ces deux romans ferait l'objet d'un abandon, comme si la mise en scène de l'étranger ne pouvait se fondre à l'univers urbain montréalais. Il y a ici l'aveu, sinon d'un échec, du moins d'une impossibilité à constituer cette problématique dans le cadre québécois. Nous retrouvons donc cette « gêne », ce malaise qu'évoque Godbout.

Une cartographie dérisoire

Qu'en est-il alors du cosmopolitisme eu égard aux motifs de l'extraterritorialité et de l'étranger qui sont particulièrement significatifs dans les romans de Godbout et Poulin ? Je crois que la représentation de ces personnages étrangers (Terounech et la Grande Sauterelle) inaugure la possibilité d'une rencontre dialogique, questionnant la rigidité d'une identité québécoise qui ne serait entrevue qu'en termes d'ethnicité, de délimitation territoriale. De la sorte, le cosmopolitisme serait analogue à une décolonisation du discours, ce qui dans le contexte des lettres québécoises ne manquerait pas d'être ironique. Cette décolonisation, ou encore cette nécessité d'une désaliénation, on la retrouve entre autres avec les écrits théoriques du mouvement Parti pris au début des années soixante : textes dont l'intention première, influencés par les écrits de Berque, de Fanon et de Memmi, est de rejeter au loin l'agresseur colonial par l'appel à une catharsis dont la littérature est bien sûr l'agent privilégié. Ce rejet des valeurs du colonisateur devant permettre en dernière instance la mise à jour d'une identité québécoise non contrainte, purifiée de toute intrusion de l'altérité. Nombreux sont les commentateurs, je pense notamment à André-J. Bélanger dans *Ruptures et constantes*, qui ont soulevé le caractère fortement régressif de ce discours, faisant de la constitution mythique d'une identité québécoise soudainement décolonisée l'équivalent d'une quête du Graal.

Or que retrouvons-nous aujourd'hui avec ces romans de Godbout et de Poulin, sinon la même perspective décolonisatrice mais où l'étranger serait appelé à transformer, à métisser positivement l'identité québécoise ? Il s'agit certes d'un changement profond de perspective, mais qui n'en demeure pas moins ambigu. Face à la problématique de l'identité transverse, ce que les théoriciens de la revue montréalaise *Vice Versa* ont nommé le transculturel, les romans de Godbout et Poulin répondent partiellement en faisant de l'extraterritorialité californienne un lieu privilégié où le métissage culturel pourrait prendre place. Métissage équivoque cependant puisqu'il ne peut être désiré qu'à la faveur d'une dérive californienne. La paralysie de Théo, frère de Jack Waterman, indique bien l'ambiguïté de cette dérive de la même façon que Grégory Francœur est confronté, à la suite de son emprisonnement, au caractère déréel de la société californienne. De plus, la mise en scène d'une problématique interculturelle, représentée par l'espace californien, est aussi une manière de ne pas poser la question à partir du contexte québécois. La dérive californienne permet de situer une interrogation sur l'étranger, mais par le biais d'une distance territoriale qui fait du Québec un lieu malgré tout préservé.

Ainsi, dans *Volkswagen blues*, le parcours de Jack Waterman, à la recherche de son frère Théo, de Gaspé à San Francisco, laisse des traces : autant d'indices territoriaux d'un va-et-vient qui ne se conclut pas cependant par des retrouvailles heureuses. Le regard de Jack Waterman à San Francisco est confronté à la terrifiante étrangeté du spéculaire, au surgissement du non-familier chez un visage pourtant connu, en l'occurrence Théo, rue Market, paralysé. L'euphorie ressentie à la faveur de la démesure du lieu (la Californie étant inscrite dans ces deux romans parce qu'elle me semble indiquer une perspective continentale) est soudainement modifiée en apprentissage douloureux des limites. L'épiphanie sensorielle — la possibilité de voir et de traverser le continent sans entraves — devient dégradation du spéculaire. Cela est particulièrement symptomatique dans le roman de Poulin où l'aperception de l'espace est subitement dérisoire dans cette Amérique californienne que représente San Francisco. La perte du regard (Théo ne reconnaît plus son frère Jack), l'ambivalence de la nomination (c'est le cas de cette photo prise en 1977 au Café Trieste à San Francisco où la désignation de Théo achoppe sur l'énoncé *unidentified man*), tous ces indices sont signifiants puisqu'ils traduisent à leur façon l'échec de l'appropriation spatiale.

C'est ici qu'il me faut faire appel à cette structure ternaire comme mise en scène d'une différence, modalité d'inscription de l'étranger qui rompt l'ordre monologique du récit. L'inscription d'un personnage tiers [27] dans le discours romanesque est particulièrement importante quant à cette problématique du cosmopolitisme puisqu'il serait vain de vouloir y retrouver une dimension euphorique, une positivité. Plutôt que réunification harmonieuse des différences, réconciliation utopique des ethnicités, cette composition ternaire refuserait l'illusion d'une archéologie fondatrice au profit d'une sédimentation plurielle des réseaux et des codes discursifs.

Cette logique ternaire, à l'œuvre dans le discours romanesque, ferait ainsi obstacle à la perpétuation d'un ordre monologique. Chez Poulin, à la faveur du personnage de la Grande Sauterelle, Indienne métisse d'une communauté montagnaise de la basse Côte-Nord, la fébrilité que produit le pèlerinage américain, et la recherche du frère Théo, est constamment remise en question. Théo représente dans un premier temps cette incarnation d'une altérité d'autant plus étrange qu'elle se nourrit du semblable et de la proximité. Le double est en effet le modèle d'une relation symbiotique, fusionnelle, prototype d'une identité pleine, substitutive. En ce sens, il peut très bien servir provisoirement à cautériser l'angoisse de l'absence provoquée par le voyage outre-frontière. Mais la découverte de Théo, rue Market, est le comble de la méconnaissance :

> Il haussa la voix :
> — C'est Jack ! C'est ton frère !
> Les yeux de Théo se plissèrent comme s'il faisait un effort pour comprendre. Ses joues étaient creuses et il avait des plis de chaque côté de la bouche et des poches sous les yeux. Des touffes de poils gris lui sortaient du nez et des oreilles. Il remua les lèvres et un peu de salive coula au coin de sa bouche. [...]
> — I don't know you, dit-il [28].

Dans cette perspective, la *mètis* pourrait être substituée au double perdu, idéalisé que représente Théo. La Grande Sauterelle traverse elle aussi le territoire américain, mais sans y retrouver les signes contemporains de l'inscription d'un bornage ou la légitimation d'un parcours. Ce n'est pas l'Oregon Trail des immigrants, encore moins les pérégrinations de Marquette et Joliette qui justifient sa quête. Peut-être seulement la nécessité de substituer à la violence de l'histoire américaine les traces d'une fondation « autre » s'apparentant à une célébration commémorative. En fait, la transhumance, qui, selon des modalités assez semblables, caractérise les quêtes de Théo et de Jack Waterman, n'est pas le propre de la Grande Sauterelle. Il y a là un territoire amérindien mais mis en réserve et les indices commémoratifs, laissés en témoignage, de Fort Laramie à Sand Creek, donnent à relire l'inscription de la mort, la contemplation des signes de cette présence antérieure.

Ces deux catégories de périple instaurent en fin de parcours de profondes divergences. Pas de différence au moment de la rencontre de Théo, seulement la mort. Le visage meurtri de ce dernier, ne reconnaissant plus son frère, est l'aveu de l'échec du spéculaire, le constat d'une finitude trouvant sa conclusion géographique sur ce rivage du Pacifique. Quant à la Grande Sauterelle, le jugement à porter est tout à fait différent. Pas de recherche de l'altérité à la façon de Jack : nul reflet ou miroitement dans cette dimension spéculaire de l'autoportrait qui amène Jack Waterman à s'aliéner, foulant les traces de l'héritage laissé par son frère Théo. Il faudrait plutôt parler à cet égard d'une dégradation du spéculaire comme si l'observation par la Grande Sauterelle de la commémoration du génocide autochtone traduisait la permanence d'une désintégration. Si l'Amérique pour Jack Waterman demeure une surface à investir dans sa démesure jusqu'au rivage californien et à la mort métaphorique de Théo, la Grande Sauterelle ne rencontre, au long de ce parcours, que les indices d'une mort dispersée. Deux quêtes qui sont donc absolument distinctes. Pour Jack Waterman l'idéalisation de l'immensité territoriale et cette recherche effrénée du double est soudainement abandonnée au profit d'une mort à l'œuvre dont Théo est l'annonciateur. Tout autre est l'exemple de la Grande Sauterelle. La commémoration du génocide permet de voir les traces d'une scarification douloureuse puisque la conquête euphorique du territoire est irréalisable pour cette dernière. C'est peut-être cependant cette observation qui rend possible à la fin du récit une éventuelle tentative de réunification.

Si l'extraterritorialité offre le prétexte d'une fugue, d'une fuite en avant où la mise en scène d'une société pluriculturelle peut advenir, il semble bien par contre que le discours romanesque fasse place à l'obsession logophile comme une façon de laisser des traces et de retrouver son chemin vers le Québec natal. Chez Poulin, c'est la dimension de la quête, en situation d'extraterritorialité, qui fait coïncider une trace archétypale (celle des premiers explorateurs français de l'Amérique) et le périple jusqu'à San Francisco. Dans ce cas particulier, l'économie scripturaire[29] est définie : un frère nomade laisse épars les signes de son appropriation du territoire, car cette dernière ne peut être que dérisoire. Il en est de même pour tous ces émigrants qui ont foulé l'Oregon Trail : « Alors les émigrants [...] enterraient parfois les morts en plein milieu de la piste, en avant de la caravane, et tous les chariots passaient sur la tombe l'un après l'autre afin que les roues fassent disparaître les traces de l'ensevelissement[30]. »

L'institution d'une toponymie suscite le désenchantement. Elle fonde bien sûr le privilège d'une appropriation mais celle-ci s'appuie sur le constat d'une mort à l'œuvre. Que Jack Waterman soit un écrivain paralysé par l'inhibition — ce qu'il appelle le complexe du scaphandrier — n'est pas sans conséquences quant à ce désir de compensation passant par la transhumance. L'écriture de ce point de vue serait caractéristique d'un bornage, d'une finitude. Les diverses traces laissées par Théo, autant d'indications d'un parcours dont il faut reconstituer patiemment la trame ; les scarifications pratiquées sur le territoire américain, la piste de l'Oregon Trail, les mémoriaux du génocide autochtone (Fort Laramie...), tous ces éléments contribuent à affaiblir l'euphorie de l'appropriation spatiale.

L'écriture comme graphie et trace représentante qualifierait alors l'ambiguïté d'un parcours qui est aussi élaboration cartographique. Traverser le territoire américain librement est bien l'expression de ce parcours. Mais pour Jack Waterman, écrivain de son métier, la quête obéit à un rituel précis : différentes pistes menant vers Théo sont offertes, laissant espérer un accomplissement épiphanique, révélation sensorielle qui coïnciderait avec la rencontre de la figure gémellaire (Théo). Par contre, le recours à l'économie scripturaire permet de rompre l'angoisse du vide territorial, fournissant ainsi l'occasion d'une stratégie qui tente de maintenir à distance ce difficile cosmopolitisme. Revenir à Montréal, comme cela est le cas des personnages québécois de *Volkswagen blues* et d'*Une histoire américaine*, déterminerait alors une posture plus sécurisante, cherchant à rejeter au loin cet angoissant débridement des significations.

1. Il s'agit du passage où Jack Waterman fabule sur ce qu'il appelle « l'écrivain idéal ». Cf. Jacques Poulin, *Volkswagen blues*, Montréal, Québec/Amérique, 1984, p. 41-51.

2. « Il se mit à parler de son frère et, presque aussitôt, une vague de souvenirs le ramena dans la grande maison de bois située au bord de la rivière, non loin de la frontière des États-Unis. » (*Ibid.*, p. 34)
« Quant à l'écrivain, son pseudonyme était Jack Waterman. Il avait un jour demandé à son frère de lui suggérer un nom de plume et Théo avait dit qu'il ne voyait rien de mieux que Waterman. » (*Ibid.*, p. 42)

3. *Ibid.*, p. 181.
4. *Ibid.*, p. 271.
5. *Ibid.*, p. 288.
6. *Ibid.*, p. 276.
7. *Ibid.*, p. 139.
8. *Ibid.*, p. 137.
9. *Ibid.*, p. 109.
10. *Ibid.*, p. 44.
11. *Ibid.*, p. 185.
12. *Ibid.*, p. 288.
13. *Ibid.*, p. 224.
14. *Ibid.*, p. 28.
15. *Ibid.*, p. 289.
16. Le livre de Pierre-Yves Petillon, *La grand-route : espace et écriture en Amérique* (Paris, Éditions du Seuil, 1979), aborde de façon détaillée

cette problématique. Voir aussi les propositions très pertinentes de Michel de Certeau, ce qu'il nomme les « opérations de bornage », dans *L'invention du quotidien. Arts de faire/1*, Paris, UGE, coll. « 10/18 », 1980, p. 215-225.

17. Jacques Godbout, *Une histoire américaine*, Paris, Seuil, 1986, p. 24.

18. *Ibid.*, p. 21.

19. *Ibid.*, p. 173.

20. Malheureusement, la plupart des travaux dans le domaine de la logique conversationnelle n'abordent pas directement cette question de l'incommunicabilité. Ils préfèrent plutôt quantifier les règles d'énonciation à observer pour la production d'un discours sans ambiguïté discursive. François Flahault dans *La parole intermédiaire* (Paris, Seuil, 1978) a produit selon moi une théorie satisfaisante de ce ratage de la signification lors de phénomènes d'interlocution : élaboration théorique qui fait appel de façon stimulante à la psychanalyse.

21. Jacques Godbout, *op. cit.*, p. 183.

22. *Ibid.*, p. 110.

23. *Ibid.*, p. 28.

24. *Ibid.*, p. 160.

25. *Ibid.*, p. 20.

26. *Ibid.*, p. 120.

27. Le travail d'analyse à partir de cette notion me semble particulièrement prometteur. Il permettrait de déceler à l'œuvre dans le discours romanesque des statuts actoriels périphériques qui déterminent en retour la consolidation défensive ou, au contraire, la remise en question d'une identité définie narrativement comme dominante et centralisatrice. Georg Simmel définissait ainsi cet étranger en écrivant que « la distance à l'intérieur de la relation signifie que le proche est lointain, mais le fait même de l'altérité signifie que le lointain est proche » (Georg Simmel, « Digressions sur l'étranger », *L'école de Chicago : naissance de l'écologie urbaine*, textes traduits et présentés par Yves Grafmeyer et Isaac Joseph, Paris, Éditions du Champ Urbain, 1979, p. 54). Encore faut-il préciser que cette altérité doit être reconnue dans sa dimension dialogique pour que la différence apparaisse comme proximité identitaire. J'utilise ici cette notion de tiers afin de laisser entendre que l'étranger est aussi cet « autre » fantasmatiquement extrinsèque, entrevu non pas comme double ou complément mélancolique, mais comme différence irréductible. Cette ternarité serait donc un leurre discursif masquant des phénomènes complexes d'identification par l'attribution à un tiers du statut d'étranger.

28. Jacques Poulin, *op. cit.*, p. 284-285.

29. J'emprunte cette réflexion à Michel de Certeau dans *L'invention du quotidien, op. cit.* Thématique développée plus précisément au chapitre X, p. 231-261.

30. Jacques Poulin, *op. cit.*, p. 185.

Chapitre V

La mémoire des ruines

Les marges de la ville

On a vu précédemment que la description d'une extraterritorialité chez Godbout et Poulin est associée à la quête problématique d'une identité québécoise qui s'éprouve solitaire, monologique, en somme stupéfaite devant ce débordement de signes témoignant d'une Amérique troublée. Ces deux romans mettent en situation l'apprentissage douloureux d'un « devenir » québécois car la certitude d'une identité propre est interrogée de l'extérieur. Comme si le recours à un phénomène de projection, situant ces romans en Californie, autorisait une interrogation qui produise en retour une remise en question de l'identité, de façon à ce qu'elle abandonne son carcan rigide. Ainsi, la problématique du métissage culturel ne peut se poser qu'à partir de cet ailleurs géographique fortement idéalisé.

Il est vrai que malgré la confusion qui entoure cette quête d'une identité renouvelée, une positivité demeure caractéristique de ces romans. La désillusion associée à ces histoires américaines suppose la possibilité d'interroger de l'extérieur les fondements patrimoniaux de l'identité québécoise. Les deux romans mettent en scène cette recherche de soi qui, chez Jack Waterman et Grégory Francœur, est liée à la quête extraterritoriale. Quitter le pays natal pourrait ainsi prendre la forme d'un dépaysement révélateur de la singularité de l'identité québécoise. Ce séjour en terre étrangère s'apparentant à une mise à l'épreuve, confrontation dont la québécité sortirait victorieuse.

C'est dans cette perspective qu'il faut comprendre l'intensité de la recherche d'une identité pleine, non clivée. Quête du frère disparu chez Poulin. Anamnèse faisant surgir le passé éthiopien à la faveur de la contemporanéité californienne dans *Une histoire américaine*. Dans les deux cas est sous-entendue la possibilité de retourner à un Moi profond, échappant tant bien que mal à l'altération, c'est-à-dire au passage du temps et aux bouleversements de la chronologie personnelle et de l'histoire sociale.

S'il n'en était que de cette thématique, les romans de Poulin et Godbout resteraient associés à un discours assez conservateur. La revalorisation d'une identité québécoise non altérée, malgré ce séjour dans une Californie mythique, permettrait d'éviter la rencontre d'une négativité faisant appel aux motifs de la désintégration et du morcellement. En fait, *Volkswagen blues* et *Une histoire américaine* sont des romans essentiellement ambigus. L'affirmation d'une positivité y est bien présente puisque l'étrangeté californienne, et le sentiment d'une perte des contours stables de l'identité, est compensée par le retour à Montréal.

La dissemblance n'aura été somme toute que de courte durée. De même que Terounech et la Grande Sauterelle apparaissent comme des personnages déstabilisateurs qui contribuent, par leur statut marginal, à faire jouer l'idéal d'un métissage culturel : c'est-à-dire d'une identité québécoise qui, plutôt que de se référer au patrimoine ethnique, ferait de la passion du mélange l'enjeu d'une nouvelle interrogation. Il n'en reste pas moins que cette transversalité culturelle est à l'état de désir. Elle fait l'objet d'un vœu qui pourtant ne se réalisera pas au Québec, comme s'il était nécessaire que ce désir soit forclos, projeté dans le cadre de l'univers californien.

De ce point de vue, *Le piano-trompette* de Jean Basile est l'envers de cette fascination désabusée pour l'économie marchande somptuaire que l'on retrouve dans le roman de Godbout, ou de la filiation comme leitmotiv obsédant d'une recherche dans *Volkswagen blues*. Il y est plutôt question de la faillite de l'économie urbaine par l'évocation du Montréal du Grand Gel, ville ruinée. Le cosmopolitisme, à l'exemple de cette cité fragmentée, caractérise une socialité dérisoire. Ici l'histoire s'est arrêtée. Elle est a-historique, dans un état de demi-torpeur, en témoigne cette ville ruinée, sans monuments apparents, mais qui permet encore d'interroger la mémoire (qu'y avait-il avant le Grand Gel ?). Le Montréal du Grand Gel, ville immobilisée, stupéfaite et anéantie, sous l'effet d'un cataclysme qui ne nous est pas révélé, fait jouer une transhumance douloureuse. Chaque citoyen, exilé de son quartier d'adoption, se met à la recherche d'autres lieux où pouvoir vivre. La perpétuation de la solitude de chacun devient condition commune. Les gestes routiniers, les manières de vivre usuelles sont condamnés à disparaître dans cette ville désormais sans points de repère. D'où l'importance de Monsieur Barnabé, acteur principal de cette saga. Personnage exilé, condamné à ce que Jean Basile nomme le « météquat », en somme étranger dans une ville défigurée par un cataclysme d'origine inconnue. Cet exil apparaît comme la condition d'une nouvelle urbanité.

Jean Basile a en définitive tenté de subvertir, par le recours à l'écriture romanesque, le postulat d'une narration réaliste faisant de la ville ce bel objet statufié qui, systématiquement, rejette sa part de déchet, cherche à le sublimer en productivité, en création de façon à gérer la différence, l'inassimilable. Ce qui serait le propre d'une définition, selon moi insatisfaisante, du cosmopolitisme comme utopie positive, assemblage harmonieux, interactif : tentative de relation sociale érigeant l'individualisme contemporain (celui des grandes métropoles que l'on retrouve décrites chez Simmel) comme une façon de permettre l'échange de signes multiples alors que la « distance » en tant que mode de relation indique une mise en retrait, ce que Simmel nomme le tact ou le sens de la réserve. Le cosmopolitisme dans cette perspective serait semblable à un agencement cinétique qui permettrait le libre déplacement des acteurs sociaux. Ce principe d'une circulation non entravée, à la faveur d'une urbanité traçant les lieux de cheminement, de rencontre et d'évitement, me semble précisément remis en question dans *Le piano-trompette*.

Nulle transcendance de la ville et de l'étranger dans ce roman. Il s'agirait d'un texte qui, si l'on considère la trame circonscrite par l'espace montréalais, se veut d'une portée assez radicale puisqu'il cherche à rendre compte d'un décollement de la perception esthétique quant au regard que nous portons sur les villes, sur les lieux de l'urbanité. Le Montréal du Grand Gel est en ruines, pas sous l'effet d'un cataclysme annonciateur et prophétique mais, banalement, à cause d'une conquête nordique impitoyable. Rupture du panoptisme, dans un premier temps, car la ville est désémantisée, défaite de tout sentiment d'appartenance à une unité. À la suite de la catastrophe du Grand Gel, Montréal devient un espace ruiné qui se caractérise par la dé-figuration du tissu urbain. La resémantisation de l'espace urbain ne s'opère que par défaut. Des quartiers sont bien renommés, associés aux conduites des habitants qui y vivent. Mais les repères spatiaux ne sont plus clairement établis. Ou encore ils paraissent dérisoires car la ville s'apparente à un gigantesque campement où chacun niche selon des règles d'appartenance clanique.

Les quartiers ressemblent à autant de réserves ou de ghettos. Qu'ils soient fondés sur l'âge, le statut socioprofessionnel ou l'origine ethnique démontre simplement le pouvoir contraignant des interdits dans ce roman. Ces pratiques sont d'ailleurs déviantes en l'absence d'un urbanisme qui revendiquerait, d'ailleurs de façon toute illusoire, sa capacité de gestion afin de pouvoir classifier les cheminements des individus. Le refus du panoptisme urbain est donc fortement exprimé sans qu'il faille négliger pour autant cette description d'une faillite de la mémoire. Le roman de Basile se présente sous la forme d'une saga où le motif de la généalogie met à jour la légende familiale de Monsieur Barnabé. Mais cette volonté de continuité, de transmission généalogique est bien vite contestée. Après l'épisode du Grand Gel, Montréal est une cité immobile, sans autre chronologie que cette « année zéro » qui témoigne d'un passé en ruines et d'un futur improbable. La temporalité, à l'exemple de ce Montréal figé par le froid, semble privilégier une indétermination, du reste accentuée par différents procédés.

L'imbrication de temporalités distinctes (l'apparition de Raspoutine dans la cale du S.S. *Cadillac*), la thématique de la réincarnation, les brusques décrochages temporels (de la Russie tsariste au Montréal de la rue aux Haillons), caractérisent cette volonté de briser la continuité — narrative et temporelle — de la saga. Le récit légendaire ne serait qu'un prétexte autorisant la dispersion. La trame narrative est morcelée, racontant l'histoire de Monsieur Barnabé, personnage solitaire et exilé. Celui-ci, acteur principal du roman, offre à lire un parcours heurté, composé de multiples digressions, saga dérisoire qui fait du statut de l'étranger une condition commune. Ce morcellement de l'identité, point fort du roman, me semble d'ailleurs validé par des stratégies temporelles et spatiales sur lesquelles je reviendrai plus longuement. Sans doute le refus du panoptisme est-il déterminant ici. L'espace urbain n'est pas présenté de façon uniforme. Il n'est pas soumis au regard d'un architecte omnipotent, prêtant ordre et continuité à ce qu'il voit. Pas plus qu'il n'est quadrillé selon la règle impersonnelle d'un fonctionnalisme prétendant gérer adéquatement les significations de l'urbanité.

On peut aller encore plus loin et entrevoir le dispositif cosmopolite dans *Le piano-trompette* comme un savoir référentiel éclaté. Le protocole énonciatif dans ce roman suppose des « prises de parole » qui sont toujours marginales, périphériques. Le savoir référentiel qui contribue à légitimer ces interventions est morcelé puisqu'il ne se fonde pas sur l'adéquation d'une énonciation et d'un lieu qui puisse justifier en retour la vérité des énoncés produits. Ce dont rendrait compte l'énonciation dérisoire d'un savoir doxique — topiques de discours — associé à la mise en scène d'un univers urbain rompu, dont les repères patrimoniaux sont constamment déplacés de leurs sites d'inscription primitifs. À l'exemple de cette ville ruinée qu'est Montréal, les différents acteurs romanesques font un inventaire de lieux communs qui offrent prétexte à conversation sans qu'il y ait pourtant liaison à partir de cet échange. La quête du piano-trompette, objet à la fois risible et mystérieux, dont la possession semble pratiquement impliquer la survie de Monsieur Barnabé, témoigne de ce désir d'échapper au contingent dans un monde ruiné. Les prétentions ésotériques, l'insertion, volontairement parodique, d'un discours contre-culturel propre aux années soixante-dix, le recours à un savoir doxique dérisoire, tous ces éléments contribuent à faire du *Piano-trompette* un roman où la question de l'étranger recoupe une problématique de l'étrangeté du sens (le discours) et du lieu (la ville).

Contrairement aux romans de Poulin et de Godbout étudiés au chapitre précédent, l'extraterritorialité n'est pas présente ici. Il n'est pas nécessaire de situer l'étranger à l'extérieur du périmètre territorial que représenterait un lieu natal. C'est la ville, Montréal en l'occurrence, qui devient étrangère, de la même façon que Monsieur Barnabé est cet acteur solitaire qui témoigne de la condition des habitants du météquat. Ce qui fascinait chez Godbout et Poulin, c'était la possibilité d'un bord à bord entre collectivité et individualité. Distinction par ailleurs factice puisqu'elle relève d'un chassé-croisé où alternent fantasme et idéologie. Dans ces deux romans, la lecture de l'étranger se voulait sans ambiguïté : représentation d'un sujet que l'on puisse interpréter comme distinct, qui échapperait en somme au narcissisme et à l'idéalisation paradoxale du sujet percevant. D'où la nécessité de faire appel à une scène représentative où l'Autre apparaîtrait comme un sujet autonome, tout-puissant.

En fait, l'étranger évoquerait plutôt le moment fécond de cette partition, brisant l'alliance qui associe le groupe à l'individu. C'est dans la mesure où l'étranger est perçu comme hors-groupe qu'il interroge et aussi renseigne sur les modalités de cette adhésion à la collectivité. La représentation de l'étranger serait la caractéristique de cette projection imaginaire dont j'ai proposé le concept précédemment : jeu du déplacement, de la transgression des frontières à la faveur du mouvement. L'étranger serait cet acteur romanesque dont la distance permet, grâce aux frontières ainsi instaurées, de définir une cohésion sociale induite par la relégation de l'Autre à la périphérie. Tout comme il fait surgir indétermination et étrangeté.

L'étranger peut ainsi faire l'objet d'une représentation fortement stéréotypée par le recours à la description ou aux énoncés de jugement qui l'assignent à la périphérie. Ce rituel de passage que constitue le couple intériorité/extériorité, comme inscription topologique et projection sur l'Autre de propriétés imaginaires, est par conséquent un processus complexe. On peut proposer à cet égard que la description périphérique et stéréotypée de l'étranger permet la consolidation d'un narcissisme défensif — ou rétracté — qui protège contre toute menace imaginaire venant de l'extérieur. Une constatation s'impose alors : l'étranger ne peut venir que d'ailleurs, il est ce que sans cesse l'on repousse, rejette. L'inclure à la textualité romanesque se fait de façon précautionneuse, comme s'il fallait lui faire subir l'épreuve d'un rite de passage, opération hautement symbolique qui autorise un travail de réappropriation. L'altérité de l'étranger, son caractère stimulant ou menaçant, sera quelque peu dissipée s'il m'est possible de me l'approprier. Bien que ce pouvoir de captation imaginaire qui contribue à représenter l'étranger soit toujours soumis au jeu de l'identification narcissique.

Comme le mentionnent Philippe Dubois et Yves Winkin [1] à propos des phénomènes discursifs d'excommunication, le processus communicatoire, même s'il a pour fonction de rejeter à l'extérieur, ne peut simplement être qualifié d'oppositif [2]. C'est donc grâce à l'analyse des rapports de place qu'une compréhension du statut de l'étranger est possible. Car si l'étranger est rejeté à l'extérieur d'un territoire prescrit, seule l'étude des modalités de rejet informe sur ce processus d'excommunication. Les rapports de place déterminent un espace d'action, une marge de manœuvre que les différents acteurs romanesques pourront tester. C'est d'ailleurs par le biais de cette organisation topologique qu'une représentation de l'étranger est possible, création d'un espace où s'effectuera la distinction du centre et de la périphérie. Dans les romans à l'étude, l'étranger est situé à la marge, qu'il s'agisse de l'extraterritorialité californienne ou de la revendication explicite d'une différence culturelle. Il serait cependant trompeur de croire que la marginalisation de l'étranger est réalisée uniquement selon des modalités oppositives. En somme que nous nous retrouvons devant un procédé d'excommunication où dominent l'opposition, la négation, d'après un modèle logique : /l'étranger n'est pas X/. La création discursive de la figure de l'étranger est beaucoup plus complexe. Assurément l'excommunication laisse croire dans un premier temps que l'étranger est situé à la périphérie, accréditant de cette façon l'idée d'une mise à l'écart définitive.

C'est le cas de la négation ou de l'opposition qui, bien qu'opérations discursives, peuvent toujours offrir l'illusion d'un rejet, échappant à l'énonciation d'un comparant. Est en somme refoulé au moment de la négation le geste d'exclusion qui suppose l'intervention du sujet énonçant. Car ce dernier fonde la mise à l'écart, en détermine l'argumentation. La proposition /l'étranger n'est pas X/ implique en retrait un énonciateur qui fonde et nie tout à la fois la perception de l'altérité. Cette ex-communication de l'étranger est donc un procédé discursif où l'Autre n'existe qu'à la condition d'être représenté par un sujet énonçant. Autoréférence qui constitue un puissant leurre discursif: la négation, l'opposition laissent entendre que l'étranger est « autre » (l'étranger n'est pas X), mais la valeur différentielle de la négation est pour ainsi dire annulée. L'étranger comme acteur romanesque sera qualifié de dissemblable, mais de façon à ce que cette différence soit perçue comme une réalité ontologique (l'étranger est en soi « autre ») et non pas comme l'effet d'une argumentation discursive.

De ce point de vue, l'exemplum, comme modalité rhétorique pseudo-logique, me semble déterminant. Il correspond, plus encore que la négation, à un procédé autoréférentiel dans la mesure où il s'agit d'une démonstration allant du particulier au général et faisant appel à l'opinable, au lieu commun. La négation fonde par l'exclusion une différence qui trouve son appui dans une partition instaurée par le sujet énonçant. L'exemplum quant à lui semblerait nier toute structure argumentée, faisant de ce passage du particulier au général la caractéristique d'une monstration de l'étranger. Pas de démonstration ici: la caractérisation de l'étranger échappe apparemment à l'énoncé de jugement comme si la représentation discursive de l'étranger était abandonnée. L'exemplum interviendrait donc à la faveur d'un mouvement fortement régressif. Le souci immédiat de validation de l'altérité qu'il contribue à façonner, par ce passage du particulier au général, est du même coup refoulement d'un envers argumenté.

L'exemplum offre ainsi au lecteur une preuve induite grâce à ce passage du particulier au général. C'est parce qu'il y a « un » étranger — entité discernable — qu'il est possible, grâce au phénomène de généralisation évoqué précédemment, de définir « la » catégorie des étrangers. Cette élaboration taxinomique permet de donner corps au vraisemblable. La validation du lieu commun provenant du fait qu'il puisse être quantifié. Le mouvement régressif, niant en son for intérieur l'argumentation qui constitue la figure de l'étranger, obéit à un parcours précis. C'est le cas de la négation qui, à la suite du moment logique du rejet, ignore l'intervention du sujet énonçant. Dire que je ne suis pas l'étranger établit une catégorisation grâce à laquelle le sens est déterminé par l'institution d'une valeur propositionnelle dont se porte garant le sujet énonçant. Dans la mesure où ce dernier fonde la valeur relative des propositions — des énoncés de jugement — en niant, c'est-à-dire en différenciant, alors la négation prend tout son sens. Nier n'étant plus seulement différencier par le biais d'une opération cognitive, de façon à protéger le pouvoir catégoriel du sujet énonçant, mais aussi projeter, mettre à l'extérieur, en somme dé-nier, ce qui relèverait de l'imaginaire.

La négation, dans le contexte qui nous intéresse, serait analogue à la dénégation puisque le sujet énonçant, niant sa ressemblance avec l'étranger, ne fait pas que mettre à l'écart. En niant, c'est-à-dire en ne se considérant pas identique à l'étranger, il établit une différence dont il tente du même coup de s'abstraire en tant que sujet énonçant.

La dénégation caractériserait la structuration pseudo-logique, imaginaire, de ce processus où l'étranger n'est pas seulement l'Autre — ce qui serait le propre de la négation — mais surtout un Autre en lequel je ne puis me retrouver et dont je ne suis aucunement responsable de la différence. Ce qui nous permet de rejoindre l'exemplum comme conclusion du parcours rhétorique. L'étranger est ici présenté de manière radicale à la façon d'une entité autonome, quantifiable, sans qu'un énoncé de jugement ne soit mis en jeu. C'est parce qu'existe « cet » étranger, être singulier aux propriétés définies, qu'il est possible d'en induire ce mouvement de généralisation : le passage du singulier à l'universalité étant bien sûr une caractéristique du stéréotype.

Comment pourrions-nous alors définir l'argumentation des textes romanesques qui font intervenir la figure de l'étranger par le biais d'un pacte ex-communicatoire ? Si ce dernier est rejet, extériorité angoissante, il faut que l'étranger situé à la périphérie soit considéré comme un exemplum. Cet acte de partition s'accompagnant par ailleurs d'une dénégation : ce sujet « autre » ne pouvant pas être moi, un clivage opère afin de mettre terme à une possible indifférenciation. En somme, l'exemplum est le moment culminant de ce parcours rhétorique : passage d'un argument particulier à un autre défini comme général. Le procédé d'exemplarisation a ici une fonction assertorique. Alors que la négation se contente de cliver violemment ce qui différencie l'étranger du sujet énonçant, l'exemplum affirme, fait de l'objet de ce clivage un énoncé de valeur générale.

L'exemplum serait par conséquent un abrégé de preuve, cristallisation d'un fragment de réel qui authentifie un raisonnement ayant été tenu plus tôt. Si la négation différencie en distinguant deux valeurs propositionnelles (/je ne suis pas l'étranger/ présuppose une affirmation en retrait), l'exemplum se contente d'affirmer grâce à un énoncé d'état : /l'étranger est/... /les étrangers sont/. Dans la perspective de cette réflexion sur l'étranger, l'exemplum est peut-être la forme rhétorique la plus appropriée de cette inscription — dénégation de l'altérité. Ainsi, *Le piano-trompette* de Jean Basile fait appel à cette stratégie exemplifiante mais dans une perspective de contestation. Je proposerai une analyse un peu plus loin. Par contre, d'autres romans font appel à l'exemplum afin d'instituer un discours de la stéréotypie. C'est le cas du *Matou* d'Yves Beauchemin qui sera abordé au dernier chapitre. L'étranger permettrait cette exemplification par le recours à l'histoire. Il incarnerait jusqu'à un certain point cette sédimentation de l'historicité. Mais il faut comprendre cette sédimentation, non pas comme la matérialité intelligible du discours historique, mais plutôt à la manière d'une opacité décrétée quant à cette perception de l'histoire de l'Autre comme étrange. L'exemplum, nommant l'étranger, serait l'élément figuratif de cette opacité.

Proximité et distance de l'étranger

Le dispositif cosmopolite met donc à jour une construction argumentée. L'étranger, dans tous ces romans, signale l'avènement d'un « inconnu ». Ce *topos* est d'abord entrevu comme absence d'investissement fondateur (langagier, territorial...) même si cette lacune lui donne forme grâce à cette absence où l'étranger vient « d'ailleurs », considéré comme menaçant, destructeur, envahissant... Riche de toutes les virtualités que lui confère son absence, l'étranger est à lire et à interpréter. Stratégie rhétorique qui consiste à argumenter, à stipuler les traits de cette étrangeté. D'où l'importance de l'exemplification quant à cette volonté de penser l'inconnu. Cet « ailleurs » est inquiétant dans la mesure où on ne peut lui attribuer un visage, qu'il prend souvent les traits de l'étrangeté : *affect* très puissant où domine la perception d'un dessaisissement. Le recours à l'exemplification est ici nécessaire afin de présenter l'acteur romanesque, associé à l'étranger, comme un personnage aux propriétés fortement connotées. Parce que cet inconnu obsède, qu'on ne peut lui prêter forme, il faudra violemment transformer cette absence en présence, naturaliser la représentation de l'étranger par le biais de l'exemplification.

Le piano-trompette de Jean Basile me semble contester radicalement cet appel à l'opinable. Voyons quels en sont les traits déterminants. Ce roman institue tout d'abord une localisation de l'espace urbain (ainsi le météquat situé à l'Ouest de la ville) même s'il prête à cette hiérarchisation une intention parodique. Comme si malgré la désagrégation territoriale, un semblant d'ordre devait être justifié. La cité génère ses propres déchets, produit des énonciations périphériques : le bordel de Marcelline, l'ésotérisme vaguement contre-culturel d'Adolph Von Klein... La production marchande ne permet plus l'échange systémique de biens, la cité est désormais démembrée en l'absence d'un corps unifiant qui pourrait la constituer.

Nous retrouvons une économie, certes encore signifiante, mais fondée sur le transit, le fragmentaire. En témoigne à mon avis le motif de la réincarnation dans ce roman qui permet de briser, d'hachurer par le recours au discontinu, l'organisation spatio-temporelle. Gigantesque caviardage qui rend possible la juxtaposition d'espaces historiques à première vue hétérotopes : la Russie tsariste, la cale du S.S. *Cadillac* dans le port de Montréal... L'historicité est ici représentée comme une ruine urbaine. La ségrégation arbitraire des quartiers, la tentative de reconstituer dérisoirement une mémoire des lieux, des réseaux d'échange et de production, sont des symptômes d'une faillite à établir de l'ordre. Impossible en effet cette constitution d'un passé, constitution d'une mémoire qui justifierait la saisie d'une histoire actuelle.

Le roman de Jean Basile amène donc invariablement à s'interroger sur une distinction établie par Michel de Certeau, ce qu'il nomme la carte et le parcours[3]. Distinction importante puisqu'elle suppose, outre la malléabilité de l'espace, l'existence d'un pacte énonciatif (un contrat entre locuteurs) qui ne se caractérise pas seulement par l'utilisation d'un système (la langue) mais aussi par son appropriation multiforme lors de la réalisation d'actes de parole. On peut penser à cet égard que certains récits sont plus enclins que d'autres à privilégier cette structure cartographique au détriment du parcours qui implique une mise en scène ouverte du cheminement. En somme, que ces romans impliqueraient la délimitation des frontières (des opérations de bornage) instituant des espaces circonscrits, ce qui permettrait en retour la constitution d'une topique du vraisemblable.

Ces récits seraient fascinés par l'obsession du quant-à-soi. Parce que l'étranger inaugure la rencontre angoissante de l'inconnu, un acte de possession est présenté comme nécessaire. Cette altérité doit être réappropriée, de façon à contrer une menace éventuelle : l'Autre, ce sujet tout-puissant, signifie la possibilité d'un dessaisissement, étrangeté d'autant plus troublante qu'elle pourrait altérer l'identité du sujet énonçant. La possession, l'appropriation correspondraient alors à la volonté affichée de maîtriser cette étrangeté, afin de l'inclure à une scène représentative. Si l'ex-communication est un puissant motif discursif, c'est à la condition de donner sens à cette extériorité radicale. Cette ex-communication peut bien prendre l'aspect de l'indicible, du sublime, ou de l'abjection, faisant jouer l'incapacité à nommer adéquatement l'Autre, seul le langage s'épuisera à nommer cette identité entrevue comme irrémédiablement étrangère. L'excommunication, cette croyance en une étrangeté qui échapperait au sens et à la catégorisation référentielle, est par conséquent le fantasme d'un hors-la-langue, lui-même nommé et joué comme figure de discours.

L'étranger pourra donc être défini de façon stéréotypée, par le recours à un ensemble d'énoncés doxiques, afin qu'il soit clairement identifié à ce sujet différent qu'on doit pouvoir re-connaître (c'est le cas du *Matou*). Ou encore présenté comme un sujet inassimilable, échappant, par son statut excentrique, à toute description. Dans tous les cas néanmoins, opacité et clarté sont des motifs discursifs qui permettent de faire jouer ce que Michel de Certeau nomme, à propos des « récits d'espace », la distinction entre la « carte » et le « parcours ». Nul doute que la détermination des topiques du discours (ce qui est défini dans l'ancienne rhétorique comme *inventio* : extraction de lieux et création d'une mémoire discursive) corresponde à ce jeu de la carte et du parcours. La cristallisation de l'opinable, sous la forme de lieux communs, trouvant son équivalent spatial dans la réification de l'espace urbain : la cartographie ainsi créée privilégiant des valeurs de continuité et d'authenticité désignatives. La ville devient alors un lieu quadrillé qui laisse peu de place au cheminement, de la même façon que l'étranger apparaît comme un acteur romanesque aux propriétés circonscrites qui détermine ce passage du centre à la périphérie.

Cette mise en scène cartographique peut cependant autoriser la transgression des frontières, ce que Michel de Certeau retrouve d'ailleurs très justement dans la signification originaire de la diégèse, à la fois marche et transgression[4]. D'où la nécessité de penser ce passage de la carte au parcours comme oscillation. Le recours à l'opinable, la représentation panoptique de l'espace urbain peuvent être associés à l'inscription cartographique. Mais il est opportun d'envisager, au même moment, une trame discursive qui soit aussi parcours. La position de surdétermination de l'un ou l'autre de ces éléments donnant au récit sa configuration singulière. Soit que l'étranger apparaisse comme un acteur qui détermine, à la faveur de l'opinable, cet aller-retour du centre à la périphérie : mise en relation, notée par Simmel, de la proximité et de la distance sociales. Ou qu'il prenne l'aspect d'un personnage transgressant les limites imposées, contestant l'opinable par ses agissements, de façon à laisser jouer un parcours libéré de contraintes.

À cet égard, le roman de Jean Basile me semble particulièrement riche d'implications. La transgression est inaugurée par le parcours de Monsieur Barnabé tout comme le dialogisme — l'éclatement de l'espace urbain correspondant à la dispersion polyphonique des prises de parole — rompt l'illusion d'une unité vocale. Cet éclatement de la parole peut être rapproché d'un processus de délégitimation. Si le récit est à la fois parcours et carte, son dynamisme venant du fait qu'il traverse des frontières instaurées, il en serait de même quant au dialogisme : la parole situe un lieu d'énonciation mais aussi un espace de réalisation de l'énoncé, et, dans la mesure où la légitimité du sens de cette parole adressée n'est plus assurée, le dialogisme détermine cette fracture de la signification.

Dans ce texte de Basile, le panoptisme de l'univers urbain est désavoué. Il n'y a pas de lieu fondateur, d'identité clairement affirmée, de coïncidence du nommant et du nommé. D'où la multiplicité des figures de l'étranger. Absence dans ce roman, c'est là quelque chose de particulièrement important, d'une emblématisation de la figure de l'étranger. Le particulier n'est plus ici synonyme de général par le recours à une stratégie rhétorique exemplifiante. Plutôt peut-on observer une dissémination de la figure de l'étranger, ce que Jean Basile nomme le météquat. Comme si l'identification possible à un personnage étranger, justifiant en retour la préservation de l'identité sociale majoritaire, était définitivement abolie au moment de cette fragmentation.

La multiplicité des figures de l'étranger implique en effet un décrochage référentiel, le rejet des repères identificatoires qui permettent, entre autres, de déterminer un espace comme légitime. *Le piano-trompette* est un récit où la prescription « d'être étranger » est violemment contestée, ce qui entraîne la désaffection à l'égard de ce savoir doxique qui fonde l'institution de la communauté sociale à partir de ses marges. Ainsi en est-il de Monsieur Barnabé dont la situation est complexe dans la mesure où il revendique cette originalité d'être à la fois « partout » et « nulle part » :

> Elle [Odysséa] évoque les itinéraires compliqués de ses concubins. Elle parle éloquemment de ses autres vies, quand il était encore une personne de bon sens, ayant droit à l'amour et au respect de ses contemporains. [...] Elle décrit sur un ton larmoyant les épreuves qu'a déjà dû traverser M. Barnabé dans sa dernière réincarnation : la solitude, la guerre, le météquat et tout le reste, sans oublier ses faillites successives [5].

Cette définition de l'espace est riche de conséquences quant aux postulats théoriques, justifiés en préalable à l'analyse même des textes littéraires. Je me propose ainsi de soulever un certain nombre d'interrogations quant aux présupposés invoqués au moment de l'étude de la configuration spatiale des textes romanesques, croyant que des propositions théoriques sont mises en acte au détriment de la complexité des récits analysés.

Il semble qu'en étudiant la représentation de l'espace, et de façon plus précise en ce qui nous concerne, la structuration urbaine, on n'échappe pas la plupart du temps à l'illusion d'un organicisme. La ville, de ce point de vue, est ce qui fait corps, qui justifie l'agencement de différentes parties afin de créer un tout alors remembré. La ville possède ses artères de circulation comme le corps humain et les flux qui la traversent font jouer un modèle anthropomorphique. Cet organicisme, on aurait d'ailleurs tort d'y voir la seule caractéristique des récits qui privilégient une constitution défensive, avant tout préoccupés par le quant-à-soi territorial. *French kiss* de Nicole Brossard, comme on le verra au prochain chapitre, est un bon exemple du cumul de discours idéologiques différenciés. La transgression des limites territoriales, accompagnée de la subversion textuelle de la fonction représentative de l'espace romanesque, est autorisée malgré tout par le primat de cet organicisme qui fait de la ville un corpus à lire et à interpréter.

Le corps social — et l'espace qui lui prête forme — doit être régulé, de façon à ce que le mouvement du flux et du reflux obéisse à une topique économique. La structuration du corps social est ainsi affaire de normalisation. Car la ville — et l'espace qui en est le mode structurant — est composée de multiples parties, autant d'agglomérats liés par une faculté de synthèse. La circulation — le flux et reflux des informations, des individus — est autorisée dans la mesure où est postulée l'unité organique du dispositif urbain. Cet organicisme, même s'il laisse place semble-t-il à une multiplicité d'intérêts divergents, obéit à une faculté de synthèse, de totalisation. La différence doit être incessamment rapatriée dans le cadre d'un dispositif pouvant assurer la réunification des contraires.

Vu sous cet angle, on peut mieux percevoir l'ambivalence de cette définition du cosmopolitisme : affirmation d'un modèle clos, aux pratiques sociales fortement structurées en fonction d'un principe de synthèse unifiante des contraires. Le mode de vie urbain cosmopolite se caractériserait de plus par un accroissement des stimulations sensorielles, l'intersection d'univers référentiels hétérogènes permettant l'obtention d'une prime de plaisir. Cet éclatement cosmopolite devant être réintégré dans un cadre plus vaste : le polymorphisme, l'hétérotope — la disparité des signes en circulation — introduisant un bouleversement avant tout d'ordre quantitatif. La multiplicité des informations traitées confirmant enfin cette fonction de la valeur d'échange comme réalisation d'un transit.

En somme, le cosmopolitisme est associé à un parcours sans contraintes. La valeur d'échange, entrevue comme mode de circulation des biens, néglige la dimension prescriptive des frontières. On rencontre un discours qui postule une liberté de déplacement que ne pourrait entraver aucun facteur de ségrégation. C'est ici que réapparaît le motif de l'étranger élaboré dans les différents travaux du sociologue Georg Simmel. La ville accueillant l'étranger est un lieu contradictoire qui introduit une partition de la signification, un éclatement des relations sociales[6]. La sophistication, l'indifférence, le souci de réserve propres aux grandes métropoles[7], proviendraient de la valorisation du social comme pure forme. Il en serait de même quant au statut de l'étranger puisque le « [illegible] cher à Simmel, celui qui vivant « ici [illegible] tion d'un « ailleurs », est aussi un [illegible] cette réserve sociale. De ce point [illegible] serait pas tant un acteur social justifiant la mise en œuvre d'un facteur d'interdiction et d'expulsion, qu'une autre manifestation de cette indifférence provoquée par le transit d'informations multiples.

Le cosmopolitisme chez Simmel serait lié à l'accroissement quantitatif et qualitatif des impulsions sensorielles (la diversité de la population urbaine : classes sociales et communautés culturelles en étant la cause la plus directe), comme il impose une mise en retrait (ce que Simmel nomme le tact ou la réserve) de l'individualité subjective.

L'étranger, dans la perspective de ce modèle social proposé par Simmel, trouve bien sûr une place de choix. Il est la figure achevée de cette indifférenciation cosmopolite puisque vivant « ici », il incarne le fantasme d'un « ailleurs » à jamais perdu.

Il semble donc que l'étranger possède la faculté inédite d'abolir cette distinction entre intériorité et extériorité. Mais il est aussi un acteur qui, malgré l'indifférence sociale, effet de l'accroissement des impulsions sensorielles, favorise un recentrement. L'étranger est cet être singulier qui combine le semblable et le dissemblable. Il ne représente pas seulement un lieu neutre puisque, à s'en tenir à ces considérations, on est toujours l'étranger de quelqu'un. Il permettrait plutôt l'oscillation entre une inscription topique (quoique celle-ci chez Simmel soit déjà subvertie car l'étranger est perçu comme tel, non pas parce qu'il vient d'ailleurs, mais parce qu'il n'est pas d'ici) et hétérotopique : c'est en fonction de cette intrication du différent et du semblable (l'inquiétante étrangeté selon Freud) qu'il peut désigner une position d'énonciation inédite. Ainsi l'étranger selon Simmel n'est pas un personnage errant, à la dérive, ce qui contribuerait à le définir comme un acteur purement exotopique. La situation est beaucoup plus complexe dans la mesure où l'étranger est simultanément facteur de liaison et de rupture.

Cette ambivalence du personnage étranger, qui intègre proximité et distance, n'est pas sans conséquences. Elle implique tout d'abord que le personnage étranger, inséré dans cette dynamique sociale privilégiant l'indifférenciation, l'accroissement d'informations, peut rendre compte avec justesse de la réalité dans laquelle il est subitement introduit. Parce qu'il est un sujet chevauchant des frontières symboliques, l'étranger acquiert chez Simmel le statut « d'homme objectif ». Se caractérisant par sa mobilité, il ferait intervenir une capacité d'abstraction.

Puisqu'il est sans racines, sa situation ne serait pas sans analogies avec l'objectivité participante de l'ethnologue qui tente de se défaire de préjugés divers.

On voit, à partir de ces remarques, que la figure de l'étranger chez Simmel n'est pas sans quelque opacité. Au cœur de l'univers polycentré des grandes métropoles, l'étranger représente une indifférenciation exemplaire puisqu'il combine intériorité et extériorité, proximité et distance. Mais ce qui peut apparaître dans un premier temps comme le constat d'une confusion est aussi faculté de synthèse. En ce sens, l'étranger chez Simmel est un acteur privilégié puisqu'il rend compte du fractionnement des relations sociales — de l'accélération des déplacements et des parcours — tout comme il peut, du fait de son caractère ambivalent, symboliser l'appartenance à la communauté en même temps que sa périphérie.

Ce statut « d'homme objectif » que Simmel attribue à l'étranger n'échappe pas malgré tout à l'idéalisation. Comme si l'étranger pouvait devenir un révélateur privilégié de la dynamique sociale grâce à sa double allégeance communautaire. On peut d'ailleurs se demander si cette perception de l'étranger ne se conforme pas à un modèle transcendant et unificateur, négligeant la dimension imaginaire de cette appartenance à la périphérie. Je pense aux réflexions de Julia Kristeva qui voit dans le statut d'étranger une part d'exil, fait singulier qui ne méconnaît pas l'amertume ni un plaisir secret : celui de vivre un état de « flottement ironique [8] », référence faite à Joyce et à la reprise puis à l'abandon des significations associées à la langue maternelle.

Julia Kristeva part d'une constatation : le fait d'être étranger (ou de vivre l'étrangeté) semble être une caractéristique du citoyen de la fin du XXe siècle qui perçoit la dissociation des liens communautaires. Prenant acte de ce constat, Kristeva distingue deux façons de se définir comme étranger. Face à l'angoisse de la perte ou de la séparation (dont la mère est le prototype comme bon objet), on retrouve tout d'abord les nostalgiques et les mélancoliques : « [...] fidèles à leur douleur première, ils recréent sans relâche leur communauté d'origine comme une enclave dans la terre d'accueil qu'ils ont ainsi les moyens de boucler[9] ». Ce parcours est inachevé, faisant alterner l'idéalisation d'un « pays natal pourtant abhorré dont ils se sont volontairement exilés[10] », qui compense par ailleurs l'abjection dont est investie la terre d'accueil pourtant choisie. Une seconde définition est aussi possible, faisant de la fascination narcissique la marque des étrangers qui « [...] s'arrachent de leurs attaches primitives, les oublient ou les brûlent dans la rage logique de s'assimiler[11] ».

Cette rage propre à l'étranger, qui se consume en tristesse, en mélancolie d'être en deuil impossible d'une terre qu'il lui a fallu quitter[12], elle pourrait aussi caractériser la constitution oblique de la littérature québécoise dans la mesure où celle-ci se vit comme perte ou défiguration de l'identité. L'étranger est dans un premier temps le sujet aliéné, ainsi qu'on l'a vu avec les romans du mouvement Parti pris : dépossession à laquelle l'Autre me renvoie. Tristesse d'un peuple conquis dont le territoire est spolié par le sujet dominateur et à qui il ne reste que le fil ténu de la temporalité : « Je me souviens ». Cette répétition du souvenir ne serait pas sans analogies avec le *made in... nostalgia* proposé par Julia Kristeva. La tristesse de l'étranger — ou du minoritaire — étant vécue sous le mode de la réminiscence, antériorité fusionnelle où l'Autre n'existait pas pour différencier violemment. Mais elle peut aussi, à la suite de cette « rage logique de s'assimiler » dont témoigne l'étranger, être vécue comme réappropriation : faire de la langue d'accueil et d'un nouveau pays l'enjeu d'une fondation rompant avec la tristesse de la perte du bon objet.

Que se passe-t-il cependant lorsque deux étrangers se rencontrent ? Le premier, le Québécois francophone, qui semble avoir suturé avec succès cette mélancolie d'un originaire clanique — le monde de la paroisse : langue et religion entremêlées — pour y substituer, à travers maints événements politiques, un certain nombre de traverses : Nord-Américain mais parlant français, majoritaire au Québec mais vivant la nécessité du consensus (avec le Canada anglais ou les États-Unis). Le second, qui arrive en pays d'accueil, renouvelant la mélancolie du premier, peut-être beaucoup plus proche à cet égard de l'étranger proposé par Julia Kristeva, consumant sa tristesse, écartelé entre une identité « acquise », la rage de l'effacer et le savoir qu'elle ne manquera pas de resurgir à tout moment pour lui signaler qu'il est « autre ». Cet écartèlement, j'en ai constamment retrouvé les traces dans les romans étudiés, sauf qu'envisageant la « représentation » de l'étranger (sa constitution fictive), cette « rage logique de s'assimiler » possédait une dimension symptomatique. Comme s'il fallait que l'étranger soit à la fois visible, c'est-à-dire différent, et qu'il signale au même moment, par sa présence, l'extériorité sociale malgré toutes les violentes tentatives d'intégration. Car la représentation de l'étranger caractérise l'ambivalence de la société d'accueil. Représentation douloureusement nécessaire puisqu'elle fait obstacle aux désirs d'immortalité de la communauté en lui indiquant ses limites. Mais aussi représentation vengeresse et assimilatrice, ce qui permet à cette communauté de prétendre de nouveau à la permanence de ses vœux d'intégration. Jusqu'au moment où l'étranger, devenu semblable, sera brutalement rejeté comme différent.

Cette représentation de l'étranger est en conséquence, comme le propose Georg Simmel, informée par la configuration de l'univers social. À ce titre, on peut parler du statut conjoncturel de la création fictive de l'étranger. Entre les romans du mouvement Parti pris et la problématique de l'extraterritorialité avancée dans *Une histoire américaine* de Godbout, on a pu entrevoir de profondes modifications quant à cette modélisation socioculturelle de l'étranger. Il en est de même pour la représentation de l'univers urbain qui à mon sens prête forme à cette élaboration de l'étranger. À cet égard, *Le piano-trompette* de Jean Basile correspond à un éclatement de la cartographie urbaine comme si le récit ne pouvait plus assurer la production d'un espace propre. La ville dans ce roman est une ruine, résidu, fragment de mémoire qui laisse place à une dissémination de la figure de l'étranger.

L'impossible assimilation

Les réflexions de Michel de Certeau [13] sont de ce point de vue particulièrement pertinentes. Elles remettent en question ce discours de la fondation territoriale qui prétend traduire la création d'une identité aux contours stabilisés. Selon Michel de Certeau, le discours urbanistique se caractériserait tout d'abord par « la production d'un espace propre [14] ». Celui-ci autoriserait le refoulement de « pollutions physiques, mentales ou politiques », « espace propre » emblématique : chaque sujet étant classé en fonction de critères divers (l'appartenance ethnique, la situation socioprofessionnelle, l'origine de classe...). Dans cette perspective, le cosmopolitisme, entrevu comme hétérotopie, pourrait bien représenter l'envers de cette ségrégation dans la mesure où il contribuerait à parasiter cet espace normatif.

Le discours urbanistique contemporain se caractériserait de plus par la légitimation « d'un non-temps, ou d'un système synchronique [15] » de façon à contrer l'espace concret de la déambulation. À la malléabilité des opérations spatiales introduites par le marcheur cheminant en milieu urbain s'opposeraient des stratégies univoques dont l'urbanisme, comme régulateur fonctionnaliste des conduites, serait le principal modèle. La ville incarnerait alors un facteur de résistance, espace technicisé refoulant l'espace libérateur de la marche, rejetant toute action transgressive.

Enfin, toujours selon Michel de Certeau, la ville, envisagée comme lieu d'expression d'une stratégie socio-économique totalisante, justifierait la création d'un sujet universel. Cette rationalité, produite pour l'ensemble des citoyens, ne serait pas sans analogies avec la fondation du nom propre qui isole par le recours à la désignation l'identité d'un sujet dans un système de parenté. En fonction de ce principe, la ville pourrait être entrevue comme un ensemble d'opérations classificatoires triant, déterminant des propriétés communes, induisant en somme une gestion de l'espace.

Face à cette légitimité sociale du discours urbanistique, le sujet énonciateur qui arpente la ville crée un territoire imaginaire. Du même coup, il nomme à sa guise les lieux visités, y inscrit des tactiques, des utilisations spontanées de l'espace rompant avec les prescriptions fonctionnalistes de la gestion urbaine. La ville est alors perçue comme un laboratoire (ainsi que le pressentaient les théoriciens de l'École de Chicago) mais les tactiques de ses usagers créent un espace de liberté et non pas seulement un réseau de contraintes. Sous cet aspect, c'est l'identité singulière du marcheur qui compte au détriment de cette fiction sociale que représenterait le sujet universel.

D'où la singularité de cet éclatement cosmopolite qui fait appel à la transgression afin de contrer la gestion fonctionnaliste de l'espace urbain. Selon Michel de Certeau, l'anormalité, la déviance, la mort peuvent cependant être intégrées à des processus d'assimilation de la différence qui refoulent le déchet, l'excédent engendrés par une économie de la dépense afin de rationaliser ce désordre. La ville caractériserait ainsi la production résiduelle, atténuée de cette marge, de ce déchet. Proposition qui ne serait pas sans analogies avec le statut « d'homme objectif » que Simmel attribue à l'étranger, sujet indiquant à la communauté sociale la symbolisation de ses limites afin qu'elle puisse expérimenter sans dangers le jeu de la différence et du semblable. La ville comme rationalité, édification d'un sujet universel, admet bien qu'il y ait de la différence mais celle-ci doit être en quelque sorte répertoriée, classée. Le déchet correspondrait à une simple anomalie de la gestion urbaine, à un surplus nécessaire mais inévitable de la gestion.

On peut néanmoins adopter une perspective d'analyse beaucoup plus radicale quant à la portée de l'éclatement cosmopolite. Cette symbolisation du déchet, mise en scène des contradictions propres à l'univers urbain, ne définirait plus une gestion heureuse et harmonieuse des différences, la surdétermination d'un facteur hégémonique (l'étranger devant apprendre une nouvelle langue, d'autres manières de faire...), mais précisément le retour du refoulé. Le cosmopolitisme déterminerait l'excédent de la production urbanistique, ce qui doit être rejeté après utilisation, ou encore ce qui doit être exclu parce que ne pouvant pas faire l'objet d'une stratégie d'intégration.

Cette élaboration excédentaire, ce résidu non assimilable peuvent donc prendre la forme de l'étranger. Celui-ci s'insère en effet dans le cadre d'un circuit économique et culturel de production. Main-d'œuvre temporaire, susceptible par la suite d'être rejetée hors des frontières. Ou encore commerçant, tel que l'entrevoit Simmel, simple redistributeur de biens, actualisant les potentialités de l'échange. Cet étranger indique une intrusion, un brouillage qui court-circuite la gestion fonctionnaliste. Il définit un apport nécessaire (une force de travail) par ailleurs dénié. Il signale un univers culturel « autre » questionnant l'intégrité fondatrice de la communauté d'accueil.

Ce déchet, perte ou surplus, doit pourtant faire l'objet d'une tentative de symbolisation. C'est dire que l'expulsion, mouvement qui situe hors de la ville des tactiques sociales perçues comme hétérogènes, est aussi, en raison de ce rejet, essai d'intégration. Le cosmopolitisme pourrait bien correspondre de ce point de vue à une expérience de symbolisation de l'étrangeté, maîtrise angoissée et jubilatoire d'une différence à laquelle on ne pourrait associer aucun visage connu. Il serait en somme la manifestation d'un équilibre difficile : une langue étrangère, une façon « autre » de bouger faisant jouer le sentiment d'une dépersonnalisation, la fracture de ce sujet universel.

Le cosmopolitisme serait alors périphérique, marginal, signification résiduelle ou déchet. L'assimilation de l'étranger à une classe ethnique, ensemble d'attitudes et de savoirs référant à une identité culturelle normalisée, équivaudrait au refus de cette volatilité. L'ethnicité supposerait la constitution d'une identité singulière : territoires et ghettos urbains agglomérant cette différence. L'association de la différence et de l'ethnicité consacrerait une récupération du résiduel au profit des opérations fonctionnalistes justifiées par la gestion urbaine. Être « l'ethnique » de l'autre serait une façon de relativiser la différence en faisant de l'identité du sujet universel un élément de comparaison. La symbolisation ainsi assurée devenant sécurisante puisque l'étranger, restreint à l'appartenance ethnique, contribue à maintenir ce postulat du sujet universel, gestionnaire d'un espace propre. L'éclatement cosmopolite signifiant au contraire que cette différence, bien que symbolisée, puisse remettre en question l'unité du sujet universel.

Difficile alors cette représentation de l'Autre car on ne peut plus définir l'étranger comme un acteur marginal, aux propriétés aisément circonscrites. Il est vain de continuer à le percevoir comme une figure ex-centrique. C'est en effet l'ensemble du système représentatif qui est remis en question puisque la distinction entre le centre et la périphérie s'avère illusoire. D'où ces propositions de Michel de Certeau à propos du caractère excédentaire de la gestion urbanistique : le déchet s'apparentant à la symbolisation d'un « en-trop » de significations qu'il n'est plus possible de normaliser. La représentation de l'étranger prend une forme éclatée. Ce n'est plus ce dernier qui est défini comme déchet, symbolisation d'une impureté qu'il faut pour cette raison situer à la périphérie. Contrairement à une telle perspective où l'étranger est un bouc émissaire, assurant par un phénomène d'identification projective la cohésion de la communauté, la faillite de la gestion urbanistique témoigne d'une généralisation de l'étrangeté. Alors que la ville devient un univers polycentré, aux références éclatées, sans qu'il soit possible de statuer sur un sens fondateur, le fait d'être étranger apparaît comme condition commune [16]. C'est le cas du *Piano-trompette* de Jean Basile où le météquat est un mode de vie qui seul, semble-t-il, peut permettre l'expérience de la fragmentation de la ville.

Ce pouvoir de l'étrangeté, avec comme conséquence l'éclatement de l'univers urbain, on a pu voir qu'il caractérisait encore un phénomène marginal dans le cadre des romans qui ont été analysés. La figuration de l'étranger fictif correspond beaucoup plus souvent à un déchet symbolique, difficilement intégré à cette panoplie fonctionnaliste que constitue l'espace urbain. C'est le cas des romans qui font de l'étranger un acteur associé à une dynamique répulsive. Se situer dans la perspective de ce fonctionnalisme urbain, c'est définir la ville comme composition rigide de parties, groupes divers, ensembles liés par une faculté de synthèse. La délimitation sociale justifiée est en quelque sorte maintenue *a priori* sans qu'une interrogation prenne place quant aux motifs de cette catégorisation. À s'en maintenir à ce principe, l'étranger acquiert, du seul fait de son statut hétérotopique, un pouvoir de réunification, de synthèse. Il permet d'assurer à bon compte une symbolisation projective et de sauvegarder l'illusion d'une identité forte, stabilisée, qui serait attribuée à la communauté d'accueil.

En se contentant de présupposer la dimension constitutive de la carte au détriment du parcours, on méconnaît ainsi des phénomènes complexes qui imposent une approche plurielle. La catégorisation spatiale n'est pas en effet imposée une fois pour toutes. Il s'agit d'un processus de structuration ouvert à de nombreuses appropriations. La distinction que Michel de Certeau établit entre le cheminement, induit par le parcours, et l'inscription cartographique, me semble encore une fois riche de conséquences puisque l'analyse de la configuration spatiale suppose, non seulement une perspective topique [17], mais aussi une dimension topologique. Alors que la carte se caractérise par un pouvoir de discrimination, le parcours serait semblable au récit, la diégèse, de Certeau le rappelle, signifiant en grec narration. Le récit pourrait être défini comme une rhétorique cheminatoire. Il ferait appel bien évidemment à l'inscription de *topos*, eux-mêmes sources d'arguments rendant possible la mise en place d'une syntagmatique, mais cela dans la perspective d'un déplacement, d'une topologie.

La problématique dégagée par Michel de Certeau concerne donc ce passage d'une inscription réifiée de l'espace [18] à une problématique de la métaphore comme figure du déplacement. Ce qui soulève une interrogation. Si le récit comme parcours est une métaphore [19] qui associe le comparé (l'ici) au comparant (l'ailleurs), quelles seront les modalités de rencontre de l'étranger ? La réponse est peut-être à trouver du côté de ce que de Certeau nomme les « pratiques » : opérations multiformes, bricolages élaborés au gré des tactiques proposées par les usagers de l'espace urbain. Ces tactiques font partie d'un savoir de la quotidienneté, s'intégrant à des réseaux d'usage (ou de consommation), faisant intervenir une poétique de la production ou de la consommation.

Dans ces conditions, l'usage (le comportement de l'individu, repérable et quantifiable) dans tel champ de l'univers social (ainsi l'espace urbain) n'est plus déterminant au contraire de la singularité des pratiques interrogeant l'ordre économique dominant. Une homologie peut être établie entre le récit, déplacement métaphorique, appropriation toujours différée de l'altérité dans son cheminement, et les pratiques subversives des usagers. À l'encontre du pouvoir contraignant de la cartographie, le cheminement serait analogue à un espace de jeu, transversalité qui fait intervenir ce que Michel de Certeau nomme un « espace polémologique » : pratiques quotidiennes qui rusent avec cette gestion fonctionnaliste imposant le bon usage des objets culturels.

Qu'en est-il de ce point de vue du discours romanesque ? La liberté de l'usager, qui n'est pas soumis à la cartographie narrative, permettrait une multiplicité d'agencements (d'élaborations signifiantes), informés par des ruses et des tactiques. C'est le cas du *Piano-trompette* de Jean Basile construisant et détruisant grâce à la parodie le rituel des pratiques sociales, des espaces institués. Dans ce roman, la lecture légitimée est impossible. La catégorisation sociale est certes posée à la faveur de différents espaces urbains qui sont circonscrits. Mais la progression du récit n'est permise qu'en fonction d'une transgression des limites. En somme, la carte est constamment fragmentée par le parcours.

L'espace urbain, cela est dit au début du roman, a subi une implosion à la suite d'une catastrophe. L'ère du Grand

Gel qui inaugure cette saga qu'est *Le piano-trompette* se caractérise par la désorganisation, l'incapacité à fixer des limites clairement reconnues par tous. Il n'y a place que pour ce que Michel de Certeau nomme des tactiques: ruses des usagers[20]. Au contraire d'une analyse qui chercherait à spécifier les topos d'une appropriation territoriale, les «tactiques» décrites par Michel de Certeau permettent de rendre compte de l'indécision entre «l'ici» et «l'ailleurs», l'identité et l'altérité. Ce constat est cependant problématique. Est-ce dire qu'une écriture ne dépendant pas de la gestion d'un espace propre est réellement possible? Écriture polyphonique qui ne se cantonnerait pas à cet idéal d'une altérité spontanément énoncée? Peut-on véritablement parler d'une écriture métaphorique, toute entière soumise au déplacement, sans désir de cristallisation territoriale? Cette écriture du figuré, de la métaphore, de la déviance (de Certeau va d'ailleurs plus loin en proposant que le récit est délinquant) n'est concevable selon moi qu'à la condition qu'un territoire ait été préalablement institué comme lieu d'appropriation. Pour reprendre l'exemple du *Piano-trompette* de Jean Basile, une nomination reposant sur un sens propre, un ancrage toponymique (des noms de quartiers, de rues...) est d'abord nécessaire, inscrivant une rationalité, même dérisoire, afin de composer un modèle référentiel commun. Cette rationalité organisatrice posée, il est possible d'envisager des failles, mais dans un moment qui ne peut être considéré que second.

Ainsi, en comparant le roman de Basile aux récits influencés par l'idéologie du mouvement Parti pris, il est frappant de constater que *Le piano-trompette* ne permet pas l'élaboration d'un espace propre. Les textes partipristes tentent en effet désespérément de consolider l'assise d'une fondation. La ville, parce que déréalisée, soumise à la possession aliénante d'un étranger dominateur, doit être reconquise. Par le fait même, cet exercice suppose une renomination. La réalité des choses est associée à la mise en place d'une symbolisation adéquate que le sujet nommant peut enfin contrôler. Dans la mesure où le narrateur dans ces romans peut déployer son regard, assuré de l'immuabilité du paysage urbain qu'il entrevoit, alors seulement l'étrangeté angoissante de la ville pourra être contrée. Tout autre est la problématique du *Piano-trompette*. La saga, si elle est présentée comme le moment originaire de la quête romanesque, est précaire. L'authenticité d'un sens premier est immédiatement déjouée malgré le caractère fondateur de la nomination divine[21]. Il en est de même pour le mode de narration. L'incipit du roman laisse entendre qu'il s'agit d'un discours rapporté, narrant les faits et gestes d'une histoire transmise, mais le genre de discours utilisé est dérisoire: « Peut-être cette saga est-elle incomplète et les données plutôt éparpillées. [...] Les événements ont eu lieu au moment même où la Ceinture rouge se resserrait quotidiennement autour de la ville. Quand tout fut consommé, il ne resta que le néant[22]. »

On ne peut dans ce roman déterminer un centre, un foyer autour desquels pourrait s'organiser l'urbanisation, la hiérarchisation de la ville. Comme on ne peut plus faire appel à un récit fondateur qui se caractériserait par des valeurs de permanence. La saga de Monsieur Barnabé, acteur principal de ce roman, est incomplète, imparfaitement archivée: le récit ne pouvant qu'offrir des sources plus ou moins plausibles, diversement interprétables. En somme, *Le piano-trompette* définirait bien ce qu'il en est pour Michel de Certeau de la diégèse: dimension positive du déplacement au détriment de la sédimentation d'un sens préalable. S'il est vrai que le discours urbanistique — et sa représentation dans le cadre romanesque — est déterminé par la production d'un espace propre, on peut avancer que le roman de Basile transgresse ce souci de délimitation territoriale. La ville y est représentée comme ruine, résidu du souvenir, fragment de mémoire qui ne peut trouver sens que par la mise en situation de nouvelles tactiques. Le Montréal du Grand Gel a subi une implosion laissant place au néant. Face à cette ville offerte à toutes les appropriations, aux multiples déviances et contrefaçons, seuls les nouveaux modes d'habiter introduits par les usagers acquièrent pertinence[23]. Il n'y a plus, à la suite de cette implosion, à ce repli de la ville pétrifiée sur elle-même, de gestion d'un espace propre qui tienne.

À défaut d'une catégorisation réussie de l'espace, la migration devient une manière comme une autre de vivre des appropriations parcellaires. La désignation de la ville est pourtant généralisante : Montréal est tout simplement nommée l'Île. Dans la même perspective, Monsieur Barnabé, acteur principal du récit, est considéré comme un personnage emblématique : représentation de l'étranger, mais aussi, selon le principe de l'exemplum rhétorique, de tous les étrangers. Il habite le métèquat, situé à l'Ouest de la ville. Le parcours de Monsieur Barnabé tient lieu de point de repère privilégié. La filiation, qu'elle soit sociale (l'idéalisation d'un chef, d'un maître à penser pouvant guider la collectivité) ou familiale[24] ne peut qu'être factice. Le recours à l'exemplum a alors, contrairement à sa fonction rhétorique usuelle, une portée subversive. Il permet de généraliser la condition d'étranger, refusant du même coup le privilège de posséder une identité « à soi ».

Une remarque semblable peut être appliquée pour la structure urbaine. Le Grand Gel a produit une implosion, la disparition des inscriptions toponymiques et de la structuration initiale de l'espace montréalais. La ville est lentement devenue un déchet, un corps n'arrivant plus à se purger de ses détritus. Les usagers n'ont d'autres choix que d'élaborer des tactiques composant avec cette corruption de l'espace urbain. La migration devient alors une façon inédite de circuler, renommer les quartiers s'apparentant à une modification des lieux d'habitat : « Ils se sont rencontrés [...] une bonne année après que l'Île ait pris son allure de ville en pleine décomposition, avec ses toitures crevées, sa végétation maladive, ses habitants gorgés d'ennui et d'une incroyable prétention à survivre malgré tout[25]. » Le roman est riche d'indications à ce sujet. Les Costauds, « descendants des premiers arrivants », habitent le Faubourg à m'lasse. Des vieillards se sont enfuis au delà du pont Jacques-Cartier et les populations amérindiennes ont quitté les réserves pour s'approprier le quadrilatère de la rue Duluth renommée rue aux Haillons. Quant aux Métèques, ils « ont récupéré les quartiers ouest de la ville, là où les grandes maisons anglaises, aux péristyles à colonnes et aux pignons pointus, sont conformes, dans leur mémoire, à un style d'outre-Atlantique[26] ».

Mais cette configuration de la ville ne correspond pas à une simple modification des ancrages patrimoniaux. La portée de cette restructuration me semble beaucoup plus subversive puisque le déchet — l'impropre — est revendiqué comme part constitutive de la gestion urbaine. C'est le cas de la Piste au Ténia[27] qui consacre inutilement un espace préservé. La ville est définie dans un premier temps selon le modèle d'une opposition entre un espace propre — délimitant des frontières — et une extériorité entrevue comme déchet. Tout le roman de Basile se constitue selon ce modèle. La Ceinture rouge est un désert, lieu apocalyptique qui fait office de marge, investi par les Voyageurs transparents, personnages qui ont charge d'orienter les déplacements, de la périphérie au centre. Dans la même perspective, les *Marines* américains accompagnent les individus qui désirent s'approcher de la Ceinture Rouge. Ces lieux de transit sont des points de rencontre tout comme ils possèdent une fonction d'interdiction. Il s'agit à la fois d'isoler la ville, perçue de l'extérieur comme un lieu corrompu, et d'autoriser à quelques endroits privilégiés la rencontre d'espaces interstitiels.

Le piano-trompette de Basile maintient donc dérisoirement cette illusion d'une gestion urbanistique réussie (c'est le rôle de La Piste au Ténia) où la catégorisation de l'espace distinguerait avec succès le centre de la périphérie. Le refoulement du déchet est la hantise du récit mais l'élimination de l'impropre est impossible. En témoigne la prise de possession de la ville par les cochons à la suite d'une longue lutte contre les *Marines* américains. La valorisation de l'excrémentiel, du technocratisme totalitaire est représentée par ces milices, mi-animales, mi-humaines, qui quadrillent la ville afin de se l'approprier. Les frontières établies, ainsi que le démontre la cartographie imaginaire du *Piano-trompette*, contribuent par conséquent à fragmenter le dispositif panoptique associé à la gestion de l'espace urbain. Ces frontières indiquent qu'un lieu n'existe que s'il est transgressé, que le simulacre d'une représentation cartographique est constamment parodié. Monsieur Barnabé, comme les autres personnages, fait usage de tactiques, autant de rhétoriques cheminatoires qui bouleversent l'ordre imposé des frontières.

Dans ces conditions, l'unité est impossible. Tout au plus la ville est-elle un corps démembré : une ruine ou un cadavre[28]. L'appropriation du lieu urbain par le biais de l'inscription toponymique (les noms des quartiers, des rues…) est inutile. Il y a une fracture de la mémoire : la ville étant située dans un non-temps, l'époque du Grand Gel, dont la valeur d'anticipation (un futur mythique qui se vit dans la répétition : « Tout alors s'est arrêté, s'est figé. Tout a été recouvert de neige et de glace durant de longues années[29]. ») est synonyme d'un aplatissement de la temporalité. À l'exemple de ce futur qui n'en est pas un, mise en scène de l'histoire à la faveur de la représentation d'une ville ruinée, la mémoire est fossilisée en un non-lieu. Le passé ne peut plus être évoqué. Ou s'il l'est par le lecteur dans cette confrontation entre le Montréal « réel » et l'espace urbain romanesque, c'est pour constater le refus de toute vraisemblance. Car on ne retrouve pas, grâce à cet aplatissement de la temporalité, ce que Michel de Certeau nomme « la substitution d'un *non-temps*, stratégie justifiant la création d'un sujet universel[30] ». Le futur d'anticipation (la description d'un Montréal soumis au cataclysme du Grand Gel) est en effet un *topos* argumentatif qui permet la formulation d'un espace de jeu. Parce que la ville est en ruines, défaite et désorganisée, que les anciens repères patrimoniaux ne tiennent plus, divers modes d'appropriation sont rendus possibles, peut-être fragiles mais néanmoins efficaces malgré leur caractère fragmentaire. La fracture de la temporalité, dans ce Montréal imaginaire où tout s'est arrêté, permet un recommencement où prévaut la multiplicité des tactiques d'appropriation locales. La gestion fonctionnaliste est condamnée car la ville n'est plus idéalisée en l'absence d'une volonté de maîtrise. Pourtant de ce dénuement, quelque chose de neuf peut sortir. Un cosmopolitisme du dérisoire est proposé grâce à la pluralité des espaces et des tactiques qui font échec au fantasme d'une ville agencée autoritairement. L'espace urbain est représenté comme un territoire ruiné de la même façon que la contiguïté de temporalités divergentes rompt aussi cette linéarité de l'histoire, ce qui ne serait pas sans rappeler le « cosmopolitisme du débris » dont parle Pascal Bruckner à propos de l'écrivain Naipaul.

C'est le cas des personnages du *Piano-trompette*: Monsieur Barnabé, anti-héros et métèque, Khara-Girgan Junior et sa fille Tatquatsa, les Amérindiens dénés en provenance de leur Yukon natal, Grégori Efimovitch

(Raspoutine) qui se matérialise dans la cale du S.S. *Cadillac*, un transporteur de minerai échoué dans le port du Vieux-Montréal. Personnages dérisoires qui émiettent à la fois le temps et l'espace. Le cumul de temporalités divergentes (ainsi Raspoutine se réincarnant dans ce Montréal du Grand Gel) n'a d'égal que l'éclatement des appropriations territoriales. Les populations montagnaises investissent la rue aux Haillons, Khara-Girgan Junior et sa fille quittent les Territoires du Nord-Ouest pour venir s'installer à Montréal alors que les métèques occupent l'Ouest de la ville. C'est dire que l'altérité dans le cadre de ce roman n'est pas exemplifiée par la figure de l'étranger (celui qui advient et sème le doute en un lieu réputé familier). Chaque personnage signifie cette altérité d'un exil vécu dans l'enchaînement aléatoire des temporalités : ainsi le motif de la réincarnation qui permet de déjouer la rigidité des identités imposées. Tout comme les multiples tactiques individuelles (la ruse, le sens de la débrouillardise...) des individus prennent le relais des stratégies fonctionnalistes qui tentent de fonder un espace urbain unifiant.

Peut-on parler à ce sujet de l'émergence d'une écriture cosmopolite, même si dérisoire, justifiant l'énonciation d'une pluralité : condition d'un univers urbain ruiné, dispersé, échappant à toute tentative d'appropriation ? *Le Piano-trompette* de Jean Basile, par cette généralisation de l'étrangeté, caractérise la difficile appropriation de l'espace urbain. Les ghettos dans ce roman sont innombrables mais ils ne font pas appel au discours du chacun-chez-soi. Ce sont des lieux arbitraires, provisoires que l'on quitte après avoir cheminé, et qui créent de fait un espace de parole inédit.

1. Philippe Dubois et Yves Winkin, « Une particule paradoxale », *Langages et ex-communication*, textes réunis par Philippe Dubois et Yves Winkin, Louvain-La-Neuve, Cabay, 1982, p. 5-10. Voir aussi de

Francis Jacques, « La parole tronquée. Pour une pragmatique du discours excommunicatoire », *ibid.*, p. 11- 54.

2. « Pour le dire radicalement : il n'y a pas d'extériorité à la communication. Pas de dehors, donc pas de dedans. C'est la ligne de partage, la barre, la démarcation, le clivage qui a sauté. La communication apparaît ainsi comme un anneau de Möbius : on ne bascule en son revers (l'excommunication) que pour mieux réapparaître sur son avers. Situation pour le moins paradoxale. » (Philippe Dubois et Yves Winkin, *loc. cit.*, p. 7)

3. Michel de Certeau, *L'invention du quotidien. Arts de faire/1*, Paris, UGE, coll. « 10/18 », 1980, p. 210 *sq.*

4. *Ibid.*, p. 225.

5. Jean Basile, *Le piano-trompette*, Montréal, VLB éditeur, 1983, p. 103-104.

6. Ainsi : « Cette forme de retenue imaginaire que Simmel désigne sous le nom de tact ou de réserve est donc le seul régulateur — et un régulateur en deçà des contenus déterminés liés à la culture, au statut, à l'éducation ou à la compétence. De sorte que cette forme pure d'interaction, qui n'a par définition d'autre fonction que de satisfaire une impulsion universelle à l'être-ensemble, impose en même temps à chaque individu de rester en retrait de l'interaction, de laisser en dehors de l'échange ce qui est personnel. La réserve est donc la condition de possibilité de toute interaction, la forme du social ou le social comme pure forme. » (Yves Grafmeyer et Isaac Joseph, « Présentation : La ville-laboratoire et le milieu urbain », *L'école de Chicago : naissance de l'écologie urbaine*, textes traduits et présentés par Yves Grafmeyer et Isaac Joseph, Paris, Éditions du Champ Urbain, 1979, p. 48)

7. Voir à ce sujet l'article de Georg Simmel, « Métropoles et mentalités », *ibid.*, p. 61-76.

8. Julia Kristeva, « Le nouveau monde solitaire », *Le Genre humain II. La société face au racisme*, Bruxelles, Éditions Complexe, 1984, p. 207.

9. *Ibid.*, p. 208.

10. *Ibid.*

11. *Ibid.*

12. « La tristesse des étrangers est peut-être le seul foyer réel qu'ils portent en eux : elle leur donne une consistance et les consume, éternel retour vers le lieu d'une douleur oubliée, innommée, en tout cas innommable dans la langue d'accueil comme dans aucune autre d'ailleurs. Ils y tiennent, ils veulent que vous la leur reconnaissiez, mais en aucun cas ne vous concéderont leur marque ultime de *made in... nostalgia*. La tristesse : deuil d'un centre impossible, mélancolie d'une identité ratée. » (*Ibid.*, p. 208-209)

13. Élaboration théorique formulée par Michel de Certeau dans *L'invention du quotidien, op. cit.*

14. *Ibid.*, p. 175.

15. *Ibid.*

16. Les réflexions de Hannah Arendt sur la condition de l'apatride sont sur ce point d'une importance capitale: *La tradition cachée: le juif comme paria*, Paris, Christian Bourgois, 1987.

17. La topique serait à la fois délimitation spatiale et rhétorique. Selon Roland Barthes, elle représenterait « un parcours quasi cybernétique auquel on soumet la matière que l'on veut transformer en discours persuasif » mais aussi des formes qui très vite ont « tendance à se remplir toujours de la même manière, à emporter des contenus, d'abord contingents, puis répétés, réifiés » (Roland Barthes, « L'ancienne rhétorique », *Communication*, 16, Paris, Seuil, 1970, p. 207).

18. Barthes mentionne que « le lieu est donc l'élément d'une association d'idées, d'un conditionnement, d'un dressage, d'une mnémonique » (*Ibid.*, p. 206)

19. De Certeau souligne que les moyens de transport sont dénommés en grec moderne « métaphores ».

20. Ces tactiques supposent « un calcul qui ne peut pas compter sur un propre, ni donc sur une frontière qui distingue l'autre comme une totalité visible. La tactique n'a pour lieu que celui de l'autre » (Michel de Certeau, *op. cit.*, p. 21).

21. « Le personnage principal de ce livre se rattache, quant à son nom de baptême, au groupe verbal N-B-S- qui constitue, selon les lois de la linguistique, la partie significative du nom de Joseph, surnommé Barnabé dans l'Ancien Testament. Cela veut dire « Fils d'encouragement » (Jean Basile, *op. cit.*, p. 12).

22. *Ibid.*, p. 11.

23. « Tout le monde s'accorde pour reconnaître que ces pages ont été écrites durant la période dite du " Grand Gel ", quand la célèbre Montréal, capitale française en Amérique du Nord d'un pays hautement industrialisé et porteuse, envers et contre tout, de ce fardeau culturel, a perdu son nom pour devenir dans la bouche de ses habitants " l'Île ". Tout alors s'est arrêté, s'est figé. » (*Ibid.*, p. 11)

24. « Comme la plupart des gens, M. Barnabé a grandi tout de travers. Il est devenu moralement et physiquement réticent à toute discipline le jour où son honorée mère, suivant en cela la règle de toute civilisation, l'a placé sur le pot. Elle lui a dit sur le fameux ton maternel qui ne tolère aucune réplique:

— Pousse !

Il a obéi après quelques moments d'hésitation. Il obéit encore. » (*Ibid.*, p. 12-13)

25. *Ibid.*, p. 22.

26. *Ibid.*, p. 23.

27. « Quant à la Piste au Ténia, elle se trouve à être l'axe central d'une petite zone privilégiée. Le gouvernement y a concentré toute son énergie

législative. Tout le reste de l'île lui a échappé. Il ne fait aucun effort pour remédier à cet état de fait. [...] Tout contrevenant est impitoyablement refoulé vers les quartiers insalubres et promis à une dégénérescence complète. On les raie des mémoires. Les termites du Carré Saint-Louis, les Costauds du Faubourg à m'lasse, les Métèques, les Indiens de la rue aux Haillons et les résidents de la Cité des morts sont de ceux-là. » (*Ibid.*, p. 81)

28. Une remarque de Michel de Certeau est particulièrement éclairante quant au caractère subversif de ce démembrement : « Dans un examen des pratiques journalières qui articulent cette expérience, l'opposition entre " lieu " et " espace " renverra plutôt, dans les récits, à deux sortes de déterminations : l'une, par des objets qui seraient finalement réductibles à l'être-là d'un mort, loi d'un " lieu " (du caillou au cadavre, un corps inerte semble toujours en Occident, fonder un lieu et en faire la figure d'un tombeau), l'autre, par des opérations qui, affectées à une pierre, à un arbre ou à un être humain, spécifient des " espaces " par les actions de sujets historiques (un mouvement semble toujours conditionner la production d'un espace et l'associer à une histoire). » (Michel de Certeau, *op. cit.*, p. 209)

29. Jean Basile, *op. cit.*, p. 11.

30. Michel de Certeau, *op. cit.*, p. 175-176.

Chapitre VI

L'espace des mots

Départ ou retour

La représentation complexe du personnage étranger, on l'a vu par les quelques romans analysés, est ainsi toujours formulée grâce aux motifs du départ et de l'arrivée. Avec *Le piano-trompette* la généralisation du statut de l'étranger modifie profondément l'espace urbain offert au regard. Chez Basile, la ville est ruinée, mais disponible au mouvement. La quête s'y révèle illusoire puisque les désirs d'appropriation, de maîtrise de cet espace sont parcellaires. D'où le caractère paradoxal de l'expression: «l'arrivée en ville». S'agit-il simplement d'une arrivée, formulation d'une sédentarité béate à la suite du dépaysement qu'occasionne la confrontation avec l'univers urbain. Dans ce cas, l'hétérogénéité des signes observés serait avant tout un désagrément passager qu'il faudrait mettre à l'écart afin de retrouver le confort sécurisant des quartiers. «Arriver en ville» déterminerait une posture passive au contraire de cette rhétorique cheminatoire où l'appropriation, la conquête de la ville ne s'effectueraient pas une fois pour toutes, mais se renouvelleraient au fil des rencontres, des parcours.

Un choix est alors proposé. Partir ou rester qualifiant un mouvement, une prise de position, face à l'univers urbain. Le nomadisme — ce départ recommencé — est expérience du transitoire, d'une identité définie dans sa pluralité, dans sa contingence. C'est le cas des romans de Godbout et Poulin qui situaient ce désir de larguer les amarres par la mise en scène du séjour en terre américaine. Cette extraterritorialité peut-elle cependant être propre à l'univers montréalais, la transhumance vécue de l'intérieur dans cette ville où l'étranger — le migrant — arrive ? Si les romans du mouvement Parti pris indiquent qu'il est difficile de rompre ce sentiment d'aliénation, justifiant une violente appropriation urbaine que le contexte socio-politique des années soixante n'est pas sans influencer fortement, d'autres romans interrogent les marges de cette identité québécoise afin d'y montrer à l'œuvre le travail du négatif. Parmi les textes que j'ai privilégiés, les romans de Basile, Godbout et Poulin font jouer à des degrés divers ce surgissement de l'étrangeté. Encore qu'il faille être prudent et ne pas établir de catégorisations trop rigides. Ce travail du négatif n'est pas propre aux seuls romans qui se caractérisent par le rejet d'une identité normalisée. On le retrouve dans tous les récits qui font appel à la représentation de l'étranger, que celle-ci prenne la forme du bouc émissaire, ou qu'elle laisse place, comme dans *Le piano-trompette*, à une généralisation de l'étrangeté. Choisir le départ ou l'arrivée, c'est en effet (se) poser un certain nombre de questions quant à cette problématique de l'étranger. Départ en quête d'un repos éventuel, un lieu où s'installer, refaire ses forces, trouver une niche où s'intégrer. Ce pourrait être le discours de l'immigrant, du réfugié qui cherche la stabilité après tant de transhumances, d'exils et d'oublis nécessaires. Ce pourrait être aussi le discours du Québécois francophone qui, lors de son arrivée en ville, est malgré tout en quête de cet *autre* Québec qui n'est pas Montréal : arrière-pays où la problématique linguistique se pose avec moins d'acuité, de même que le débridement des cultures n'y est pas expérimenté de façon aussi intense. Arriver, ce pourrait être s'installer. Mais on peut aussi envisager une autre problématique où l'arrivée n'est qu'un intervalle requis, mais provisoire, dont un nouveau départ prendra le relais.

À mon sens, cette problématique du départ est particulièrement révélatrice des questions qui agitent la fiction québécoise. Partir, c'est bien sûr accepter de quitter un lieu-dit, faire l'expérience de l'Autre, appréhender la différence. De surcroît, arriver en ville, ce serait, en un espace pourtant circonscrit, rencontrer l'étrangeté dans la diversité des inflexions, au coin des rues. Cheminements significatifs car ils montrent à l'œuvre un travail du négatif qui affecte la constitution de l'identité québécoise. Par le biais de la thématique du départ, qui recoupe l'opposition du nomadisme et de la sédentarité, c'est l'*énonciation* de cette identité qui fait l'objet d'une interrogation. La narration polycentrée de *French kiss* de Nicole Brossard, le discours du quant-à-soi dans *Le matou* de Beauchemin, les temporalités disloquées de l'exil chez Gérard Étienne : tous ces textes, à leur façon, esquissent des propositions quant aux modalités de cette identité québécoise. Doit-elle s'ouvrir « aux autres » ou au contraire préserver son unité ? Faut-il parler coûte que coûte d'assimilation à une culture majoritaire ? Si oui, quel « visage » prendra ce Québec français ? Comment devra-t-on envisager ce passage du vernaculaire des communautés culturelles au véhiculaire de la société d'accueil ? On perçoit l'étendue des questions soulevées. anticipatrices des débats linguistiques de la fin du XXe siècle. Du Ratablavsky de Beauchemin à la *comunità* d'Antonio D'Alfonso, rien de commun en ce qui a trait à la définition prospective de l'identité québécoise. L'un voit dans l'étranger le nécessaire épouvantail qui permet à la communauté québécoise de « se serrer les coudes ». L'autre parle de la difficulté à quitter la communauté d'origine, du difficile pari de l'intégration, de la peur du soliloque de l'immigrant, remplacée par la satisfaction béate et obstinée du citoyen majoritaire qui parle *sa* langue et est ici chez *soi*. Ces interrogations sur l'imaginaire de la langue, l'acceptation de l'Autre, sont d'ailleurs riches d'enseignements quant à la représentation de l'univers urbain, perçu comme lieu ouvert ou fermé, et à la perception de l'étranger qui s'y loge.

Prenons un roman de Nicole Brossard : *French kiss*. On y retrouve d'abord cette intertextuation du corps et de l'écriture comme si le derme était une surface à franchir, à découvrir. Il n'est donc pas étonnant de rencontrer cette image de la ville-corps où la tentation de l'organicisme est plus ou moins rejetée au profit de la revendication du morcellement. La ville ici n'est pas ruine habitée comme chez Jean Basile. Mais elle crée des espaces de marginalité, revendique un parcours transgressif, délinquant qui puisse échapper au sens prescrit, élaboration cartographique ou transmission d'un patrimoine.

Ici un récit fait corps avec la ville. D'emblée, ces propositions introductrices indiquent la spécificité du trajet : « Chevauche la grammaire. Je m'étale, ardent, dérisoire et désir[1]. » Et : « On y confond avec les mots *le corps et la cité*, une géographie : des cartes sur table, des planches anatomiques, des systèmes[2]. »

L'espace de l'écriture se caractériserait dans ce roman par son singulier pouvoir d'étalement. Écrire est laisser défiler la polysémie des mots. Comme si la tentation de l'organicisme (le dispositif panoptique en étant l'expression : reconstituer une unité perdue, celle d'un corps, trouvant sa forme dans le fantasme d'un regard omniscient) était désavouée, se contentant de proposer une écriture qui caracole, débridée.

Si l'on ne peut plus parler de panoptisme, c'est peut-être parce que nous sommes conviés à un art cinétique, proche du collage, d'un dévidage pelliculaire :

> Camomille Delphie, louve de fiction, se berce sur son ombre. Romance du romanesque. Passage assez clair de Camomille à Marielle Desaulniers, rue Sherbrooke, on file quarante milles à l'heure dans le réel, sur l'asphalte, en Plymouth, vieille décapotable mauve, couleur de 1965[3].

S'agirait-il du retour de ce fantasme de l'œil-caméra, rejet de la fixité du regard par la mise en scène d'une énonciation baladeuse ? Cette technique romanesque ne serait pas sans rappeler une préoccupation minimaliste, la description de la ville permettant de suivre à la trace les déplacements imprévisibles des protagonistes. Écriture baladeuse qui fragmente l'espace urbain tout en le parcourant, qui mêle les temporalités afin qu'on ne s'y retrouve plus :

> Mais aujourd'hui : croisière urbaine. Suivre la rue Sherbrooke d'un bout à l'autre, de l'est à l'ouest. De l'ouest à l'est. Manège historique et géographique. Les courants chauds, les violents. Far east, down town going away far east. Les motels aux croûtes sèches de peintures. Les néons cheap et flashy. Marielle conduit les yeux larvés [4].

Métamorphose du texte romanesque qui fait de la ville un lieu d'énonciation, porteur de toutes les marginalités. Cette intertextuation de la grammaire et du périple urbain trace une syntagmatique tabulaire : « Ça file et sillonne comme tout à l'heure ça pousse du dedans et du dehors. Les autos dans la brume suivent la grammaire derrière Marielle qui pourrait se sentir en exil sur la rue principale mais qui ce faisant, fausserait, encore là, son personnage [5]. » La grammaire de *French kiss* serait oublieuse de ses propres règles comme un parcours négligeant l'élaboration d'une cartographie.

Cette intertextuation de la grammaire — du sens — et de la ville peut aussi être comprise de façon différente. L'univers urbain est entrevu comme une surface d'inscription qui autorise un étalement de la signification, une mise en scène de l'espace. La ville serait alors grammaire, table de règles à interpréter, ou cartographie des périples effectués par les personnages. De ce point de vue, *French kiss* correspondrait à deux impératifs apparemment contradictoires. Montréal, représentée dans ce roman de Brossard, échappe tout d'abord à une lecture unifiante. La linéarité du cheminement, le panoptisme de la description, en somme la revendication d'un univers urbain totalisé, ne sont plus de mise. La ville est un univers polycentré. La traversée de la rue Sherbrooke, d'est en ouest, souligne cette absence de frontières.

La réappropriation symbolique que l'on retrouve dans d'autres romans est ici inefficace. Pas de revendication territoriale dont l'enjeu serait l'affirmation d'une identité pleine, échappant à l'emprise menaçante de l'étranger. Ni de dénominateur linguistique qui permettrait de situer au loin le caractère potentiellement déstructurant de l'énonciation de l'étranger. L'unité du cheminement qui signifierait une progression continue est refusée au profit de la dérive. Déterminante à cet égard la mise en scène d'un univers multilingue : « C'est en mai de la même année que Georges apprit plusieurs langues dont le chinois et l'anglais. L'intention de la chose nous parut obscure et Georges ne fit, ne dit rien, qui puisse nous éclairer[6]. » De même, le rejet d'une complétude référentielle, par la fragmentation des temporalités, pratique analogue à celle du collage : « Pointe-aux-Trembles. Les arbres tombent. Chandelles et dalo. Rue Broadway à la mesure d'un Broadway in Montreal[7]. » Autant d'aspects qui indiquent cette faillite de l'espace urbain.

Cette association de la corporéité et de la ville est cependant ambiguë. J'ai mentionné précédemment le recours à l'organicisme dans *French kiss* qui fait parler d'artères et de voies de circulation. Le roman de Brossard n'échapperait pas à cette proposition puisqu'il prend l'aspect d'une composition anatomique. En ce sens, un modèle cartographique est présent dans ce texte. Cette figuration panoptique du corps peut bien être éclatée, disséminée, elle n'en requiert pas moins une surface d'inscription. D'où le recours très fréquent à ces figures de style qui font du corps de la ville une surface d'inscription :

> Des projections de jambettes dans le décor de la cité. Des inflexions de voix pour empêcher la nuit d'avancer souverainement pâle au-dessus de Montréal, néons découpés sur l'œil, clignotants. Flirt : the show must go on BUT
>
> Ils se ramassent l'épiderme comme des personnages froissés, tout shrinkés. La nuit rétinienne[8]...
>
> Texte du quotidien qui nous perd. Plus le temps de reculer, de refuser. Marielle traversera ce livre comme elle le fera de la rue Sherbrooke. À l'horizontale, sur une carte grand ouverte de la ville — posée sur un bureau, les coins retroussés comme les pensées d'un fin renard en train d'élaborer un vol de poules cadettes. [...] Fragmenté, scrupule à vaincre la représentation des corps alimentant la cité, la différence des corps épiderme/texture, radar et décodage des ondes[9].

Il n'est pas étonnant de retrouver ici cette métaphore de l'écriture qui doit inscrire des signes sur un derme : surface à parcourir et à scarifier. De façon semblable, la représentation cartographique, les multiples indications à valeur référentielle qui proposent une orientation du cheminement, sont appelées à devenir sédimentation d'une traversée : désir de tracer les signes d'une écriture sur une peau qui en incarnerait la mobilité pulsionnelle. Nous rencontrons alors une perception euphorique de la ville. Si la fragmentation est toujours une possibilité, la quête d'une protection dermique, et, de manière plus générale, d'une inscription positive de la corporéité, permet de contrer la menace d'une déstructuration.

En d'autres termes, la représentation d'un univers polycentré où dominent la circulation, la fluidité, la permutation de segments spatio-temporels, est d'une certaine façon compensée par cette intertextuation de l'écriture et de la corporéité. Fantasme d'une complétude signifiante qui introduit la recherche d'une écriture de l'affect, cette revendication d'une immédiateté perceptive. D'où l'ambivalence d'un tel roman, le maintien d'une oscillation. La composition anatomique est un des motifs essentiels de *French kiss*. La ville est analogue à un corps et le parcours est semblable à une jouissance. Mais ce corps, même s'il est dispersé, doit offrir prise à la lecture, à l'interprétation. Le refus de l'emprise cartographique, du dispositif panoptique, est partiel. La métaphore dermique est à cet égard particulièrement révélatrice. Elle offre une surface d'inscription à l'écriture, l'affirmation d'une continuité qui sépare adéquatement le dedans du dehors. En somme, elle permet de contrebalancer l'angoisse de cet éclatement du « tissu » urbain.

À l'image du corps dispersé et remembré s'ajoute une narration polycentrée où l'histoire est un leurre, la chronologie, un alibi :

> Suite éthymologique (*sic*) et raccord en ce douzième jour de juillet 1689 : « Estans Entrez Dans Le bois des pauvres de st-Joseph environ quatre arptz sur Le Chemin qui Conduit au Lac st-Pierre [10]...

La poussée cinétique — fantasme d'une multiplicité des affects vécus dans un moment déterminé — produit cette accélération de la narrativité. Le récit devient cheminement, perception métonymique du désir où il s'agit de faire circuler des intensités, d'en produire l'orientation : la circulation de la Mauve sur la rue Sherbrooke faisant jouer cette frénésie de déplacement. On ne peut plus parler véritablement cependant de cartographie même si celle-ci est de façon indissociable liée à l'agencement d'un parcours. Dimension paroxystique du récit qui tente d'accélérer sa propre dispersion. Refus du geste d'arpenter, de déambuler, au profit d'un désir de fuite. Une faculté de synthèse est néanmoins exprimée qui privilégie différents motifs. Intertextuation du corps et de la ville, recours à la métaphore optique, rétine pelliculaire qui est surface d'inscription. Présence dans *French kiss* d'une scène représentative. Une peau à marquer de signes, une rétine stimulée par la lumière et la couleur qui fait :

> Grossir la structure des choses. Les explorer. Tellement. La célébration des épidermes en fête. L'éventail ouvert puis refermé, paon, couleurs et multiples facettes sur la pellicule.
>
> [...] Un épisode de concentration sur l'œil étrange des mutants à peine visibles. Déjà pourtant. Puisque le texte, perpétuelle recherche [11].

La peau est une surface d'inscription de la même façon que la rétine est une membrane, une surface pelliculaire. Le texte de Brossard suggère à cet égard une perception euphorique de la corporéité comme si le langage pouvait faire corps, permettre l'accès à une labilité pulsionnelle. Mais ce derme est aussi scarifié, déchiré par l'écriture. La protection qu'il offre, en assurant une stricte délimitation du dedans et du dehors, peut soudainement être rompue, ce qui laisse place à l'angoisse de l'indifférenciation. Quant à la scène représentative que suggère la métaphore optique, elle devient exploration, recherche des interstices, quête de l'inconnu. Le récit révélerait ainsi ses marges, revendiquant une délinquance, une « mise à l'écart » généralisée, l'usage de la métaphore comme figure du déplacement.

Le motif de l'extraterritorialité n'est plus de mise. Il n'est pas nécessaire de quitter la ville. Celle-ci n'a jamais été cadastrée. Elle est mouvante, polycentrée. À l'éclatement de l'espace correspond une dissémination de la référencialité, un rejet de l'historicité.

> Au sortir de la ville, par la 2, en direction du pont Mercier. Sa ferraille, ses lignes blanches mal tracées. Toutes croches, Le noir du bleu, le fleuve et la *réserve.* Châteauguay, l'église, les patriotes. Le passé. Mais raser les intrigues pour que ne se prolongent les rôles, les drames, les écœurantries [12].

On peut se demander d'ailleurs si ce bouleversement de la chronologie historique, ce refus de la sédentarité — le texte de Brossard insiste sur l'éclatement cadastral — ne reconstituent pas malgré tout une totalisation panoptique constamment désavouée. Ici le morcellement, la jonction boiteuse d'épisodes de vie (c'est aussi le cas de *La vie en prose* de Yolande Villemaire qui reprend à bien des égards ce trait de l'écriture de Brossard) proposent une actualisation multiple du référentiel. Face à la pluralité des anecdotes, on ne peut plus véritablement choisir. Mais du même coup une re-connaissance opère, c'est-à-dire une identification du sens de la ville comme espace à parcourir nonobstant le caractère polycentré de la fiction :

> Me passent sur tout le corps comme le camion, l'auto qui roule sur l'asphalte de la rue Sherbrooke dans le décor des chambres à louer, des balcons gras de fer forgé, bombé. Outre. La toison des ruelles, les quadrilatères à commères, les clôtures et les cordes à linge [13]...

> Les balcons craquent et pourrissent. Une promenade sur la rue Ontario. L'anatomie du corps soudain se résorbe dans l'autre : corps urbain tout en forme de tracés, de corridors. Tatouage sur le crâne *défense de* : circuler, stationner, tourner, virer. Et l'illustration dans la manière de procéder [14].

L'an-historicité, le rejet d'une progression chronologique est pleinement revendiqué au moment de la description de la ville, de sa texture romanesque, comme hologramme. La conséquence de cette exclusion de l'histoire, définie comme linéarité événementielle, est l'absence de ces ruines que l'on retrouve au contraire dans *Le piano-trompette* de Basile. Il n'y a plus « d'avant » ou « d'après », de temps laissé pour l'inscription du mémorable. À la narration polycentrée s'ajoute, par l'éclatement des temporalités et des espaces, le fantasme de la ville « romanesque » perçue comme hologramme ou artefact :

> L'atmosphère au décousu. À l'emporte-pièce. Les morceaux. Se pencher vers eux dans une pose appétissante, qui montre des curiosités. Se fait voir. S'assouvir comment, hallucinant sur des fermentations de contenu. La forme englobante. Projection. HOLOGRAMME[15].

La ville est donc traversée de part en part (l'itinéraire de la rue Sherbrooke en témoigne) sans possibilité réelle de fixation ou d'arrêt. Ce qui rejoindrait la propension narrative à souligner l'importance de l'horizontalité comme enjeu d'un déplacement. Perspective contraire à celle d'un Ducharme qui, dans *L'hiver de force*, fait d'une cartographie de l'isolement l'exemple d'une identité urbaine définie par la prostration claustrophobique. Deux perspectives à première vue opposées mais qui convergent néanmoins par cette revendication d'un excès. Chez Ducharme, une claustration vécue comme espace contraint, refus de la déambulation qui prend l'aspect d'un repli sur soi : quotidienneté fortement connotée par une précision hyperréaliste, expression dérisoire des signes d'une présence illustrative de la ville. La marginalité se caractérise par la catatonie, l'absence de mouvement. Les personnages sont pris au piège, contemplent l'écran visuel et sonore de l'espace urbain.

Dans *French kiss*, on ne sait trop par contre si ce sont des personnages ou la ville elle-même qui bougent. La fiction atteint son intensité maximale dans cette indifférenciation du sujet et de l'objet, de la description, comme contemplation illustrative, et de l'hologramme comme preuve de ce jeu spéculaire. On retrouve dans ce roman une fascination certaine pour l'image, entrevue comme fiction, perception transitoire et aléatoire de la réalité. Si le derme offre une surface d'inscription à l'écriture, la rétine permet de réfracter les stimulations visuelles. Mais c'est justement dans cette contestation de la scène représentative que réside l'attrait du texte de Nicole Brossard. La totalisation panoptique est rejetée au profit de la mise en scène de surfaces diverses (de la peau à la pupille) qui ne sont, en définitive, pas tant des lieux d'inscription ou de sédimentation du sens que de sa modification.

Cette contestation du panoptisme est peut-être formulée de la manière la plus efficace avec cette métaphore de l'hologramme, de même que le derme propose la possibilité d'une actualisation jubilatoire de l'image du corps. Fantasme d'une écriture non médiatisée, labile, pulsionnelle, échappant à toute scène représentative, voilà quelques propositions sous-entendant la singularité d'un roman comme *French kiss*. Valorisation de ce que Paul Virilio nomme une « esthétique de la disparition », ce qui suppose la prééminence de l'achronie, au contraire de la représentation de la ruine, comme fragment de l'historicité, représentation que l'on retrouve dans *Le piano-trompette* de Basile. Le fragment dans ce récit de Nicole Brossard serait jubilatoire. Comme si l'éclatement ou la dispersion des segments spatio-temporels justifiait une jouissance éprouvée à la faveur de l'expérimentation de la différence, du morcellement.

La pulsion d'agrippement

L'étranger permet ainsi d'assurer la cohésion de l'univers social par le recours à une idéalisation ambivalente. Il faut qu'il soit nommé, que lui soient attribuées des caractéristiques exceptionnelles pour que la distinction entre la marge et le centre opère. La problématique de l'exemplification est ici déterminante avec ce qu'elle implique de présupposés normatifs. L'étranger symbolise une extériorité, la délimitation d'un bornage, l'établissement de frontières. L'extériorité du normatif est en somme ce qui en justifie l'existence selon des modalités réactionnelles, la psychanalyse parlant ici de projection. Face à cette perception d'une finitude de la communauté sociale — une reconnaissance de ses propres frontières symboliques —, l'appel à ce que Lévi-Strauss nomme l'anthropémie est revendiqué. Il s'agit de vomir, d'expulser ce qui est considéré comme parasite, corps en trop menaçant l'intégrité de la communauté qui demande à perpétuer ce souhait d'une indifférenciation salutaire: l'être seul/tous ensemble.

Le matou d'Yves Beauchemin est un roman qui fait référence aux présupposés normatifs de l'exemplification. De façon paradoxale, ce livre que d'aucuns ont perçu comme un «roman urbain» me semble beaucoup plus symptomatique des idéologèmes que l'on retrouve notamment dans le roman du terroir. C'est le cas du motif de la filiation, des alliances ethniques (Aurélien Picquot, Florent Boissonneault), qui permettront de vaincre l'étranger. On ne rencontre plus, comme dans le roman du terroir, cet idéal d'un territoire à préserver et à transmettre aux descendants. Cependant, la Binerie représente ce désir de conquête économique qui met en scène un espace contraint, réduit au périmètre familier, de manière à refouler l'étranger. En somme, le roman de Beauchemin ne s'éloignerait pas tellement des récits d'expansion économique, qui empruntent d'ailleurs souvent à la facture discursive du roman du terroir. Je pense entre autres à *Jean Rivard* de Antoine Gérin-Lajoie, à *Charles Guérin* de Chauveau. La comparaison peut sembler osée. Dans ces romans, l'appropriation territoriale joue toujours selon une perspective défensive (le modèle de la paroisse autarcique et fortement cloisonnée), mais fait appel malgré tout au thème de l'industrialisation. Il ne s'agit pas seulement de défendre son lot de terre contre l'envahisseur, mais d'aller fonder une république corporatiste — une paroisse industrielle —, fidèlement assujettie au pouvoir d'un leader autoritaire, afin de recréer une société exemplaire, simulacre d'une utopie où tout serait à construire, à hiérarchiser. La défense du « petit commerce » contre le capital étranger, la revendication du patrimoine s'opposant aux menaces de dégradation, autant de motifs qui caractérisent *Le matou* de Beauchemin. On retrouve ici ce que le psychanalyste hongrois Imre Hermann, dans *L'instinct filial*, nomme la « pulsion d'agrippement ». Il s'agit bien en effet de circonscrire un patrimoine (la Binerie) qui justifie l'appropriation d'un périmètre urbain. Refuser le déracinement, la vente du petit commerce que l'étranger cherche à provoquer, c'est du même coup refuser une circulation des signifiants, la perception d'une différence.

L'étranger est effectivement décrit de façon à ce que sa dénomination soit clairement identifiée comme « autre ». L'attribution onomastique est marquée au sceau de l'innommable. Egon Ratablavsky porte en effet le signifiant d'un « nom » étranger. Mais que veut dire par ailleurs un « nom » étranger si ce n'est l'impossibilité de le traduire ou de le naturaliser. Car c'est la revendication d'un ordre patronymique avouant explicitement son caractère fondateur, la mise à jour d'une certitude quant à l'origine de ce nom qui permet de parler de « nom » étranger :

> — Monsieur Ratablavsky ? — C'est que... Monsieur Ratablavsky... Êtes-vous... son garçon ? — Hein ? Non. — Ni un parent ? — Je suis Québécois pure laine, mon vieux. Ça ne paraît pas[16] ?

Certitude du visible. Le nom renvoie ici à une étrangeté, à une extériorité qu'on ne peut traduire. La corruption est de mise lorsqu'il s'agit de l'étranger. Ainsi Spufferburg s'adressant à Florent Boissonneault :

> *For Gods sake !* s'écria-t-il en voyant arriver Florent, *are you going crazy Bwassanoo ? Do you know what time it is ? We've been waiting for you for hours*[17] !

Pour mieux saisir la fonction de cette dégradation linguistique, il nous faut revenir à l'argument principal du *Matou* de Beauchemin. L'appropriation territoriale est circonscrite à une ville de « quartiers », notamment le Plateau-Mont-Royal. Ratablavsky est le repoussoir qui fournit matière à l'intrigue. L'Autre ne peut être qu'omniscient et omnipotent. Étranger « imaginaire », avec ce que cela suppose d'imbrication du fantasme, à la façon de Méphisto dans sa tentative de séduction du jeune Faust, il représente le prototype de toute altérité, grâce à l'établissement d'un contrat. Comme si un rite de passation pouvait opérer, permettre la transmission d'attributs exceptionnels.

Ce n'est pas de la jeunesse dont il est question ici, plutôt d'une sorte d'efficacité magique du capital (le prêt consenti à Florent) qui justifiera la constitution d'une emprise territoriale (la possession de la Binerie). L'étranger est à la fois idéalisé et abject. Il autorise la circulation du capital. Mais, parce qu'il en autorise le transit, il en signifie aussi la fluctuation, le caractère provisoire.

L'étranger est donc cet individu dont la position de relative extériorité dans l'univers social le définit comme un personnage transitoire. Ce qui nous renvoie à la problématique de la naturalisation de l'espace dont parle Mira Christophe dans le roman de Pierre Nepveu[18], mais en outre, ce qui n'est pas à ignorer, à la mise en scène d'une étrangeté. Ratablavsky est ce personnage étrange, omnipotent, bien que ses apparitions soient fugaces, évoquant en somme un hors-lieu où l'intrusion du capital marchand ne s'épuiserait pas en valorisation du travail ni en appropriation territoriale.

En ce sens, la Binerie du *Matou* n'est pas sans rappeler ces discours qui font de l'étranger le porte-parole d'un pouvoir économique diffus mais qui aliène néanmoins la capacité d'expression d'un capitalisme autochtone. Reterritorialiser devient un impératif. Et du même coup assurer contre ce nom étranger l'affirmation d'une signification fortement enracinée. De ce point de vue, la qualification de l'étranger dans ce roman de Beauchemin emprunte à divers éléments : la désignation onomastique témoigne d'un surcroît de sens, d'un inconnu. On ne sait pas d'où vient Ratablavsky, ce qui met à jour une énigme quant au dévoilement de l'origine de ce nom. Origine à proprement parler indicible car l'omnipotence du personnage, sa capacité à traverser le temps et l'espace, témoignent *exemplairement* de son étrangeté.

Egon Ratablavsky est cet acteur étranger qui remet en question cette filiation patronymique (la famille Boissonneault...) quoique cet éclatement de la désignation justifie en retour la formulation rigide de l'identité sociale. La constitution du modèle urbain est à cet égard significative. Il s'agit essentiellement d'une ville de quartiers, dont le Plateau Mont-Royal, ce qui présuppose une forte homogénéité culturelle et la mise à l'écart d'une marginalité qui ne s'insère pas aisément dans ce moule ethnique. Il y a une hantise du centre dans *Le matou*, une volonté manifeste d'ancrer le récit dans un contexte qui puisse faire échec à la menace que représente l'altérité. Ce récit de quartier est associé à un discours de la nostalgie. Revendication d'une identité stable dont il s'agit d'expurger les éléments compromettants : l'étranger est ce repoussoir commode, un bouc émissaire. Désir narcissique puisque la formation de l'identité sociale fait appel à une endogamie, tissée d'alliances (le roman de Beauchemin est en effet le récit d'une complicité familiale et communautaire : d'Aurélien Picquot à Monsieur Émile...), qui permet d'associer la revendication linguistique (en l'occurrence le français) et la lutte contre l'étranger.

Nul doute que cette constitution endogame rejette au loin l'élaboration d'une préoccupation pour l'interculturel. L'étranger dans ce roman ne peut être qu'a-signifiant car l'étrangeté onomastique le désigne comme différent. Il s'agit d'ailleurs d'une étrangeté exogène, nuance à mon sens importante, puisqu'elle distingue la simple affirmation d'une marginalité intrinsèque à la communauté de la création d'une distance beaucoup plus radicale qu'il n'est plus possible d'intégrer. Cette étrangeté exogène que l'on retrouve dans *Le matou* fait appel au désir d'une préservation narcissique, invoquée par la communauté sociale, de façon à compenser le sentiment d'une spoliation, d'un vol dont Ratablavsky est le maître d'œuvre. C'est à mon sens l'argument principal du *Matou*. Ratablavsky est ce personnage ambigu dont les déplacements, les lieux de séjour, la nationalité ne peuvent être circonscrits aisément. Il est hors-communauté par son nom et le signe d'une impropriété linguistique qui affecte son discours : les paroles de Ratablavsky sont constamment greffées d'italiques qui marquent dans le roman de Beauchemin l'indication d'une norme, la manière dont une chose aurait dû être dite et sa réalisation linguistique effective.

L'écriture débridée

On peut cependant envisager la contestation de cette dimension exogène dans la mesure où le contact avec l'étranger ne mène pas au rejet. C'est le cas, entre autres romans, d'*Un ambassadeur macoute à Montréal* de Gérard Étienne. Le roman laisse place à une description hétérotopique de l'espace urbain. En ce sens, il serait assez proche du *Piano-trompette* de Jean Basile, les deux textes étant concernés au premier chef par l'élaboration d'un espace urbain non panoptique. De plus la figure de l'étranger n'y est pas marginale mais essentielle à la conduite du récit.

Si l'étranger du *Piano-trompette*, Monsieur Barnabé, appartient au météquat et bouleverse les diverses hiérarchies de l'univers urbain, introduisant un paysage de ruines, futur improbable d'un monde dénaturalisé, le roman de Gérard Étienne fait appel de son côté à une imbrication de temporalités divergentes, à la faveur de l'exil. L'espace urbain est a-chronique, sans détermination à valeur totalisante. Il est dispersé, soumis à la valse-hésitation de l'exil, retour constant et douloureux aux lieux de la mémoire [19].

Nous retrouvons encore une fois cette critique de la naturalisation de l'espace dont il était fait mention par Mira Christophe dans le roman de Pierre Nepveu. Possession d'un nom et d'un titre : ce qui assure la solidarité effective du nom — désignatif — et du sujet qui en revêt l'étiquette. Ce pouvoir de la parole, associé au titre, crée une agglutination de sens qui rejette aux confins du récit la singularité de l'exil. Ici l'appropriation nominative est toujours une usurpation : vol d'autres paroles qui essaiment et sont condamnées pour cette raison à circuler sans attaches [20].

C'est je crois d'ailleurs une des caractéristiques principales de ce roman de Gérard Étienne auquel on pourrait d'ailleurs spontanément substituer d'autres textes : *La Québécoite* de Régine Robin, *L'hiver de Mira Christophe* de Pierre Nepveu... Une emblématisation collective de la langue, telle qu'elle apparaît dans *Le matou*, s'oppose à la dimension fragmentaire, hybride de la parole commune. La distinction est je crois d'importance. Elle signale la formulation d'une topique du discours qui ne s'accommode pas du lieu-dit.

La parole de l'exil dans *Un ambassadeur macoute à Montréal* est le fait d'un télescopage de temporalités et d'espaces. Nul recours à une vision panoptique, hiérarchique. Pas d'appropriation rigide qui supposerait un « être-là » : délimitation de l'espace qui permette de faire bloc, d'opposer au transit la sûreté d'une identification, d'une authenticité du lieu. De même, l'étranger n'est plus situé commodément à la marge, à la périphérie. Ce qui ne signifie pas pour autant une valorisation inconditionnelle de l'altérité. On retrouve en effet dans ce roman de Gérard Étienne la mise en scène d'un corps étranger par le biais de la délimitation de l'espace du pouvoir[21].

Assimilation du pouvoir à l'oralité, à son flux dévorant : confusion de l'excrémentiel, du matriciel et de la parole. L'ambassadeur macoute est donc un corps étranger qui accentue cette circulation de la mort dans la vie. Le pouvoir de la parole est résonance mortifère. En ce sens, l'exil ne peut être que survie, déplacement qui ne rencontre aucun lieu où faire une halte.

On voit sans doute mieux à la suite de ces exemples que la problématique de l'identification à l'Autre étranger est toujours transverse. Elle suppose l'établissement, ou le refus, d'une relation dialogique : la constitution d'un dispositif allocutoire où la réponse à l'interpellation d'autrui ne va pas de soi, tronquée par cette opacité de l'étranger dont il faudra parler ou avec lequel il faudra malgré tout entrer en contact. *Le piano-trompette* de Jean Basile, on l'a vu, est particulièrement riche quant à la texture formelle et à l'articulation signifiante de cette thématique de l'étranger. Dans ce roman, le recours au dialogisme n'existe pas au sens précis que lui attribue Bakhtine. L'énonciation ne se caractérise pas par une polyphonie de voix narratives, pluralité de discours contradictoires qui serait propre à un personnage, ainsi que dans les romans de Dostoïevski. On retrouve plutôt chez

Basile une critique radicale du statut de l'étranger comme personnage périphérique. Dans ce roman qui revendique le titre de « saga », c'est-à-dire de récit de fondation, un personnage (Monsieur Barnabé ou « fils d'encouragement ») fait du statut d'étranger une condition commune. L'univers du *Piano-trompette* est composé d'espaces clos, commutables, qu'un personnage « choisi » (Monsieur Barnabé rappelle le nom de Joseph dans l'Ancien Testament) se doit de traverser, non pas sous la forme d'un parcours imposé (*La divine comédie* de Dante), mais de façon désarticulée : parodie d'une « preuve » téléologique. Il ne s'agit pas d'une descente aux enfers ou d'un acmé mystique correspondant à une vision eschatologique dictée par le souci d'une purification ou d'un contact avec la souillure. Nulle délimitation préalable des *topos* par lesquels il faut passer. Monsieur Barnabé est plutôt ce témoin désabusé, personnage dérisoire d'une saga, agissant en retrait, cumulant les caractéristiques de ces différentes mémoires sédimentées, à l'exemple de ce Montréal du Grand Gel, évoquant un futur improbable.

Nous retrouverions ici les propriétés de cette écriture non mimétique dont la fonction principale est d'opérer un brouillage du sens premier. L'écriture non mimétique ferait jouer une défiguration de l'identité, le refus de l'interpellation prescrite. C'est le cas de *French kiss* malgré le recours à la dimension illustrative de ce corps-ville à interpréter. On peut aussi penser au roman de Gérard Étienne qui se plaît à télescoper les espaces et les temporalités, formulation d'un exil discursif. Quant au *Piano-trompette*, il se caractérise par autant de « blancs » de lecture : espaces potentiels d'une ruine de la signification. On retrouve bien sûr dans ce roman une intention parodique par le rappel d'une historicité hétéroclite. La parodie est justifiée par une lecture s'inspirant d'une contemporanéité événementielle, le Montréal référentiel, historique, celui des pratiques quotidiennes : la contre-culture des années soixante-dix... Mais ce jeu parodique n'est qu'un élément du parcours. On peut y voir l'expression d'un travail figural qui autorise autant de correspondances sémantiques : opération qui suppose un cheminement, la réalisation d'un trajet faisant alterner l'ici (le Montréal référentiel) et l'ailleurs (la cité du Grand Gel), le sens propre et l'étrangeté.

Une écriture est donc désirée, voyageuse, déliée, en fuite par rapport à une quelconque agglomération de la signification. Différents noms la qualifient : cosmopolitisme, errance, diaspora. Cette écriture ne se contente pas de la recherche d'une fixité territoriale, mais valorise plutôt la traversée des signes, départ constamment rejoué qui réévalue ainsi la perspective unidimensionnelle du point de vue énonciatif. Pensons entre autres à la thématique transculturelle [22].

Un tel discours, bien qu'il soit ici argumenté de façon assez schématique, implique la négation d'une nidification territoriale quoique celle-ci revienne sous d'autres traits un peu plus loin [23]. L'affectivité, le sentiment, offriraient les conditions d'une régression à l'originaire qu'il serait cependant possible de sublimer au nom de cet idéalisme transcendantal, ne connaissant pas le contingent, qu'est le transculturel. Mais puisque cette expression implique le cheminement, le passage, on peut se demander quelles sont les forces contraires qui situent le foyer d'une interdiction, d'un refus, ou, à tout le moins, d'une résistance lors de cette traversée des cultures. Car la tentation est grande de retourner à une définition restreinte de la transculture : lieu de circulation du semblant où toutes les expressions culturelles seraient identiques, également permutables. Un tel présupposé n'étant pas sans rappeler les postulats du relativisme culturel en anthropologie : refus de l'énoncé de jugement qui dénie la différence et légitime à rebours, par l'affirmation de cet universalisme abstrait des cultures, la fonction transcendante du discours de l'ethnologue, ce qui l'amène à renier l'altérité, et, du même coup, le lieu où loge sa propre parole tenaillée par cet Autre dont il sera sans cesse question. En somme, cette définition d'une problématique transculturelle me semble laisser pour compte le support énonciatif qui la constitue. La revendication d'un internationalisme est ici présente quoiqu'elle n'échappe pas toujours à la naïveté. La traversée des cultures est avancée bien qu'elle ne prenne pas en considération avec assez de force ce qui définit la dimension hétérogène, transgressive, de ce parcours. L'altérité est le fait de l'Autre même si cette différence n'est pas immédiatement captée par le regard qui prétend la définir.

On a vu que la littérature québécoise fut très tôt confrontée à cette hétérogénéité qu'implique la remise en question des limites de la communauté sociale par le biais de la représentation de l'étranger. Mais cette hantise de l'Autre présumait la mélancolie éprouvée pour une antériorité perdue (la race, la langue, la religion). Esthétique du déplaisir puisque la crainte d'un morcellement de l'identité était essentiellement douloureuse. Tout autre serait la problématique actuelle qui interrogerait dans la fiction québécoise, et cela depuis déjà un certain temps, la recherche d'une unanimité culturelle. À cet égard, une remarque de Tzvetan Todorov sur la pertinence conjoncturelle de cette thématique transculturelle me semble particulièrement symptomatique[24]. Ainsi, la valorisation du cosmopolitisme n'est pas sans romantisme lorsqu'elle contribue à sanctifier l'altérité par ce recours à un idéalisme transcendantal qui ignore l'historicité de la représentation de l'étranger.

Car le brusque renversement de tendance qui circonscrit l'éclatement transculturel comme nouvelle donne de la littérature québécoise risque de n'être qu'un feu de paille si l'analyse de cette problématique transculturelle ne prend pas en considération la dimension hybride d'un dialogisme social qui se caractérise par des phénomènes d'excommunication et de confrontation. Sans cette précaution, le retournement conceptuel ne sera qu'éphémère. On connaît trop ces idéalisations ambivalentes du fou, du sauvage, représentations d'autant de marges qui sauvegardent le principe d'une identité dominante échappant au clivage, structure narcissique préservée du changement. Une telle idéalisation repose certainement sur une part de désaveu. Si le fou ou le sauvage, mais on peut tout aussi bien parler de l'étranger, se chargent de mettre en scène et d'actualiser une altérité qui justifie la recherche d'une identité mimétique, c'est parce que l'autre n'est pas mon semblable et que je puis ainsi me définir.

Une extériorité est de fait requise, fondant un univers où il est loisible de laisser parler le fou, le sauvage, l'étranger, à la condition expresse que ne soit pas cependant discutée la structuration des codes énonciatifs qui attribuent l'usage de la parole. En somme, l'étranger permet de différer la menace d'une désorganisation ou d'une mise à jour de l'absence de solidarité du groupe, par le biais de la figure du bouc émissaire. Méfions-nous par conséquent de cet éloge naïf de la polyphonie, ou du cosmopolitisme, faisant de l'étranger la figure emblématique d'un hors-lieu de la cité qui, spontanément, deviendrait le porte-parole de toutes les déviances. À ce jeu nul n'y gagne, surtout si la consécration de l'étranger est exemplifiante, avec ce que cela comporte d'appel au général, de personnification liée au vraisemblable et à la recherche d'une authenticité descriptive.

De l'étranger à l'étrangeté

Les interrogations que je soulève ici tournent toutes autour de ce qui me semble être le caractère ambivalent de cette écriture de la perte, de l'errance, qui suppose ce passage de l'absent à l'absence. En quoi la transition, du substantif à sa modification adjectivale, est-elle riche de significations nouvelles ? De « l'absent » à « l'absence », c'est pour ainsi dire le jeu de l'étranger et de l'étrangeté qui est mis en œuvre. Parler de l'errance, de l'exil est donc d'abord refus de territorialiser, comme s'il était pensable que le passage d'un lieu à un autre ne soit que provisoire. L'absence serait ici analogue à une toile de fond, délimitation *in absentia* de l'identité. Ce n'est pas un hasard si le cheminement fait appel au relais métaphorique comme tentative de faire le pont, de justifier la distance entre deux inscriptions topiques qui semblent démesurément distantes. Refus de cette pensée *in absentia* au profit d'une métaphore *in præsentia* : passage de l'absence à l'absent, cet acteur étranger qui revient subrepticement dans le discours romanesque afin de prêter forme à l'exil. Ce discours de l'absence prendrait la facture d'une énonciation sans comparant, revendication d'une écriture qui échapperait à la représentation métaphorique.

La plupart des récits analysés au cours de cet essai prennent donc en aversion l'absence en même temps qu'ils la textualisent sous la forme de l'absent : tentative de description de l'étranger qui exorcise le sentiment d'exil, d'étrangeté. L'absence n'est pas uniquement lacune, raté du savoir, ce qui éventuellement pourrait faire l'objet d'une appropriation, mais de façon beaucoup plus radicale l'in-connu, ce qui advient lorsque la dépersonnalisation fait jouer une éradication de l'identité. L'absence serait cette étrangeté constitutive, qui ne serait pas pour autant abyssale ou ontologique, car il serait vain de vouloir lui attribuer une profondeur de champ, une qualité figurative, une marge d'autonomie situant en retrait cet inconnu. Elle serait constitutive dans la mesure où elle peut trouver matière à expression au moment de ce passage, intégrant l'absence de « l'étranger psychique » à sa présentation mimétique dans le cadre littéraire, bien que l'on puisse envisager par ailleurs la singularité d'écritures qui feraient de cet étranger l'occasion d'une réflexion sur la dimension hétérogène de cette traversée des signes.

J'ai insisté sur le rôle de cette étrangeté constitutive, ce qui suppose un retour à la psychanalyse afin d'entrevoir la dimension narcissique, structurante de cette relation au propre (au familier) et à l'étranger. À l'absence serait substitué l'absent. Paradoxe d'une signification discontinue, lacunaire. L'absent n'est pas là, c'est une constatation, mais c'est le signe de son absence qui signifie. Ainsi en est-il de l'étranger qui juxtapose les signes de l'absence et de la présence. Absent d'un lieu « d'origine » dont il actualise la perte avec une soudaine acuité. Présent parce qu'il vient d'ailleurs et qu'il suscite l'énonciation d'un comparant. Cet étranger est en transit, et devient d'autant plus angoissant qu'il révèle, au moment de son passage, le rejet d'une unité de la signification.

Si cet étranger est en transit, à la périphérie du texte littéraire, restreint à l'affirmation d'une identité problématique, toute littérature mimétique ne cesse de vouloir le représenter, lui donner substance, en tentant de rompre à l'amiable le paradoxe que j'ai évoqué plus haut. En refusant l'absence, la discontinuité, cette littérature mimétique essaierait de piéger l'absence à l'intérieur d'une scène représentative. Vaine tentative cependant qui cherche à dénouer le paradoxe puisque c'est la juxtaposition hétérogène de « l'ici » et de « l'ailleurs », de la périphérie, comme sens impropre, et de l'unité narrative, qui rend compte de ce passage de l'absent à l'absence.

Il n'en reste pas moins que cette littérature mimétique, dont *Le matou* serait un assez bon exemple, qualifie une discursivité entièrement oppositive. C'est la négation de l'altérité langagière — qu'il y ait du sens à l'infini bien que l'on puisse être tenté de le forclore dans un souci de complétude — qui caractériserait ce type de production romanesque. Le désir de lisibilité, que cet inconnu de l'absence puisse être thématisé, répertorié, deviendrait ainsi un alibi: leurre mimétique, volonté de re-connaissance.

Il semble effectivement que nous nous dirigions vers deux grandes modalités de discours romanesques. D'une part, ceux qui, au nom d'un impératif de réappropriation mimétique, circonscrivent en un lieu, un temps, et selon une typologie du vraisemblable, ce qu'est l'étranger: fixation du transitoire en un énoncé pseudo-aléthique, mais qui masque du même coup le moment de sa production textuelle (l'étranger est tel parce que je le décris ainsi). D'autre part, les récits qui font de la porosité de cette altérité langagière l'occasion d'une traversée des signes, d'une sédimentation toujours instable de cette figure de l'étranger.

Parler de cosmopolitisme dans le cadre d'une réflexion sur le discours littéraire nous renvoie alors à une position d'énonciation fragmentée, aléatoire. Si la narration ne peut plus être univoque, subissant les effets d'un décentrement (ce n'est plus *moi* qui parle), faut-il pourtant en conclure à la portée subversive de cette démocratisation de la parole. Refuser une ontologie de la présence ne signifie pas pour autant l'existence d'une position d'énonciation qui rencontre cette absence sans pourtant tenter à tout prix de la thématiser, de lui donner forme en la réifiant. Le refus de l'unité dominante du *je* peut très bien, puisque nous envisageons ici la question du cosmopolitisme, être modifié en une pluralité énonciative: addition de *tu*, autant d'acteurs cumulant leur singularité. Mais substituer le *tu* au *je*, c'est aussi persister dans l'idéalisation en croyant que ces nombreux interlocuteurs sont autant de manifestations — d'exemples? — d'une pluralité. Cette parole multiple serait catégorielle, quantitative. « D'autres » parlent, assurant *ipso facto* un débridement de la signification, ce qui pourrait être associé au dispositif cosmopolite.

Mais la problématique est plus complexe dans la mesure où nous sommes confrontés au récit, à sa dimension représentative, qui, si elle peut nous laisser croire à l'authenticité des paroles « autres » ainsi énoncées, n'en est pas moins toujours transmission, médiatisation d'un sens qui ne peut plus être considéré comme premier. Ce passage du *je* au *tu*, s'il est acte constitutif de l'énonciation, car structurellement porteur de l'interaction langagière et de ce qui peut s'y déployer d'inscription de l'identité, suppose malgré tout la création d'une scène représentative, logique du tiers-exclu, où l'étranger doit être « ici » ou « ailleurs », à moins que l'étrangeté fasse intervenir ce troisième terme par l'affirmation d'une logique plurivalente.

Le soliloque du *je* (celui du narrateur) peut bien posséder tout l'espace, imposant jugements et descriptions, l'attitude contraire, celle consistant à faire intervenir autant de *tu*, personnages décrits dont l'individualité est ainsi dessinée par procuration, est significative d'une même impasse. Dans les deux cas, le territoire de l'identité est déjà circonscrit, passant au filtre du pouvoir énonciatif qui fonde les individualités, autorise le droit à la parole, ce droit d'ailleurs constitutif de toute énonciation. J'ai parlé précédemment de dimension catégorielle, d'emphase quantitative. Tout se passe comme si le type de récit ici envisagé prétendait laisser parler « l'autre » alors qu'en somme il ne fait que lui prêter la parole.

D'où ce jeu de l'altérité et de l'altération. J'ai exposé précédemment de quelle façon ce passage de l'un à l'autre pouvait remettre en question un processus d'identification modulant, en fonction du présupposé de l'existence d'un sujet interpellant, la formation rigide de l'identité. C'est toujours en faisant appel à une extériorité constituant la différence — en quoi le sujet fait l'objet d'une interpellation — que l'identification trouve sens. Interpellation qui met en scène la certitude d'une nomination première, d'une filiation à transmettre. Ce qui explique la très grande puissance d'assignation sous-entendue par ces identifications premières — au sens freudien — puisqu'elles font place à un investissement d'objet fondamental, si l'on ajoute de plus qu'elles caractérisent un socle narcissique à partir duquel ce sujet pourra plus tard élaborer des identifications secondaires plus différenciées. L'altération serait définie par la prise de conscience de l'existence de l'Autre, interpellation qui ne diffère pas de ce qu'est l'altérité, mais les ratages de l'identification y seraient chose commune. Ici prévaudrait un mode relationnel empruntant à l'imaginaire, au caractère labile, constamment réélaboré des identifications narcissiques. Alors que l'altérité suppose un Autre magnifié, détenteur du signifiant, modèle d'une relation d'objet fondamentale parce qu'idéalisée, l'altération pourrait être comprise comme trouée de ce symbolique structurant au profit de phénomènes d'indifférenciation: l'inquiétante étrangeté freudienne en étant peut-être le plus bel exemple.

Passage de l'altérité à l'altération qui caractérise aussi ce difficile processus de réappropriation symbolique que j'ai cru déceler dans la littérature québécoise de facture urbaine où l'énonciation revendicative, après l'affirmation d'une autoréférence de l'acte de parole, en vient à partager son cri, à le ponctuer d'intervalles où l'Autre peut être rencontré. Cette dimension cosmopolite est certes complexe. Déterritorialisation, intervalles, interstices… autant de figures qui veulent rendre compte d'un déplacement de perspective, d'une subversion dialogique des contours de l'identité. Mais rêver l'abolition de celle-ci, même au nom d'une légitimation égalitaire de la différence, comme pourrait le laisser entrevoir une certaine définition du cosmopolitisme, serait non seulement illusoire (quant à la fonction de l'identité comme derme, suture protectrice de l'individualité sociale) mais fatalement destructeur. Ce qui amènerait infailliblement au miroitement narcissique, à l'évidement des tensions communautaires au profit d'une sorte de négativité entropique où le pouvoir mégalomaniaque du Moi qualifierait ce souhait d'être seul-tous ensemble. Annulation de la différence par la multiplication « soft » des pluralités, cette alternative privilégierait le retour à l'origine, au quant-à-soi comme s'il s'agissait simplement d'additionner de l'identique pour produire du différend. L'envoûtement éprouvé pour l'unité caractériserait ce souhait de réunification. L'autre serait un *ego* réconcilié, fasciné par ce neutre où la notion d'étranger perdrait toute pertinence.

Cette problématique de la cartographie que l'on retrouve dans les divers textes étudiés correspond toujours à un facteur de ségrégation. La ville permet l'élaboration de réseaux complexes qui, par ailleurs, peuvent communiquer. Un trait de ces récits est que la mise en scène cartographique, justifiant la représentation de limites territoriales, est modifiée ou déplacée selon le cheminement des acteurs qui, se voyant offrir un espace contraint, peuvent néanmoins négocier leurs parcours.

De ce point de vue, la catégorisation du milieu urbain en espaces commutables et autonomes (les ghettos de « l'espace propre » auxquels référait Michel de Certeau) laisse place à la prise de conscience d'une interaction. On a bien sûr retrouvé diverses thématiques : retour au quartier des origines, monde fermé et sécurisant qui caractérise cette volonté d'échapper au caractère composite, éclaté de l'univers urbain. Ce qui explique la très grande difficulté rencontrée lorsqu'il s'agit d'appréhender la ville dans sa diversité. Il semble cependant que la conscience du parcellaire, qu'elle soit positive ou négative, apparaisse comme un des motifs principaux de cette littérature québécoise, s'écrivant à partir du contexte montréalais. Envisagée avec réticence, cette conscience du parcellaire justifierait une attitude défensive, reformulation d'un sens des limites qui, loin de prendre en considération la facture dynamique, instable de l'étrangeté, joue de la mise à l'écart comme caractéristique de cette expulsion de l'altérité.

Tenter de situer au loin cette conscience du morcellement, ces univers fragmentés, tel pourrait bien être l'enjeu de cette notion de réappropriation que j'ai associée aux idéologèmes du mouvement Parti pris. Une réalité décrite comme étrangère doit ainsi être conquise. Il ne faut pas oublier néanmoins le caractère complexe de cette réappropriation. Cette réalité, est-il toujours dit, fut à l'origine volée au sujet aliéné qui cherche ainsi à se la réapproprier. Ce geste de conquête est second. Il suit une spoliation. Il en constitue la nécessaire réparation.

Qu'arrive-t-il cependant lorsque cette réappropriation ne trouve plus à s'exercer ? Que le fragmentaire ne peut plus être mis à l'écart, devenant au contraire une forme spécifique de narrativité ? La constitution de l'identité est alors multiforme, façonnée par une trame particulièrement élaborée. La problématique de l'espace, si elle est encore importante, tend toutefois à laisser place à d'autres modes de représentation. La traversée des langues apparaît comme un motif déterminant, à la faveur d'une interrogation sur la constitution du symbolique. Passage de la langue maternelle à la langue véhiculaire du pays d'adoption, interrogation sur la dimension éclatée de ce passage, produisant une sédimentation des codes linguistiques : autant de configurations diverses dans ces récits qui font de l'instabilité, de l'entre-deux, une stratégie bien particulière d'énonciation.

La problématique de l'organisation spatiale et de la fondation du territoire à occuper est donc abandonnée. De la même façon, la création de réseaux de communication pouvant autoriser la mise en relation d'espaces distincts est reléguée à l'arrière-plan. Il y a bien, chez Régine Robin, constitution d'univers hétérodiégétiques différenciés — les récits prenant comme assise des quartiers montréalais : Snowdown, Outremont, Jean-Talon — mais la structure narrative est bouleversée par une confusion des lieux de la mémoire. En somme, la fixité territoriale est dispersée, contestée par cet éclatement de l'espace urbain, ce reflux de la mémoire qui enchevêtre tout. On ne peut plus mettre à l'écart l'étranger, le représenter, car il a maintenant le statut privilégié d'énonciateur. Impossible de le situer à distance, de le cantonner au loin, d'éviter l'angoisse de la confrontation. Ainsi, dans le recueil d'Antonio D'Alfonso, *L'autre rivage* : « Si tu parles à un étranger, ne baille pas. Écoute l'humilité de sa rage. Découpe ton imagination en forme de dés. Extirpe la saleté de tes cartes géographiques. Sens quel relief t'attend[25]. »

Ne plus rencontrer l'étranger, c'est peut-être accepter, à son corps défendant, de sentir le sol se dérober sous ses pieds. Faire l'expérience de la confusion des langues, de la douloureuse oscillation entre la terre natale et le pays d'adoption, c'est aussi entrevoir le caractère menaçant de la perte de sens. Ainsi : « Cette langue que tu parlais, enfant, tirée par la chasse d'eau. Ta langue maternelle t'est aussi étrangère que n'importe quelle langue que tu ne connais pas. Oubliée comme un style de vie que, jadis, tu possédais[26]. »

D'où l'angoisse de l'irrésolution, désir de retour à la langue maternelle alors que celle-ci est elle-même un ensemble peu homogène : « Même l'italien est une langue apprise. Langue du Nord, ce n'est pas la langue dans laquelle mes idées émergent, ni la musique qui naît en moi la nuit lorsque je n'arrive pas à dormir. Déjà là, une transformation s'opère : du guglionesano à l'italien. Quand j'écris, je traduis. Parfois, aucune traduction n'est nécessaire[27]. » Ambivalence profonde de cette écriture qui est à la fois oralité, soumission à la technicité de l'économie scripturaire. La langue de l'immigrant en pays d'adoption est peut-être la seule chose qui lui soit propre véritablement. Elle correspond au noyau dur d'une mélancolie, nostalgie impossible à extirper, certitude qu'il y avait, avant le choc du déracinement, une antécédence indicatrice de stabilité.

La traversée des langues, thématique dont je soulignais l'importance, à propos de cette littérature traitant de la problématique interculturelle, peut en effet être vécue selon des modalités fortement différenciées. Soit l'exemple d'un discours de la nostalgie, mélancolie de la perte — ou de la mise en retrait — d'une langue archétypale. Ce discours est bien présent chez D'Alfonso. La langue n'est pas une simple structure médiatrice. Elle est investie d'une force structurante, représentative d'un destin « national » car la langue est ce qu'un peuple pense : « Écrire, c'est se remémorer les voix de ton peuple, la voix de ceux qui sont venus avant toi[28]. » Ainsi : « Jamais deux peuples n'utilisent le langage de la même manière. Jamais deux peuples n'utilisent la même langue de la même façon. Ces dissemblances fondent les nations[29]. »

La langue maternelle est tout ce qui reste d'une origine à jamais perdue et douloureusement désirée : « Toutefois personne ne dit mot. Ce n'est pas à la mode et la métaphore n'est jamais raffinée. L'émigration est le camp de concentration des miens[30]. » D'où la douleur déchirante, l'enfouissement de la langue maternelle sous les sédiments plus récents du fait d'immigration. Le rappel de cette antériorité est absolument nécessaire afin de pouvoir court-circuiter, l'espace d'un moment, cette nostalgie où le Québécois francophone peut d'ailleurs se reconnaître dans l'expression de son propre malaise linguistique. La langue est entrevue comme gage d'une antécédence fondatrice. L'immigration justifie la pérennité de ce témoignage puisque, d'une certaine façon, elle fait de la langue le substitut du sol natal. De manière assez semblable, le Québécois francophone vit ce malaise : le français est à défendre, à protéger, car l'érosion de la langue est aussi perte de la faculté d'énonciation. Cette ambivalence, elle est soit mélancolie de « l'autre rivage » (D'Alfonso) ou nostalgie d'une emprise territoriale et linguistique prenant la forme d'un discours de résistance (un Québec français).

Mais cette fascination pour la langue maternelle ne signifie pas pourtant le refus de l'expérience multilingue : « Nativo di Montréal / élevé comme Québécois / forced to learn the tongue of power [...] finding thousands like me suffering / me casé y divorcié en tierra fría / nipote di Guglionesi[31]. » L'absence de linéarité narrative, le brouillage constant des temporalités et des espaces est ici revendiqué comme une hésitation salutaire. L'incapacité à pouvoir véritablement choisir entre ici et ailleurs — le pays natal et le pays d'accueil — est à la fois le signe d'une mélancolie et l'esquisse d'une faculté de dépassement par l'éloge de la mobilité.

La nomadicité[32] pourrait bien être la caractéristique principale de ce discours d'autant que la dérive ainsi amorcée rencontre à sa façon des interdits, qu'elle ne soit pas seulement passage ou franchissement : « Mon désir n'est pas d'être singulier ou pluriel, ni interculturel ou transculturel. Je suis duel. [...] Je ne suis pas *American* : c'est-à-dire un melting pot. Je ne me mélange à rien, je suis une identité impure, mais pas un hybride[33]. » Cette proposition de D'Alfonso est particulièrement forte puisqu'elle refuse cette adoption spontanée de l'hybridité ou du métissage pour laisser place à une confrontation: impact d'une écriture s'élaborant à partir d'univers culturels différenciés. Il y a dans cette revendication d'une écriture antagoniste, soucieuse des différences culturelles, l'aveu d'une rencontre possible. Car il faut que « l'italianité » soit nommée afin qu'une sortie puisse être envisagée, qu'une échappée devienne « désir d'échange [34] ». Ce qu'Antonio D'Alfonso nomme la *comunità* est très significatif de ce point de vue: « Sortir de ma communauté, c'est aller au delà de mes limites *coming out of the closet*. Et qui sort de son silence est passible d'une peine. Mais qui nous condamnera? Ton père, ton frère, ta mère, ta sœur, ton prochain, ton ennemi [35]. »

Cette communauté représente l'envers du pays d'accueil. En sortir, c'est retrouver une société majoritaire qui nous habille de mots: « [...] je m'habille, j'utilise des mots d'ordre: je suis un Italo-Québécois, I am a Italian-Canadian [36]. » Mais aussi rompre un pacte d'alliance avec la communauté ethnoculturelle d'origine. Il semble que cet aller-retour soit une dimension constitutive de la culture québécoise s'éprouvant dans le morcellement des appartenances ethniques. Quitter la communauté restreinte correspondrait à un vœu d'émancipation, à une volonté de participation à un projet de société plus global. Mais celui-ci peut-il être différent de la réaffirmation compulsive de l'identité canadienne-française? Quitter un ghetto ethnique pour un autre, proposé comme modèle de référence, est-il à cet égard l'indication d'un changement significatif?

D'où l'indétermination manifeste de ce parcours. La fascination éprouvée pour « l'autre rivage » correspond à ce désir de retour à l'origine (Guglionesi). Remonter le cours du temps, expérimenter la dimension concrète du lieu natal, telles sont les diverses modalités de ce retour. Sans doute les propositions D'Alfonso sont-elles fortement investies de cette nostalgie d'un originaire, recours à un imaginaire fondateur par le rappel constant de la langue maternelle, justifiant l'énonciation d'une pensée définie comme plus authentique. Mais ce désir d'une langue maternelle, qui associerait signifiant et signifié, prototype d'une première relation d'objet, est à la fois expérience toute nostalgique et conscience d'une négativité. Traversée des signes à la faveur de ce passage d'une communauté à l'autre. Revendication d'une parole qui intègre la complexité de cet entrelacement multilingue.

Tous ces motifs concourent à produire une étrangeté, la certitude, qu'au delà du fantasme de l'origine, une multiplicité est présente, qui rend difficile ce passage de la langue vernaculaire (de la *comunità*) au discours véhiculaire. Si le souhait d'un retour à la langue maternelle est revendication nostalgique (du guglionesano à l'italien), le pays d'accueil offre une parole violemment assertive, imposant l'intégration, mais toujours en faisant appel à la différence ethnique. Poursuite du malaise, car dans tous les cas, le choix linguistique perd de son caractère d'évidence, suppose constamment cette intrication fantasmée de la parole de l'Autre. Sortir de la *comunità*, c'est affronter cette froide alliance du référentiel commun que propose le pays d'accueil en étant toujours perçu, malgré tout, comme cet étranger qui s'assimile, troque sa langue pour une nouvelle identité. Refuser de quitter la *comunità*, c'est par ailleurs refouler la violence de cette traversée multilingue en idéalisant la langue maternelle, analogue à un sol natal qu'il faudrait pouvoir fouler de nouveau afin de contrer l'étrangeté. D'où l'affirmation D'Alfonso : « Je suis duel. [...] Je ne me mélange à rien, je suis une identité impure [...][37]. » Choix d'une écriture antagoniste, paradoxale, qui complexifierait cette thématique transculturelle, n'en ferait pas un discours harmonieux, spontanément unificateur, mais privilégierait un travail du négatif, refusant tout autant la valorisation satisfaite des petites différences que la traduction impersonnelle produite par la langue véhiculaire.

Y a-t-il un cosmopolitisme montréalais ?

Que signifie donc cette présence de l'étranger dans le roman québécois ? Au cours de cet essai, j'ai voulu dégager quelques points de repère quant aux modalités de sa représentation. Il est apparu que ce personnage étranger se révélait toujours le garant de la cohésion — d'une coalition — instituée par la communauté sociale. À ce titre, il était investi d'un pouvoir prométhéen. Soit rendre effectif le lien social par la mise en situation d'une expulsion dont l'étranger, devenu bouc émissaire, était amené à souffrir. Ou encore, justifier la régénération du tissu social en incarnant un corps étranger qui consolidait en retour le sentiment d'une unité : élément perturbateur modifiant, pour mieux reformer, les contours de l'ordre établi. Dans tous les cas cependant, l'étranger demeurait celui qui, du dehors ou du dedans, remettait en question, ou, au contraire, renforçait cette identité sociale. Étranger fictif qui agissait jusqu'à un certain point comme un garde-fou psychique, permettant de symboliser l'irreprésentable : rendant compte, par un phénomène de projection, de ce qu'il pouvait en être de l'altérité quand elle se trouvait à envahir un monde aux propriétés référentielles stabilisées. L'étranger fictif, c'est en effet l'altérité. Espace d'action autorisant confrontations, haines fratricides, désirs de destruction. Espace imaginaire de symbolisation qui justifie la création d'une marge, d'un *no man's land* où l'impossible peut toujours advenir sans que cela ait de conséquences dramatiques quant à la préservation du sens de la communauté d'accueil. Qu'en est-il alors de l'étranger « réel », celui qui arrive sans avertir, personnage au destin impromptu qui n'est pas la caution imaginaire de la société d'accueil mais un être en chair et en os ?

Au cours de cet essai, j'ai privilégié l'analyse des modalités créatrices de cet étranger représenté dans le discours romanesque, croyant qu'il fallait ménager un espace de négociation entre l'inscription sociale et la mise en situation littéraire. Pourtant, il serait vain de vouloir maintenir à tout prix cette distinction puisque la représentation de l'étranger, même si elle peut, dans le contexte littéraire, posséder une grande marge d'autonomie, est l'indication d'un souci, d'une interrogation quant au statut de l'altérité dans le contexte socioculturel québécois. D'où à mon sens cette question qui ne cessera de se poser — et de « nous » poser des questions : que signifie la distinction entre « être » et « devenir Québécois » ? L'étranger n'aura-t-il dans toute cette affaire qu'un rôle hybride, tenant à la fois du différent et de l'identique ? Est-il condamné à symboliser une marginalité, à rendre compte d'une identité fragile, personnage anonyme ne faisant que circuler ? En somme, l'étranger peut-il devenir Québécois ? Ce qui amène une autre interrogation : comment le devient-on (pour quels motifs ?) et pour qui : à l'instigation de quel garant imaginaire qui justifie l'intégrité du lien social ?

Cet étranger, il est une partie intégrante de la ville. On ne peut le penser ailleurs que dans le dédale des rues puisqu'il erre, dans le labyrinthe urbain, à la recherche d'une sortie, d'une conclusion au parcours. L'étranger est cet acteur qui défait la ville — l'empêche de prendre forme, ou lui fait vivre une pluralité de formes : ce qui constitue le caractère exceptionnel de la dérive ainsi amorcée. À l'entrevoir de cette façon, l'étranger ne serait que de passage. Il introduirait un puissant facteur de transformation mais ne déterminerait pas une menace tangible. De passage, ou en transit, l'étranger permettrait la préservation d'un sentiment commun — le fait d'appartenir à une communauté élue — en tenant lieu de repoussoir.

Mais qu'arrive-t-il lorsque l'étranger abandonne son statut extraterritorial et qu'il s'intègre à la société d'accueil ? La rigidité défensive se substitue alors au déni. Si autrefois l'étranger n'existait pas — n'étant que de passage, il ne nous concernait pas — la situation change radicalement dès qu'il devient un personnage familier de la littérature québécoise. Personnage familier au sens où l'on ne se contente plus seulement de le représenter, de parler de lui, en somme de gloser sur ses faits et gestes. L'étranger acquiert ainsi un droit de parole durement négocié car il peut désormais clamer être autre chose qu'un laissé-pour-compte, un simple objet de description. D'où l'apparition timide d'une littérature d'immigration — qualification boiteuse, insatisfaisante qui traduit toujours une mise à l'écart —, littérature « différemment » québécoise qui prendra son essor très bientôt avec la scolarisation obligatoire en français initiée il y a plus de dix ans.

Mais voilà encore l'ambiguïté qui ressurgit. Littérature immigrante de langue française, littérature québécoise, quel sera le chapeau désignatif qu'on lui attribuera, la nomination étant ici un important facteur de naturalisation ? S'agira-t-il d'une littérature « ethnique » écrite dans les marges de la culture québécoise « officielle » ? Les tenants de cette littérature accepteront-ils d'en rester à l'argument de la transculture, tous particularismes culturels étant égaux ? Refuseront-ils d'être les « ethniques » de l'Autre majoritaire, ou pratiqueront-ils une écriture antagoniste, paradoxale, à l'exemple d'un D'Alfonso ? À ces questions, je n'ai pas su, pas pu répondre. La modification du statut de l'étranger fictif dans le discours romanesque laisse néanmoins entendre un timide changement de perspective. En témoigne symptomatiquement *Une histoire américaine* de Godbout qui abandonne l'éloge du « texte national », la dualité des *Têtes à Papineau* pour plonger au cœur de l'étrangeté californienne.

Qu'en est-il enfin si l'on pose la question à la faveur du contexte montréalais ? L'étranger continuera-t-il à susciter cette angoissante remise en question de l'unanimité culturelle ? Ou peut-on entrevoir une modification de cette posture de façon à ce que le personnage étranger suscite lui aussi un attachement. Qu'il s'attache à la ville et qu'il constitue à sa façon un maillon du lien social. Qu'il échappe au statut de paria. Alors la rigidité défensive ne pourrait plus être de mise et la ville, Montréal, cesserait d'être un lieu factice : le témoignage d'univers culturels autonomes, ghettoïsés.

Rencontrer l'étranger, cela signifie-t-il pour autant effacer sa présence, substituer à la différence un vœu de neutralité ? Comme s'il était possible d'éliminer, au moment de la constitution du lien social, ce caractère hétérotopique qui fait de l'étranger un être à partir duquel la différence est toujours perçue. Un cosmopolitisme montréalais n'existera qu'au prix de cette irrésolution si l'on entend ainsi la persistance de ce malaise entre les habitants des communautés enclavées — les citoyens en autochtonie — et les nouveaux venus. Je mentionnais précédemment que l'inconfort de l'arpenteur-citoyen montréalais provient de la certitude d'être confronté à des univers culturels inassimilables. Mais c'est justement cette tension qui peut devenir fait de culture : non pas seulement répétition des soliloques communautaires, accrochés à la permanence des ghettos réels ou imaginaires, mais faculté de dépassement qui n'ignore pas la négativité.

D'où le caractère particulier du contexte montréalais. Cette ville, cosmopolite (l'est-elle vraiment ?), est en mouvement et simultanément entravée, clivée. Des populations y circulent à la recherche de points de repère grâce auxquels l'arrivée en ville pourrait se révéler moins traumatisante. Ce sont tout d'abord les Montréalais francophones, êtres dépossédés à l'exemple des personnages que l'on retrouve dans les romans du mouvement Parti pris. L'étranger redouté avec tant de puissance est alors ce double colonisateur qui assigne parcours et destinées, créant une ville déréalisée où nulle appropriation n'est possible. Westmount ici fait figure de citadelle, d'enclave dans la cité dominée. Et on peut penser que la reconnaissance de l'aliénation s'accompagne dans une certaine mesure du plaisir d'avoir pu ainsi circonscrire l'ennemi, le sujet de la dépossession. Qu'advient-il cependant lorsque cette reconnaissance est impossible, que l'aliénation ne se réduit plus à un dénominateur commun ? Que l'aliénation constitue le propre de l'expérience urbaine ? Qu'il n'y a plus une mais plusieurs arrivées en ville, en provenance de l'arrière-pays ainsi que tous les arrière-mondes immigrants ? Qu'arrive-t-il enfin lorsque le sujet aliéné, en manque d'une maîtrise socio-économique de son propre univers, devient à son tour dominateur : la foudroyante émergence d'intérêt quant aux questions de l'immigration, du multiculturalisme traduisant sans doute cette modification de la posture sociale du Québécois francophone.

Cette transformation du tissu social est d'abord symbolisée par la problématique linguistique. Interrogation lancinante associée à la détermination d'un savoir référentiel : comment nommer ce territoire, quel statut lui octroyer ? Les « parlers » immigrants correspondant à autant de langues maternelles, faut-il les taire en raison d'impératifs politiques et culturels puisque le Québec dans cette perspective doit exclusivement parler français ? Ou encore, une alliance conjoncturelle peut-elle être établie entre les langues immigrantes et le français, pacte de circonstance qui viserait à expulser l'anglais de sa citadelle ? Faut-il plutôt valoriser une traversée des langues et des cultures car le français, référentiel au faible pouvoir d'acculturation en terre nord-américaine, permettrait cette coexistence pacifique d'énonciations hétérogènes ? On le voit, toutes ces interrogations tournent autour d’une problématique où la langue est investie d’un pouvoir de cohésion et de structuration. De ce point de vue, l’étranger suggère la consolidation ou, au contraire, la corruption du français comme langue véhiculaire.

Qu’arrive-t-il en outre lorsque l’étranger parle la même langue que « nous », qu’il a choisi le français ? L’étranger le demeure-t-il malgré tout s’il a accepté de troquer sa langue maternelle au profit d’une autre à maîtriser ? En somme, une fois que l’étranger a accepté de vivre en son for intérieur cet épisode qu’est le fait de troquer sa langue, le geste de mettre à distance, de refouler, est-il toujours de mise ? Ces questions sont importantes car il semble que la problématique de l’identité québécoise — et de son devenir — ait été constamment associée à ce fantasme de perte ou de maîtrise de la faculté d’énonciation. L’étranger venant jouer, à la faveur de ce dispositif, le rôle d’empêcheur de danser en rond. Parce qu’il vient d’ailleurs, parce que sa langue est inconnue, qu’elle se confond avec un babil ignoré — et la hantise d’une Babel linguistique que serait Montréal —, l’étranger, plus que tout autre, fait intervenir ce fantasme d’une langue princeps : maîtresse du désir et signature d’aliénation. Cette langue « différente » que parle l’étranger est elle aussi maternelle. C’est dire que l’étranger, même s’il est reconnu par tous qu’il vient d’ailleurs, indique, par la langue maternelle qu’il parle, la certitude d’une origine. Cette constatation correspond à une première blessure narcissique[38] pour la communauté d’accueil. Ce qui d’ici est entrevu comme dénaturalisation — l’étranger parlant la « langue de l’immigration » — est là-bas (d’où provient l’étranger) signe d’une appartenance, d’une matrice commune. Il y a donc plusieurs communautés, plusieurs sites de fondation dont la langue maternelle peut valider l’intégrité. Héritier d’une matrie (la langue) et d’une fratrie (la communauté territoriale), l'étranger est celui qui, devant oublier la possibilité de fouler à nouveau le sol d'origine, conserve dans les influx de la langue maternelle le désir d'énoncer une intimité malgré tout préservée.

D'où le caractère simultanément séduisant et angoissant de l'étranger. La langue parlée par celui qui arrive d'ailleurs est plus qu'un simple outil référentiel. Elle révèle plus qu'une faculté d'instrumentation car elle est le signe d'un lien passé que l'immigrant sera constamment tenté de protéger[39]. La langue maternelle représentant ce qu'il y a malgré tout d'indéracinable dans la transhumance. On peut bien en effet décider de partir, troquer une assise territoriale contre un nouveau lieu à investir, mais la langue maternelle est cet espace imaginaire autorisant la circulation, la certitude qu'il sera toujours possible de revenir. Ce retour à une langue première qui correspondrait à l'antécédence d'un signifiant plus authentique, nommant avec plus de justesse le pays natal, nul doute qu'il soit un témoignage fantasmatique qui fait de l'étranger, pour la communauté d'accueil, un être à la fois honni et envié. Cette langue que parle l'étranger, la société majoritaire ne la reconnaît pas. Elle représente un inconnu qu'aucun pacte culturel de réciprocité ne peut pénétrer. Cette langue est étrangère, ainsi que l'énonciateur qui la parle, car elle ne peut être traduite, ou encore effacée totalement, au fil du temps, par l'insertion d'une langue véhiculaire. D'où l'attitude envieuse à l'égard de l'étranger. Arrivant à Montréal, il remet en question la rigidité communautaire. Par la mise en scène d'une pluralité culturelle, il ouvre la ville à la réalisation de ses multiples potentialités. En somme, l'étranger actualise un pouvoir de transformation, crée de l'étrangeté, fait du caractère impersonnel de la métropole un lieu de circulation où l'identité n'est plus uniquement entrevue comme transmission d'un patrimoine. L'étranger est ainsi ce personnage qui fait violemment obstacle au lien établi entre un « lieu » et un « nom ». Dans son pays natal, il possédait un statut social, attestait une appartenance : il était un citoyen. Ailleurs, il n'est plus que l'étranger de la communauté d'accueil, ce passeur, à l'exemple d'Alfredo Carone, dans *La nuit* de Ferron, qui autorise la création d'une figure hétérotopique.

L'arrivée en ville de l'étranger caractérise donc un déliement. Mais la crispation, la rigidité sont des attitudes défensives qui accompagnent cette ouverture. La fascination éprouvée pour l'inconnu ne dure qu'un moment. Cette condensation de la proximité et de la distance que représente l'étranger est séduisante tant que l'éloignement prend le pas sur l'étrangeté. L'indétermination, la perte du sens des limites, l'anonymat dépersonnalisant — chaque citoyen étant l'étranger d'autrui — deviennent des facteurs de déréalisation qu'il faut absolument colmater.

Le roman québécois « arrivant en ville » — je pense entre autres aux écrits du mouvement Parti pris — a bien sûr fait l'essai de cette violente rupture. La dépersonnalisation est associée à la vie urbaine. Le tissu social est plus différencié, l'étranger dans ses ghettos riches ou pauvres apparaît. On peut d'ailleurs se demander, en relisant les textes du mouvement Parti pris, si le refus systématique de la dépersonnalisation n'est pas symptomatique d'un rejet de l'expérience urbaine. En privilégiant les thèmes de l'aliénation, de la reconquête d'une identité spoliée, les écrivains et les théoriciens du mouvement Parti pris rapatriaient la crainte d'une étrangeté linguistique, d'un flou territorial, en faisant appel aux contours sécurisants du pays, d'un Montréal soudainement francophone, purifié. Or la dépersonnalisation est aussi trait constitutif de l'expérience urbaine. La fascination ou la haine éprouvée pour l'altérité est simultanément crainte d'une altération de l'identité.

On sait qu'un fantasme d'élection fut partie intégrante d'un discours faisant de l'identité canadienne-française un ensemble possédant de fortes connotations messianiques. Il s'agissait alors de délimiter un territoire cadastré en l'affectant de propriétés exceptionnelles: défendre la langue française, porter l'étendard de la religion catholique, refuser le mouvement généralisé de l'industrialisation au profit d'une vocation agricole. Cette élection justifiait une destinée. Elle permettait de faire obstruction à la menace de l'acculturation, de conjurer l'angoisse de l'arrivée en ville. Revendication d'un corps social non altéré, régulé par autant de corporatismes, il est certain que la question de l'identité ne pouvait se poser que sous une forme défensive. D'où le refus de convier l'étranger à la formation de cette société, le déni de son existence. Un seul peuple, élu, les Canadiens français, formait cette société enclavée, se plaisant à faire de l'endogamie psychique un mode de pensée.

Tout cela a déjà été dit et de nombreuses explications ont été proposées quant à la persistance de cette unanimité sociale qui, malgré quelques brèches, a subsisté, disons, jusqu'à cette date fétiche que représente la Révolution tranquille. Ce qui m'intéresse davantage, c'est le subit renversement qui semble faire de la société québécoise un ensemble aux contours imprécis, ayant recours à l'étranger pour justifier un renouvellement, une transfiguration. Comme si cette figure de l'élu s'était déplacée du côté de l'étranger, le « salut » dans cette perspective ne pouvant provenir que d'un lieu défini comme extérieur à la société même, mais en orientant la structuration. D'où ces réflexions actuelles faisant du Québec une nouvelle Californie « du Nord », appelé à consacrer cette fois un brassage des cultures, une mosaïque sociale inédite.

Les modifications socioculturelles sont certes importantes puisqu'il paraît que les institutions chargées d'assurer la pérennité d’une identité civile, déterminant l’appartenance professionnelle, familiale, politique, sont en perte de vitesse, confrontées à cette disparition d’un sens premier. Ainsi, le Québec postréférendaire nous raconterait l’inanité des récits de fondation. Mais ce discours n’est certes pas particulier au Québec puisqu’il semble que nous soyons à l’heure des ensembles flous, d’une parcellarisation des identités. De fait, à la mise en place d’une stratégie défensive où l’étranger se verrait nommer et assigner une place précise, est opposé un discours résolument flottant et ambigu. Le « Nous sommes tous des étrangers » tenant lieu d’affirmation communautaire, à l’encontre d’un discours prescriptif insistant sur la valorisation de l’identité nationale.

Il y a sans doute dans cette forte identification à l’étranger un élément de projection, permettant de sauvegarder encore une fois, par le recours à un personnage élu, l’intégralité de la société d’accueil. Que signifie en effet ce cheminement du « mur québécois des lamentations » cher à Godbout, et de la courtepointe nationale, à la dérive californienne d’*Une histoire américaine*? Faut-il y voir une modification radicale et significative des discours sociaux, ou la simple réitération anxieuse d’une quête de l’identité faisant de l’altérité le garant d’une nouvelle symbolisation alors que l’intégrité était revendiquée précédemment ?

Le Québec postréférendaire serait donc démembré. Mais surprise, la crainte archaïque du morcellement serait récupérée comme si le pressentiment d’un démembrement possible était accepté : les effets déstructurants de cette fragmentation devenant autant de sources de plaisir. Il y a certes dans ce bénéfice de plaisir opéré à la faveur du morcellement une intégration complexe des expériences de privation et de comblement. Le corps social démembré, polymorphe, se verrait attribuer (mais venant de quel lieu et grâce à qui ?) une prime de jouissance pouvant compenser, semble-t-il, cette difficulté ou cette absence de désir à totaliser. Qu'il s'agisse de *French kiss* de Brossard, de *La Québécoite* de Robin, ces romans, quoique selon des stratégies fort différentes, mettent en jeu une abolition des limites sociales et territoriales. La ville n'est plus un château fort mais un espace ouvert au va-et-vient.

Le désir de reformulation unitaire est désormais chose du passé. Ainsi le narrateur d'*Une histoire américaine* : « Et quand il buvait le produit de ses chèques, en compagnie de ses amis, [...] c'était pour s'entendre affirmer, entre deux gorgées de beaujolais nouveau riche, que l'avenir du Québec se situait aux États-Unis. Ferveur nouvelle. Passez la monnaie ! Les Montréalais sont des cyclothymiques avancés. Libre change[40]. » La pérégrination tient lieu de mode d'énonciation comme si la prise de conscience du continentalisme de la littérature québécoise impliquait l'exploration du territoire, son déchiffrement. Les récents romans de Godbout et Poulin s'inscrivent dans cette problématique puisque le pays natal est réduit à une peau de chagrin dont il faut paradoxalement s'échapper pour pouvoir renaître. D'autres textes sont significatifs de cette extraterritorialité : *La première personne* de Pierre Turgeon, *Le désert mauve* de Nicole Brossard, *Petites violences* de Madeleine Monette, *L'homme de Hong Kong* d'Hélène Rioux... On pourrait multiplier les titres. Il semble donc que cette préoccupation pour l'errance continentale, la transhumance, l'extraterritorialité soit devenue partie intégrante de nombreuses œuvres contemporaines pour qui la quête de l'appartenance ne va plus de soi.

Cette étrangeté peut cependant être sécurisante puisqu'elle vient d'ailleurs. Quitter les contours du territoire familier québécois, c'est s'exposer à une hétérogénéité qu'il serait cependant possible de circonscrire, car San Francisco ou Los Angeles, ce n'est pas Montréal. D'où le caractère paradoxal de plusieurs de ces romans qui font de la rencontre de l'étranger une conséquence de cette extra-territorialité. Ce dernier prend alors l'aspect d'un personnage distant, reconnu à la faveur d'un contexte culturel autre, alors qu'il déambule ici rue Saint-Laurent et qu'on ne le convie pas.

C'est la constitution problématique de Montréal comme société multiculturelle qui seule définira ce qu'il en sera de l'accueil de ces citoyens en provenance des arrière-mondes immigrants. Tout comme la lancinante étrangeté linguistique des Québécois francophones trouvera peut-être à Montréal un dénouement si les étrangers, possesseurs de leur langue maternelle : relique de leur pays natal, acceptent de faire du français une langue d'alliance. Le déliement de l'identité québécoise — ce qui en déterminera l'ouverture — ne peut en effet que se vivre à Montréal. Il implique bien sûr le rejet de la tristesse mélancolique du Canadien français : le souvenir d'une filiation (rappel des racines françaises), d'une antécédence de l'occupation territoriale (d'où le déni des civilisations amérindiennes vivant au Québec). Malaise, nostalgie qu'il faut absolument préserver, douleur associée au fait d'avoir constitué un peuple élu en terre nord-américaine, puis d'avoir été condamné, comme l'enseigne le discours messianique, à la déchéance, à la banalisation.

D'où les difficiles relations entre Canadiens français et immigrants, un impensé nominatif étant à la source de cette rupture. Pour le Canadien français, un discours de la filiation raciale s'avérait à lui seul constitutif d'une différence fortement enracinée. Ce qui explique sans doute pourquoi les membres du mouvement Parti pris tentèrent d'imposer un changement de nomination : le Québécois devenant cet homme nouveau, libéré des anciens traumatismes de l'oppression coloniale. La reconquête nominative signifiait l'entrée dans la modernité, un puissant courant de libération politique et sociale, un souci d'émancipation économique. L'attribution d'un nouveau nom était-elle cependant signe d'une ouverture multiculturelle ? Il ne le semble pas puisque le Québécois est encore celui qui quelquefois s'éprouve menacé dans son intégrité, refusant de partager son nom avec les nouveaux arrivants. Ce qui se traduit par une simple modification de terminologie : il y a les Québécois, que l'on suppose francophones, les néo-Québécois ou les allophones, étranges créatures en attente d'une éventuelle naturalisation, puis les Canadiens anglais, ou « les Anglais », qui peu à peu deviennent des Anglo-Québécois. À constater cette nomenclature, on peut se demander à juste titre si le territoire imaginaire québécois ne correspond pas plutôt à ce que Pascal Bruckner nomme un « cosmopolitisme du débris » : culture des jonctions boiteuses et imparfaites, de la multiplicité des différences qui ne peuvent être rassemblées sous aucun dénominateur commun.

On peut néanmoins envisager la question sous un jour différent. Postuler que la problématique interculturelle est avant toute chose montréalaise, constater que ce devenir ne recoupera jamais totalement le territoire québécois dans son ensemble. L'interrogation sur l'identité québécoise pouvant être clarifiée si on accepte de l'envisager, avec ce que cela suppose bien sûr de parti pris, à partir de ce que signifierait un possible « devenir montréalais ». En somme, l'hétérogénéité de l'identité québécoise, le souhait qu'elle ne soit plus seulement cantonnée à la réserve ethnique canadienne-française, présume l'achèvement d'une crispation, la reconnaissance du fait que « l'arrivée en ville » est toujours multiforme.

D'un point de vue littéraire, cette hétérogénéité pourrait caractériser la très grande polyvalence des écritures que j'ai accompagnées. L'unanimité sociale semble bien avoir été battue en brèche, ainsi que cette illusion d'une identité plénière où « être » québécois signifierait la certitude de racines, d'une singularité indiscutable. Si un nom n'est que ce qu'il désigne, et que l'identité québécoise est appelée à se modifier fortement à la suite de ce métissage culturel, il en est de même pour la littérature québécoise qui fait déjà l'expérience de la traversée des signes. C'est le parcours que j'ai voulu privilégier au cours de cet essai. Il m'a semblé que dans cette littérature québécoise de « l'arrivée en ville » ou de l'extraterritorialité, la présence agissante, ou silencieuse, de l'étranger s'avérait particulièrement fascinante. De la thématique de l'aliénation propre aux écrits du mouvement Parti pris, sous-entendant la description d'une pathologie de l'univers urbain, aux textes d'Antonio D'Alfonso, de Poulin, de Godbout, de Basile, de Robin, de Nepveu ou encore de Gérard Étienne, une modification radicale des points de vue portés sur l'identité québécoise est perceptible. Dans la mesure où « l'étranger psychique » accepte de dire la trame de sa propre déchirure, faisant de l'identité québécoise, non pas un préconstruit culturel, un ensemble d'attributs inertes, mais un geste d'acquisition, alors un espace de rencontre redevient possible. Ce geste prend la forme d'une ouverture, d'un signe d'alliance puisque l'hétérotopie de l'identité québécoise montre à tous les nostalgiques des cultures enracinées la prééminence du mouvement et du métissage.

1. Nicole Brossard, *French kiss*, Montréal, Éditions du Jour, 1974, p. 7.
2. *Ibid.*, p. 7.
3. *Ibid.*, p. 8-9.
4. *Ibid.*, p. 9.
5. *Ibid.*, p. 28.
6. *Ibid.*, p. 146.
7. *Ibid.*, p. 28.
8. *Ibid.*, p. 107.
9. *Ibid.*, p. 70-71.
10. *Ibid.*, p. 25.

11. *Ibid.*, p. 136.
12. *Ibid.*, p. 137.
13. *Ibid.*, p. 92.
14. *Ibid.*, p. 95.
15. *Ibid.*, p. 125.
16. Yves Beauchemin, *Le matou*, Montréal, Éditions Québec/Amérique, 1981, p. 50.
17. *Ibid.*, p. 33-34.
18. « Ces bruits ne me sont étranges que parce que je vis seule et que je suis étrangère. Ce n'est pas moi, c'est mon espace qui n'est pas encore naturalisé. » (Pierre Nepveu, *L'hiver de Mira Christophe*, Montréal, Boréal, 1986, p. 65)
19. « Alexis a de la difficulté à remonter le chemin qui l'a conduit jusqu'ici : de son bourg à la capitale, de la capitale aux vagues de la mer des Antilles, et de là au cœur de cette ville nouvelle. Il y a trop de débris sur cette route. De poitrinaires, de paralytiques, de maîtres d'armes et de boules de feu sur cette route, pour qu'un nègre puisse retrouver, avec une logique bien bandée, tous les points noirs et tous les points blancs de son passé. [...] la ronde d'Alexis, au coin de Metcalfe et de Sainte-Catherine, s'élargit. Lutte entre ses cauchemars et la réalité de la ville. Idées-marteaux qui sonnent du poids de la négrerie. Oiseaux annonciateurs de la victoire des fils de sa race. » (Gérard Étienne, *Un ambassadeur macoute à Montréal*, Montréal, Éditions Nouvelle Optique, 1979, p. 52-53)
20. « Ils représentent le groupe des véritables hors-la-loi et s'agglutinent maintenant autour de l'Ambassadeur d'Haïti. Ils n'ont pas de papiers à montrer quand ils volent au-dessus des océans. Ils ne possèdent pas de carte d'identité. Leur titre suffit. Le titre est le passeport du diplomate. Son titre c'est l'espace qu'il occupe, le pouvoir qu'il possède de rétrécir le temps à la mesure de ses caprices. » (*Ibid.*, p. 46-47)
21. « Je suis le Pouvoir, répond l'Ambassadeur. Je porte des caleçons de fer, une chemise arrow et des souliers vernis. Je possède des milliers de bêtes, de canards et d'orangers. Je contrôle des choses invisibles. Je suis voyant. Je peux terrasser l'ennemi à distance. » (*Ibid.*, p. 83)
22. « Le terme *transculturel* a une dimension politique car ce mot implique la traversée d'une seule culture en même temps que son dépassement. L'unité qu'il sous-tend n'a pas la même résonance que celle qu'évoquent les termes " inter-culturel " ou " multiculturel ". Ceux-ci définissent un ensemble et le circonscrivent dans un espace et un temps alors que le transculturel ne possède pas de périmètre. C'est le passage et l'implication totale à travers et au-delà des cultures. » (Lamberto Tassinari, « Le projet transculturel », *Sous le signe du Phénix : entretiens avec quinze créateurs italo-québécois*, textes réunis par Fulvio Caccia, Montréal, Guernica, 1985, p. 299)

23. « Mais il y a une vérité qui appartient à l'homme en tant qu'animal, qui touche le domaine de l'affectivité, du sentiment. C'est comme le conditionnement physique, biologique, de l'homme à la terre. Je le répète, il n'y a aucune raison pour retourner. Ici, ou ailleurs, on joue le même jeu. Puisque c'est ici que je me trouve, pourquoi aller ailleurs ? Je suis déchiré je l'admets, car je suis prisonnier d'un attachement biologique et même idéologique pour l'Italie. Je ne peux le nier. » (*Ibid.*, p. 300)
24. « [...] les ouvrages se sont multipliés ces dernières années, qui parlent de la beauté du métis, qui font l'éloge du cosmopolitisme ou qui disent la passion du polylogue. On définira volontiers "l'écriture" comme une traversée des frontières, comme migration et exil ; et je lis chez l'un des épigones de ce mouvement d'idées une invitation adressée aux écrivains "de se lancer dans la polyphonie démesurée pour laquelle toute langue est étrangère, pour laquelle *la* langue n'existe pas". (Guy Scarpetta, *Éloge du cosmopolitisme*, Paris, Éditions Grasset, 1981, p. 183) » (Tzvetan Todorov, « Bilinguisme, dialogisme et schizophrénie », *Du bilinguisme*, textes réunis par Jalil Bennani et Ahmed Boukous, Paris, Éditions Denoël, 1985, p. 13).
25. Antonio D'Alfonso, *L'autre rivage*, Montréal, VLB éditeur, 1987, p. 16.
26. *Ibid.*, p. 78.
27. *Ibid.*, p. 127.
28. *Ibid.*, p. 125.
29. *Ibid.*
30. *Ibid.*, p. 84.
31. *Ibid.*, p. 75.
32. *Ibid.*, p. 134.
33. *Ibid.*, p. 143.
34. *Ibid.*, p. 42.
35. *Ibid.*, p. 141-142.
36. *Ibid.*, p. 142.
37. *Ibid.*, p. 75,
38. René Kaës propose à cet égard une réflexion fort pertinente quant aux représentations psychiques induites par le rapport à l'institution sociale. La blessure narcissique correspondant de ce point de vue au constat d'un décentrement : découverte de la faculté de dessaisissement à l'encontre de la filiation institutionnelle et du désir de prendre en charge les volontés de tous les sujets ainsi confondus. Kaës mentionne à ce sujet que « [...] la pensée de ce qui nous engendre, mais avec la pensée de ce qui, d'une manière impersonnelle et désubjectivisée, se disperse, se perd sans doute et germe dans un hors de nous qui est une partie de nous : cette externalisation d'un espace interne est notre rapport le plus anonyme, le plus violent et le plus puissant que nous entretenions avec les institutions ». Il ajoute un peu plus loin que « le fantasme de la scène originaire

est une tentative pour donner une scène et une position du sujet dans une origine à cet irreprésentable externalisé. L'invention du Parent originaire, de la figure de l'Ancêtre est un ancrage désubjectivant, *défensif* contre cette perte de soi dans un espace qui, s'il vient à disparaître, nous confronte au chaos. » (René Kaës, « Réalité psychique et souffrance dans les institutions », René Kaës (dir.), *L'institution et les institutions. Études psychanalytiques*, Paris, Dunod, 1987, p. 2-3)

39. Antonio D'Alfonso a ces mots très justes : « Ce n'est pas une Utopie. Ce n'est pas une base nucléaire. L'émigrant ignore tout de ce genre de fantasme. Son pays est la langue maternelle qu'il désire transmettre à ses enfants qui, eux, méprisent ce qui fait de l'émigrant ce qu'il est. » (« De l'autocritique », *Mœbius*, nº 29, 1986, p. 111)

40. Jacques Godbout, *Une histoire américaine*, Paris, Seuil, 1986, p. 17.

Bibliographie

1. Livres et articles

Littérature québécoise

AQUIN, Hubert, *Prochain épisode*, Montréal, Le Cercle du Livre de France, 1965.

———, *L'antiphonaire*, Montréal, Le Cercle du Livre de France, 1969.

———, *Neige noire*, Montréal, Éditions La Presse, coll. « Écrivains des deux mondes », 1974.

———, *Blocs erratiques: textes (1948-1977)*, rassemblés et présentés par René Lapierre, Montréal, Éditions Quinze, 1982.

BASILE, Jean, *La jument des Mongols*, Montréal, Éditions du Jour, 1964.

———, *Le grand khan*, Montréal, Estérel, 1967.

———, *Le voyage d'Irkoutsk*, Montréal, Hurtubise HMH, 1970.

———, *Le piano-trompette*, Montréal, VLB éditeur, 1983.

BEAUCHEMIN, Yves, *Le matou*, Montréal, Éditions Québec/Amérique, coll. « Littérature d'Amérique », 1981.

BORDUAS, Paul-Émile, Voir les textes réunis par André G. Bourassa, Jean Fisette et Gilles Lapointe dans *Paul-Émile Borduas: Écrits 1*, édition critique, Montréal, Presses de l'Université de Montréal, coll. « Bibliothèque du Nouveau Monde », 1987.

———, *Refus global: projections libérantes*, nouvelle édition augmentée d'une introduction de François-Marc Gagnon et suivie de notes biographiques de Borduas et l'automatisme par Marcel Fournier et Robert Laplante et de dimensions de Borduas par Claude Gauvreau), Montréal, Éditions Parti pris, 1977.

BROSSARD, Nicole, *French kiss*, Montréal, Éditions du Jour, 1974.

———, *Le désert mauve*, Montréal, Éditions de l'Hexagone, 1987.

CACCIA, Fulvio, *Irpinia*, Montréal, Triptyque/Guernica, 1983.

CHAMBERLAND, Paul, *L'afficheur hurle: poème*, Montréal, Éditions Parti pris, 1964.

———, *Terre-Québec*, Montréal, Déom, 1964.

CHAUVEAU, Pierre J.-0., *Charles Guérin*, s.l., M.-A. Guérin éditeur, 1973.

COLLECTIF, *Quêtes. Textes d'auteurs italo-québécois*, Montréal, Guernica, 1983.

D'ALFONSO, Antonio, *L'autre rivage*, Montréal, VLB éditeur, 1987.

DUCHARME, Réjean, *L'hiver de force*, Paris, Gallimard, 1973.

DUGAS, Marcel, *Psyché au cinéma*, Montréal, Paradis Vincent, 1916.

ÉTIENNE, Gérard, *Un ambassadeur macoute à Montréal*, Montréal, Éditions Nouvelle Optique, 1979.

———, *Une femme muette*, Montréal, Éditions Nouvelle Optique, 1983.

FABRE, Hector, « La vieille rue Notre-Dame », *Essais québécois 1837-1983. Anthologie littéraire*, textes réunis et présentés par Laurent Mailhot avec la collaboration de Benoit Melançon, Hurtubise HMH, coll. « Cahiers du Québec: Textes et documents », 1984.

FENNARIO, David, *Sans parachute*, Montréal, Éditions Parti pris, coll. « Paroles », 1977.

———, *Balconville*, Vancouver, Talonbooks, 1980.

FERRON, Jacques, *Contes du pays incertain*, Montréal, Éditions d'Orphée, 1962.

———, *La nuit*, Montréal, Éditions Parti pris, coll. « Paroles », n° 4, 1965.

———, *Papa boss*, Montréal, Éditions Parti pris, coll. « Paroles », n° 4, 1966.

———, *Le salut de l'Irlande*, Montréal, Éditions du Jour, 1970.

———, *Les confitures de coings et autres textes*, Montréal, Éditions Parti pris, coll. « Paroles », n° 21, 1972.

———, *Le ciel de Québec*, Montréal-Nord, VLB éditeur, 1979.

GARNEAU, Hector de Saint-Denys, *Œuvres*, textes réunis par Benoît Lacroix et Jacques Brault, Montréal, Presses de l'Université de Montréal, 1971.

GÉRIN-LAJOIE, Antoine, *Jean Rivard, le défricheur : récit de la vie réelle* suivi de *Jean Rivard, économiste*, Montréal, Hurtubise HMH, coll. « Cahiers du Québec » n° 25, 1977.

GIROUARD, Laurent, *La ville inhumaine*, Montréal, Éditions Parti pris, 1964.

GODBOUT, Jacques, *L'aquarium*, Paris, Éditions du Seuil, 1962.

———, *Le couteau sur la table*, Paris, Éditions du Seuil, 1965.

———, *Le réformiste. Textes tranquilles*, Montréal, Éditions Quinze, 1975.

———, *Les têtes à Papineau*, Paris, Éditions du Seuil, 1981.

———, *Une histoire américaine*, Paris, Éditions du Seuil, 1986.

GODIN, Gérald, *Les cantouques*, Montréal, Éditions Parti pris, 1966.

GRANDBOIS, Alain, *Les voyages de Marco Polo*, Montréal, Valiquette, s. d.

———, *Poèmes*, Hankéou, 1934.

———, *Poèmes (Les îles de la nuit, Rivages de l'homme, L'étoile pourpre)*, Montréal, l'Hexagone, 1963.

———, *Visages du monde : images et souvenirs de l'entre-deux guerres*, Montréal, Hurtubise HMH, 1971.

HOOD, Hugh, *Around the Mountain*, Toronto, Peter Martin Associates, 1967.

JASMIN, Claude, *Ethel et le terroriste*, Montréal, Librairie Déom, 1964.

JONASSAINT, Jean, *Le pouvoir des mots. Les maux du pouvoir*, Montréal, Arcanthère/Presses de l'Université de Montréal, 1986.

KATTAN, Naïm, *La fiancée promise*, Montréal, Hurtubise HMH, coll. « L'Arbre », 1983.

KLEIN, A.M., *The Collected Poems of A.M. Klein*, Toronto, McGraw-Hill Ryerson, 1974.

LAFERRIÈRE, Dany, *Comment faire l'amour avec un Nègre sans se fatiguer*, Montréal, VLB éditeur, 1985.

LALONDE, Michèle, *Défense et illustration de la langue québécoise* suivi de *Prose et poèmes*, Paris, Laffont (Change), 1979.

LTAIF, Nadine, *Les métamorphoses d'Ishtar*, Montréal, Guernica, 1987.

MAJOR, André, *Le cabochon*, Montréal, Éditions Parti pris, 1964.

———, *La chair de poule*, Montréal, Éditions Parti pris, coll. « Paroles », n° 3, 1965.

MALLET, Marilù, *Les compagnons de l'horloge-pointeuse*, Montréal, Éditions Québec/Amérique, coll. « Littérature d'Amérique », 1981.

———, *Miami trip*, Montréal, Éditions Québec/Amérique, coll. « Littérature d'Amérique », 1986.

MCLENNAN, Hugh, *Le matin d'une longue nuit*, Montréal, Hurtubise HMH, coll. « L'Arbre », 1967.

MICONE, Marco, *Addolorata*, Montréal, Guernica, 1984.

———, *Gens du silence*, Montréal, Éditions Québec/Amérique, 1982.

NEPVEU, Pierre, *L'hiver de Mira Christophe*, Montréal, Éditions Boréal, 1986.

POULIN, Jacques, *Volkswagen blues*, Montréal, Éditions Québec/Amérique, coll. « Littérature d'Amérique », 1984.

RENAUD, Jacques, *Le cassé*, Montréal, Éditions Parti pris, coll. « Paroles », n° 1, 1964.

RENAUD, Jacques, *Le cassé et autres nouvelles*, Montréal Éditions Parti pris, 1977.

RICHARD, Jean-Jules, *Journal d'un hobo : l'air est bon à manger*, Montréal, Éditions Parti pris, coll. « Paroles », n° 6, 1965.

RICHLER, Mordecaï, *Duddy Kravitz*, Montréal, Pierre Tisseyre/CLF, coll. « Deux solitudes », 1975.

———, *Le cavalier de Saint-Urbain*, Paris, Buchet/Castel, 1976.

———, *Rue Saint-Urbain*, Montréal, Hurtubise HMH, coll. « L'Arbre », 1969.

RIOUX, Hélène, *L'homme de Hong Kong*, Montréal, Éditions Québec/Amérique, coll. « Littérature d'Amérique », 1986.

ROBIN, Régine, *La Québécoite*, Montréal, Éditions Québec/Amérique, coll. « Littérature d'Amérique », 1983.

ROY, Gabrielle, *Alexandre Chenevert*, Montréal, Éditions Beauchemin, 1954.

———, *Bonheur d'occasion*, Montréal, Éditions Beauchemin, 1945.

TREMBLAY, Michel, *Demain matin Montréal m'attend*, Montréal, Leméac, 1972.

VILLEMAIRE, Yolande, *La vie en prose*, Montréal, Les Herbes rouges, coll. « Lecture en vélocipède », nº 25, 1980.

Théorie

ANCTIL, Pierre et Gary CALDWELL, *Juifs et réalités juives au Québec*, Québec, IQRC, 1979.

ARENDT, Hannah, *La tradition cachée : le juif comme paria*, Paris, Christian Bourgois, 1987.

AUGOYARD, Jean-François, *Pas à pas. Essai sur le cheminement quotidien en milieu urbain*, Paris, Seuil, coll. « Espacements », 1979.

BAKHTINE, Mikhaïl, *La poétique de Dostoïevski*, Paris, Seuil, coll. « Pierres Vives », 1970.

BARTHES, Roland, « L'ancienne rhétorique », *Communications*, 16, Paris, Éditions du Seuil, 1970.

BASTIDE, Roger, *Sociologie et psychanalyse*, Paris, Presses universitaires de France, 1950.

BECKER, Howard S., *Outsiders. Études de sociologie de la déviance*, Paris, A. M. Métailié, 1985.

BÉLANGER, André-J., *L'apolitisme des idéologies québécoises : le grand tournant de 1934-1936*, Québec, Presses de l'Université Laval, 1974.

———, *Ruptures et constantes : quatre idéologies du Québec en éclatement : La Relève, La Jec, Cité Libre, Parti pris*, Montréal, Hurtubise HMH, coll. « Sciences de l'homme et humanisme », nº 8, 1977.

BERMAN, Antoine, *L'épreuve de l'étranger : culture et traduction dans l'Allemagne romantique : Herder, Goethe, Schlegel, Novalis, Humboldt, Schleiermacher, Hölderlin*, Paris, Gallimard, coll. « Les Essais », 1984.

———, *Les tours de Babel : essais sur la traduction*, textes réunis par Antoine Berman, Mauvezin, Trans-EuropRepress, 1985.

BERMAN, Marshall, *All That Is Solid Melts Into Air. The Experience of Modernity*, New York, Simon and Schuster, 1982.

BERQUE, Jacques, *Dépossession du monde*, Paris, Éditions du Seuil, 1964.

BERROUET-ORIOL, Robert, « L'effet d'exil », *Vice versa*, nº 17, décembre 1986-janvier 1987, p. 20-21.

BOURDINE, Alain et Monique HIRSCHORN (dir.), *Figures de la ville. Autour de Max Weber*, Paris, Éditions du Champ Urbain, coll. « Essais », 1985.

BRUCKNER, Pascal, « Un cosmopolitisme du débris. À partir de V. S. Naipaul », *Communications*, n° 43 : « Le croisement des cultures », Paris, Seuil, 1983, p. 117-125.

CACCIA, Fulvio (textes réunis par), *Sous le signe du phénix. Entretiens avec quinze créateurs italo-québécois*, Montréal, Guernica, 1985.

CALDWELL, Gary et Eric WADDEL, *Les anglophones du Québec, de majoritaires à minoritaires*, Québec, IQRC, 1983.

CASSIRER, Ernst, *La philosophie des formes symboliques*, 2 vol., Paris, Éditions de Minuit, coll. « Le sens commun », 1972.

———, *La philosophie des Lumières*, Paris, A. Fayard, 1932.

CHAMBERLAND, Paul, « Dire ce que je suis — Notes », *Parti pris*, vol. II, n° 5, janvier 1965, p. 33-42.

———, « De la damnation à la liberté », *Parti pris*, n°s 9/10/11, été 1964, p. 53-89.

CHASSAY, Jean-François, *Structures urbaines, structures textuelles : la ville chez Réjean Ducharme, Yolande Villemaire et David Fennario*, mémoire de maîtrise, Département d'études françaises, Université de Montréal, 1987.

COLLECTIF, « Écrire la différence », *Vice Versa*, n° 3, mars-avril 1985.

———, *L'écrit du temps 2. Langues familières, langues étrangères*, Paris, Éditions de Minuit, 1982.

———, « L'espace imaginaire des groupes. Culture, psychanalyse, ethnologie », *Revue de psychothérapie psychanalytique de groupe*, n°s 9-10, Toulouse, Éditions Erès, 1987.

———, « La ville n'est pas un lieu », *Revue d'esthétique*, Paris, UGE, coll. « 10/18 », 1977.

———, « La ville en question », « À qui appartient Montréal ? » *Possibles*, vol. III, n° 1, automne 1978.

———, « Le Québec des différences », *Possibles*, vol. XII, n° 3, été 1988.

———, *Liberté*, numéro spécial sur Montréal, vol. V, n° 4, juillet-août 1963.

———, « Ville et littérature », *Vice Versa*, n° 24, été 1988.

CONTRERA, Josée, Jeanne FAVRET-SADA, Jacques HOCHMANN, Octave MANNONI *et al.*, *Le moi et l'autre*, Paris, Denoël, coll. « L'Espace analytique », 1985.

DADOUN, Roger, « Mais quel Occident ? », dans *En marge. L'Occident et ses autres*, Paris, Aubier-Montaigne, coll. « Présence et pensée », 1978.

DE CERTEAU, Michel, *L'écriture de l'histoire*, Paris, Gallimard, coll. « Bibliothèque des histoires », 1975.

———, *L'étranger : ou l'union dans la différence*, Paris, Desclée de Brouwer, 1969.

———, *L'absent de l'histoire*, Paris, Mame, 1973.

———, *L'invention du quotidien. Arts de faire/1*, Paris, UGE, coll. « 10/18 », 1980.

———, *La culture au pluriel*, Paris, Christian Bourgeois, 1980.

DUBOIS, Philippe et Yves WINKIN (dir.), « Une particule paradoxale », dans *Pragmatique et discours sociaux. Questions de communication*, n° 5, Louvain-La-Neuve, Cabay, 1982, p. 5-10.

DUVIGNAUD, Jean, *Lieux et non-lieux*, Paris, Galilée, coll. « L'espace critique », 1977.

ELIADE, Mircea, *Traité d'histoire des religions*, Paris, Payot, 1979.

ENRIQUEZ, Eugène, *De la horde à l'État : essai de psychanalyse du lien social*, Paris, Gallimard, coll. « Connaissance de l'inconscient », 1983.

FALARDEAU, Jean-Charles, « Les deux littératures canadiennes », *Notre société et son roman*, Montréal, Hurtubise HMH, coll. « Sciences de l'homme et humanisme », 1967.

FANON, Frantz, *Les damnés de la terre*, Paris, François Maspéro, 1968.

———, *Peau noire, masques blancs*, Paris, Seuil, 1952.

FÉDIDA, Pierre, *L'absence*, Paris, Gallimard, coll. « Connaissance de l'inconscient », 1978.

FLAHAULT, François, *La parole intermédiaire*, Paris, Seuil, 1978.

FOUCAULT, Michel, *L'ordre du discours*, Paris, Gallimard, 1971.

———, *Surveiller et punir*, Paris, Gallimard, 1975.

FOURNIER, Marcel, *L'entrée dans la modernité. Science, culture et société au Québec*, Montréal, Éditions Albert Saint-Martin, 1986.

FREUD, Sigmund, « Deuil et mélancolie », *Métapsychologie*, Paris, Gallimard, coll. « Idées », 1978 [1917].

———, *Psychologie collective et analyse du Moi* suivi de *Cinq leçons de psychanalyse*, Paris, Payot, 1962 [1921].

———, *Totem et tabou*, Paris, Payot, coll. « Petite bibliothèque Payot », 1965 [1912-1913].

———, « Au-delà du principe de plaisir », *Essais de psychanalyse*, Paris, Payot, 1979 [1920].

———, *Warum krieg ? G. W. 16, 13. Pourquoi la guerre ?*, édité par le Comité permanent des Lettres et des Arts de la Société des Nations, 1933.

———, *Malaise dans la civilisation*, Paris, Presses universitaires de France, coll. « Bibliothèque de psychanalyse », 1971 [1930].

———, « L'inquiétante étrangeté », *Essais de psychanalyse appliquée*, Paris, Gallimard, coll. « Idées », 1971 [1919].

———, *Études sur l'hystérie*, Paris, Presses universitaires de France, coll. « Bibliothèque de psychanalyse », 1978 [1895].

———, *Moïse et le monothéisme*, Paris, Gallimard, 1948 [1939].

GAUVIN, Lise, *Parti pris littéraire*, Montréal, Presses de l'Université de Montréal, 1975.

———, « Une ville en mode mineur : considérations sur Montréal dans le Montréal récent », *Possibles*, vol. III, n° 1, automne 1978, p. 11-23.

GIGUÈRE, Richard, *Exil, révolte et dissidence. Étude comparée des poésies québécoise et canadienne*, Québec, Presses de l'Université Laval, coll. « Vie des lettres québécoises », n° 23, 1984.

GOFFMAN, Erving, *La mise en scène de la vie quotidienne*, 2 vol., Paris, Éditions de Minuit, 1973.

GREIMAS, A. J., « Pour une sémiotique topologique », *Sémiotique et sciences sociales*, Paris, Seuil, 1976.

HANNERZ, Ulf, *Explorer la ville : éléments d'anthropologie urbaine*, Paris, Éditions de Minuit, coll. « Le sens commun », 1983.

HERMANN, Imre, *L'instinct filial*, Paris, Denoël, coll. « La psychanalyse dans le monde contemporain », 1972.

———, *Psychologie de l'antisémitisme* suivi de *La préférence pour les marges en tant que processus primaire*, Paris, Éditions de l'Éclat, 1986.

JACQUES, Francis, *Dialogiques. Recherches logiques sur le dialogue*, Paris, Presses universitaires de France, coll. « Philosophes d'aujourd'hui », 1979.

———, « La parole tronquée. Pour une pragmatique du discours excommunicatoire », dans Philippe Dubois et Yves Winkin (dir.), *Pragmatique et discours sociaux. Questions de communication*, n° 5, Louvain-La-Neuve, Cabay, 1982, p. 11-54.

JOSEPH, Isaac, *Le passant considérable : essai sur la dispersion de l'espace public*, Paris, Éditions Méridiens, coll. « Sociologie des formes », 1984.

KAËS, René (dir.), « Réalité psychique et souffrance dans les institutions », *L'institution et les institutions. Études psychanalytiques*, Paris, Dunod, 1987.

KAUFMANN, Pierre, *L'expérience émotionnelle de l'espace*, Paris, Vrin, 1969.

———, *Psychanalyse et théorie de la culture*, Paris, Denoël/Gonthier, 1974.

———, *L'inconscient du politique*, Paris, Presses universitaires de France, 1979.

KRISTEVA, Julia, *Polylogue*, Paris, Gallimard, coll. « Tel Quel », 1977.

———, *Pouvoirs de l'horreur. Essais sur l'abjection*, Paris, Denoël, coll. « L'Infini », 1983.

———, « Le nouveau monde solitaire », *Le genre humain II. La société face au racisme*, Bruxelles, Éditions Complexe, 1984.

LÉVI-STRAUSS, Claude, *Tristes tropiques*, Paris, Plon, 1955.

LACAN, Jacques, *Écrits*, Paris, Éditions du Seuil, 1966.

LANGLAIS, Jacques et David ROME, *Juifs et québécois francophones : 200 ans d'histoire commune*, Montréal, Fides, 1986.

LEDRUT, Raymond, *Les images de la ville*, Paris, Anthropos, 1973.

LEGENDRE, Pierre, *L'amour du censeur. Essai sur l'ordre dogmatique*, Paris, Seuil, 1974.

LINTEAU, Paul-André et René Durocher, Jean-Claude Robert, François Ricard, *Histoire du Québec contemporain. Le Québec depuis 1930*, Montréal, Boréal, 1986.

LYOTARD, Jean-François, *La condition postmoderne : rapport sur le savoir*, Paris, Éditions de Minuit, coll. « Critique », 1979.

MAHEU, Pierre, « L'œdipe colonial », *Parti pris*, nos 9/10/11, été 1964, p. 19-29.

MAJOR, René, *De l'élection : Freud face aux idéologies américaine, allemande et soviétique*, Paris, Aubier, coll. « La psychanalyse prise aux mots », 1986.

MANONNI, Octave, *Prospero et Caliban : psychologie de la colonisation*, Paris, Éditions universitaires, 1984.

MARIN, Louis, « La ville : espace du texte et espace dans le texte », *Utopiques : jeux d'espace*, Paris, Éditions de Minuit, 1973, p. 149-184.

MARSAN, Jean-Claude, *Montréal en évolution*, Montréal, Fides, 1974.

———, *Montréal, une esquisse du futur*, IQRC, 1983.

MÉDAM, Alain, Conscience de la ville, Paris, Anthropos, 1977.

———, *New York terminal*, Paris, Galilée, 1977.

———, *Montréal interdite*, Paris, Presses universitaires de France, 1978.

———, *L'esprit au long cours*, Paris, Méridiens/Anthropos, coll. « Sociologies du quotidien », 1982.

MICHAUD, Guy (dir.), *Identités collectives et relations interculturelles*, Bruxelles, Éditions Complexe, 1978.

MORIN, Michel et Claude BERTRAND, *Le territoire imaginaire de la culture*, Montréal, Hurtubise HMH, coll. « Brèches », 1979.

PETILLON, Pierre-Yves, *La grand-route : espace et écriture en Amérique*, Paris, Seuil, coll. « Fiction & Cie », 1979

PIKE, Burton, *The Image of the City in the Modern Literature*, Princeton University Press, 1981.

POIRIER, Jean et François RAVEAU (dir.), *L'Autre et l'ailleurs. Hommage à Roger Bastide*, Paris, Berger Levrault, 1976.

PONTALIS, J.-B. et Albert JACQUARD, « Entretien : une tête qui ne revient pas », *Le genre humain II. La société face au racisme*, Bruxelles, Éditions Complexe, 1984, p. 15-28.

RENAUD, Jacques, « Comme tout le monde ou le postscriptum », *Parti pris : Pour une littérature québécoise*, janvier 1965, vol. II, n° 5, p. 20-24.

RESCH, Yannick, *L'imaginaire de la ville : Montréal dans la fiction québécoise de 1940 à 1980*, 2 vol., thèse de doctorat d'État, Université de Provence, 1980.

RUYSSEN, Théodore, *Les sources doctrinales de l'internationalisme*, 3 vol., Paris, Presses universitaires de France, Publications de la faculté des lettres, Université de Grenoble 10, 1954-1961.

SAMI-ALI, *L'espace imaginaire*, Paris, Gallimard, coll. « Tel », 1982.

SCARPETTA, Guy, *Éloge du cosmopolitisme*, Paris, Grasset, coll. « Figures », 1981.

———, *L'impureté*, Paris, Grasset, coll. « Figures », 1985.

SERRES, Michel, *Hermès V. Le passage du Nord-Ouest*, Paris, Minuit, 1980.

———, *Le parasite*, Paris, Grasset, 1980.

SIMMEL, Georg, *Conflict : The Web of Group-Affiliations*, traduction de Kurt H. Wolff et Reinhard Bendix, New York, Free Press, 1964.

———, « Digressions sur l'étranger » (1908), *L'école de Chicago : naissance de l'écologie urbaine*, textes traduits et présentés par Yves Grafmeyer et Isaac Joseph, Paris, Éditions du Champ Urbain, coll. « Essais », 1979, p. 53-60.

———, « Métropoles et mentalités », *ibid.*, p. 61-77.

———, *On Individuality and Social Forms : Selected Writings*, textes réunis par Donald N. Levine, Chicago, University of Chicago Press, 1971.

———, The Sociology of Georg Simmel (textes réunis par Kurt H. Wolff), Glencoe (Illinois), Free Press, 1950.

———, *La tragédie de la culture : et autres essais*, introduction de Vladimir Jankélevitch, Paris, Rivages, 1988.

SIROIS, Antoine, *Montréal dans le roman canadien*, Paris, Didier, 1969.

STRUTHERS, J. R. (textes réunis par), *The Montreal Story Tellers. Memoirs, Photographs, Critical Essays*, Montréal, Vehicule Press, 1985.

TODOROV, Tzvetan, « Bilinguisme, dialogisme, schizophrénie », *Du bilinguisme*, textes réunis par Jalil Bennani et Ahmed Noukous, Paris, Éditions Denoël, 1985.

———, *Mikhail Bahktine : le principe dialogique* suivi des *Écrits du Cercle de Bakhtine*, Paris, Seuil, coll. « Poétique », 1981.

TRÉPANIER, Esther et Yvan LAMONDE (dir.), *L'avènement de la modernité culturelle au Québec*, Québec, IQRC, 1986.

VACHON, Georges-André, « L'Espace politique et social dans le roman québécois », *Recherches sociographiques*, vol. VII, n° 3, 1966, p. 259-279.

VIRILIO, Paul, *Essai sur l'insécurité du territoire*, Paris, Stock, 1976.

———, *Vitesse et politique : essai de dromologie*, Paris, Galilée, 1977.

———, *Esthétique de la disparition*, Paris, Balland, 1980.

———, *L'espace critique*, Paris, Christian Bourgois, 1984.

———, *L'horizon négatif : essai de dromoscopie*, Paris, Galilée, 1984.

———, *Logistique de la perception*, Paris, Éditions de l'Étoile, 1984.

———, « Le dernier véhicule », *Le temps de la réflexion : la ville inquiète*, Paris, Gallimard, 1987.